Die Transparenz- und Dokumentationspflichten im Verständigungsverfahren

Deutsches, europäisches und internationales Strafrecht und Strafprozessrecht

Herausgegeben von
Martin Waßmer

Band 18

PETER LANG

Markus Dinkelbach

Die Transparenz- und Dokumentationspflichten im Verständigungsverfahren

PETER LANG

Bibliografische Information der Deutschen Nationalbibliothek
Die Deutsche Nationalbibliothek verzeichnet diese Publikation in der Deutschen Nationalbibliografie; detaillierte bibliografische Daten sind im Internet über http://dnb.d-nb.de abrufbar.

Zugl.: Köln, Univ., Diss., 2021

D 38
ISSN 2197-8417
ISBN 978-3-631-86523-1 (Print)
E-ISBN 978-3-631-87056-3 (E-PDF)
E-ISBN 978-3-631-87057-0 (EPUB)
DOI 10.3726/b19290

Peter Lang – Berlin · Bern · Bruxelles · New York · Oxford · Warszawa · Wien

Diese Publikation wurde begutachtet.

www.peterlang.com

Meinen Eltern
Meiner Oma

Vorwort

Die vorliegende Arbeit entstand während meiner Zeit als Wissenschaftlicher Mitarbeiter am Institut für Strafrecht und Strafprozessrecht an der Universität zu Köln. Sie wurde im Sommersemester 2021 von der Rechtswissenschaftlichen Fakultät der Universität zu Köln als Dissertation angenommen.

Zu allererst möchte ich meinem Doktorvater Herrn Prof. Dr. Cornelius Nestler danken, für die Freiräume, die er mir bei der Abfassung dieser Arbeit während meiner Tätigkeit an seinem Lehrstuhl eingeräumt hat, sowie dafür, dass er mir von Beginn der Themenfindung an bis zur Fertigstellung des Manuskriptes stets mit wertvollen Hinweisen zur Seite stand.

Herrn Prof. Dr. Dr. h.c. Martin Waßmer gebührt Dank für die zügige Erstellung des Zweitgutachtens sowie für die Aufnahme in die hiesige Schriftenreihe.

Besonders hervorheben und danken möchte ich Lisa Bär, Ioanna Ginou-Bosbach sowie Andrej Umansky, die mir während der gesamten Promotionszeit fachlich wie emotional den notwendigen Rückhalt gegeben haben. Weiterhin danke ich Merle Bannach für die mühevolle Durchsicht des Manuskriptes.

Zuletzt soll auch das Institut für Strafrecht und Strafprozessrecht der Universität zu Köln nicht unerwähnt bleiben, welches für mich von Beginn des Studiums an ein prägender Ort war. Meine Tätigkeit dort habe ich immer als ein besonderes Privileg empfunden. Hervorheben und danken möchte ich an dieser Stelle auch Anja Wellerdick, die in vielerlei Hinsicht dazu beigetragen hat, dass ich meine Zeit dort in bester Erinnerung behalten werde.

Köln, im September 2021 *Markus Dinkelbach*

Inhaltsverzeichnis

A. Einführende Bemerkungen

„Das Wesen der Absprachekultur ist die Informalisierung, insbesondere die Umgehung formaler Anforderungen des Prozessrechts und der Rechtskontrolle. Diese Informalisierung sucht sich (...) in jedem Fall ihren Weg.“[1]

Thomas Fischer zeigte bereits vor Inkrafttreten des Gesetzes zur Regelung der Verständigung im Strafverfahren[2] eine Hürde auf, die es vor dem Hintergrund und dem Ziel des Gesetzes, der rechtsstaatlichen Ausgestaltung von Verfahrensabsprachen, zu nehmen hatte: Die strukturelle Unvereinbarkeit von Absprachen und deren transparenter Verfahrensausgestaltung. Gleichwohl ging der Gesetzgeber davon aus, mit dem Verständigungsgesetz einen Regelungskomplex zu schaffen, der „nicht zuletzt auch die Transparenz der Hauptverhandlung und d(ie) Unterrichtung der Öffentlichkeit in der Hauptverhandlung“[3] wahre.

Dass die Einschätzung des Gesetzgebers nicht der Rechtspraxis entsprach, zeigen sowohl die Studie *Altenhains*[4] als auch die große Anzahl an Revisionsentscheidungen zu den Transparenz- und Dokumentationspflichten. *Fischer* sollte für den Anfang Recht behalten: Die Informalisierung des Verständigungsverfahrens fand ihren Weg.

Das *Bundesverfassungsgericht*[5] traf am 19.03.2013 auch vor dem Hintergrund der Studie von *Altenhain* eine Grundsatzentscheidung zur Verfassungsmäßigkeit des Verständigungsgesetzes und hob in dem Zusammenhang vor allem die Transparenz- und Dokumentationspflichten hervor: Diese seien der „Kern des gesetzlichen Regelungskonzepts.“[6] Verstoße das Gericht hiergegen, sei revisionsrechtlich davon auszugehen, dass das Urteil auf den festgestellten Verstößen beruhe.[7]

---

1 *Fischer*, Stellungnahme zu der öffentlichen Anhörung des Rechtsausschusses des Deutschen Bundestages zu den BT-Drs. 16/11736 und BT-Drs. 16/4197 vom 25. März 2009, S. 17 f.

2 Gesetz zur Regelung der Verständigung im Strafverfahren v. 29.07.2009, BGBl I, S. 2353, in Kraft getreten am 4.8.2009.

3 Gesetzesentwurf der BReg., BT-Drs. 16/12310, S. 8.

4 *Altenhain/Dietmeier/May*, in: Die Praxis der Absprachen in Strafverfahren.

5 Im Folgenden BVerfG.

6 BVerfG, 2 BvR 2628/10 u.a., Urt. v. 19.3.2013 = BVerfGE 133, 168, 222 f. (Rn. 96).

7 BVerfG, 2 BvR 2628/10 u.a., Urt. v. 19.3.2013 = BVerfGE 133, 168, 222 f. (Rn. 97).

Das Verständigungsurteil des *BVerfG* und dessen Wertungen sind vor dem Hintergrund des Eingangszitats, welches bezweifelt, dass der Versuch erfolgreich sein könne, die Absprachen zu formalisieren, der Anlass für diese Untersuchung. Sie hat zum Ziel, zunächst die tatbestandlichen Voraussetzungen der Transparenz- und Dokumentationspflichten zu klären, wird aber auch die vom *BVerfG* und der nachfolgenden Rechtsprechung entwickelten Grundsätze für die revisionsrechtlichen Folgen von Verstößen gegen die Transparenz- und Dokumentationspflichten analysieren. Die Untersuchung soll ergründen, ob die Probleme, die gerade aus der Informalität der Absprachenkultur herrühren, durch die verfassungsgerichtlichen Vorgaben gelöst wurden, oder ob sich die Befürchtungen *Fischers*, man glaube, die Probleme bei Absprachen im Strafverfahren würden durch das Gesetz gelöst, obwohl die Praxis das Gesetz schlicht umgehe[8], bewahrheitet haben.

Damit wird sich die Arbeit weder mit der Frage der generellen Verfassungsmäßigkeit des Verständigungsverfahrens noch mit Reformbestrebungen beschäftigen, die alternative Wege fernab der Verständigung aufzeigen.[9]

---

8 *Fischer*, Stellungnahme zu der öffentlichen Anhörung des Rechtsausschusses des Deutschen Bundestages zu den BT-Drs. 16/11736 und BT-Drs. 16/4197 vom 25. März 2009, S. 18.

9 Vgl. hierzu etwa den Alternativ-Entwurf Abgekürzte Strafverfahren im Rechtsstaat, in: GA 2019, 1–128.

B. Gang der Untersuchung

Die Arbeit wird die bestehenden Rechtsunsicherheiten bei den Transparenz- und Dokumentationspflichten des Verständigungsgesetzes methodisch-analytisch aufarbeiten, um hierdurch einen Beitrag zu einer transparenteren und – soweit möglich – sicheren Rechtsanwendungspraxis zu leisten.

Hierzu werden im ersten Kapitel die Transparenz- und Dokumentationspflichten des Verständigungsgesetzes hergeleitet, um vor allem die Bedeutung dieser Pflichten für das Verständigungsverfahren erfassen zu können.

Im zweiten Kapitel wird die Revisions- und Verfassungsrechtsprechung zu den Transparenz- und Dokumentationspflichten rekonstruiert und unter Berücksichtigung der einschlägigen Literatur geprüft, ob die Rechtsprechung die einzelnen Transparenz- und Dokumentationspflichten sachgerecht auslegt.

Im dritten Kapitel greift die Arbeit die revisionsrechtlichen Besonderheiten der Transparenz- und Dokumentationspflichten auf, die sich aus den Vorgaben des *BVerfG* für das „Beruhen" gemäß § 337 StPO ergeben. Geklärt wird, welche Mängel im Verständigungsverfahren dazu führen, dass das Urteil auf einem Verstoß gegen die Transparenz- und Dokumentationspflichten beruht und inwieweit die im Anschluss an die Grundsatzentscheidung des *BVerfG* entstandene Rechtsprechung zu dieser Frage überzeugt.

Im vierten Kapitel werden die Regelungskonzeption abschließend begutachtet und die Erkenntnisse dieser Arbeit in Reformvorschlägen fruchtbar gemacht.

1. Kapitel Die Transparenz- und Dokumentationspflichten von strafprozessualen Verfahrensabsprachen – Entwicklung und Grundlagen

A. Transparenz- und Dokumentation vor dem Verständigungsgesetz

I. Die Anfänge strafprozessualer Deals

> *„Zu den strengst einzuhaltenden Spielregeln des strafprozessualen Vergleichs gehört (…) die absolute Vertraulichkeit der außerhalb der Hauptverhandlung geführten Gespräche. Dies bedeutet, daß in der Hauptverhandlung weder der Inhalt der Gespräche noch das Ergebnis in irgendeinem Punkt zur Sprache gebracht wird.*“[10]

Die Entwicklung strafprozessualer Absprachen[11] stand von Beginn an unter der Prämisse notwendig einzuhaltender, strengster Vertraulichkeit: „(F)ast jeder kennt es, fast jeder praktiziert es, nur keiner spricht darüber“[12]. Nicht nur für die Praxis waren Heimlichkeit und absolute Vertraulichkeit notwendige Bedingung von Absprachen im Alltag, sondern auch die Rechtswissenschaft scheute davor, das Verbotene zu offenbaren.[13]

---

10 *Weider*, in: StV 1982, 545, 552.

11 Hierzu *Jahn/Kudlich*, in: MüKo-StPO, § 257c Rn. 11, der ausführt, dass der Einführung des § 153a StPO im Jahre 1974 eine Initialfunktion für die Entwicklung strafprozessualer Deals als alternativer Form der Verfahrenserledigung beizumessen ist; vgl. hierzu auch BGH 1 StR 232/78, Urt. v. 11.7.1978 = BGHSt 28, 69, 70 und *Diemer*, in: KK-StPO, § 153a Rn. 3: „Beendigungsverfahren mit Selbstunterwerfung" für einsichtige, sanktionswillige Täter.

12 *Weider*, in: StV 1982, 545, 545.

13 So die Feststellung *Weiders*, in: StV 1982, 545, 545 der von „dezenter Zurückhaltung“ und „Scheu“ vor dem „Anstößigen“ spricht; weiter auch *Maier*, in: NJW 1987, 1187, 1187, der darlegt, dass sich die Brisanz der Thematik schon dadurch zeige, dass ein Autor (*Weider*) glaubte, sich nur unter einem Pseudonym (*Deal*) äußern zu können.

Weider beendete diesen Zustand. Mit seinem unter dem Pseudonym *Detlef Deal* veröffentlichten Aufsatz legte er die informellen Regeln der Absprachepraxis offen dar. Er stieß damit erstmals eine öffentlich stattfindende, rechtswissenschaftliche Debatte an. Gegenstand der Debatte waren vornehmlich Fragen der generellen Vereinbarkeit von Absprachen mit der Strafprozessordnung.[14] Fragen zur Verfahrenstransparenz von Absprachen oder deren Dokumentation warf die Debatte mit Ausnahme von wenigen Randbemerkungen[15] noch nicht auf.

Auch die erste Entscheidung des *BVerfG*[16] zu Absprachen im Strafverfahren thematisierte ein solches Bedürfnis noch nicht. Zwar erkannten die Richter die Gefahren, die mit Verfahrensabsprachen einhergehen.[17] Sie vermieden allerdings eindeutige Aussagen über die Zulässigkeit und die Voraussetzungen von Absprachen im Strafverfahren.[18] So fehlte es insbesondere an Ausführungen zu Transparenz- oder Dokumentationspflichten. Die *Verfassungsrichter* gingen

---

14 Exemplarisch für das eine Verständigung ablehnende Lager: *Schünemann*, in: NJW 1989, 1895 und *ders.*, in: Gutachten für den 58. DJT, passim; ebenfalls ablehnend *Siolek*, in: DRiZ 1989, 321; stellvertretend für das eine Verständigung befürwortende Lager: *Schmidt-Hieber*, in: StV 1986, 355 und *ders.*, in: Verständigung im Strafverfahren, passim.

15 So sah *Schmidt-Hieber*, in: Verständigung im Strafverfahren, S. 91 f. (Rn. 193 ff.), eine Offenlegungspflicht bzgl. derjenigen Gespräche vor, die außerhalb der Verfahrensöffentlichkeit geführt werden und das Verfahrensergebnis beeinflussen können; siehe auch *ders.*, in: NJW 1982, 1017, 1021; konkretisierend führt *ders.*, in: StV 1986, 355, 356 aus, dass der Inhalt der geführten Gespräche „in den wesentlichen Zügen in der Hauptverhandlung offengelegt werden" muss; ähnlich *Krüger*, in: DRiZ 1989, 150, 150; *Widmaier*, in: StV 1986, 357, 359, lehnt eine inhaltliche Offenbarungspflicht aus Diskretionsgründen zwingend ab – es sei „unter allen Aspekten von Nutzen, wenn der Richter ein offenes Wort sprechen kann".

16 BVerfG, 2 BvR 1133/86, Beschl. v. 27.1.1987 = NStZ 1987, 419.

17 Das BVerfG führte aus, dass Verständigungen mit Gefahren für ein faires, rechtsstaatliches Verfahren verbunden seien, es diese Grundsätze aber nicht verbieten, „außerhalb der Hauptverhandlung eine Verständigung zwischen Gericht und Verfahrensbeteiligten über Stand und Aussichten der Verhandlung herbeizuführen", soweit die Grundsätze weiterhin Beachtung fänden, BVerfG, 2 BvR 1133/86, Beschl. v. 27.1.1987 = NStZ 1987, 419, 419.

18 Nach *Jahn/Kudlich*, in: MüKo-StPO, § 257c Rn. 12 vermied das BVerfG eindeutige Festlegungen und beschränkte sich auf Randkorrekturen; *Gallandi*, in: NStZ 1987, 420, 420, führt aus, dass dem Beschluss nur richtlinienartige Hinweise an den Praktiker / Gesetzgeber entnommen werden können; ebenso *Siolek*, in: DRiZ 1989, 321, 324 f.

auf die Heimlichkeit des Verfahrens nicht weiter ein.[19] Dem Grundsatz der Verfahrensöffentlichkeit nach § 169 GVG sei schon dadurch genüge getan, dass das auf einer Absprache beruhende Geständnis in öffentlicher Hauptverhandlung stattfinde.[20] Des Weiteren sei hierdurch eine Verurteilung aus dem Inbegriff der Hauptverhandlung gewährleistet.[21] Die Entscheidung wurde daher überwiegend als (inhaltlich) nicht maßgebend erachtet.[22]

Ein erstes deutliches Verlangen nach Transparenz und Dokumentation bei Absprachen im Strafverfahren zeigten die Beschlüsse des 58. Deutschen Juristentages (München, 1990).[23] Trotz divergierender Meinungen zu der Vereinbarkeit von Absprachen mit den Grundsätzen des Strafverfahrensrechts führte die Debatte zu einem die Verständigung als legitimes Mittel anerkennenden Beschluss.[24] Die Akzeptanz der Verständigung stand jedoch unter der Bedingung einer besseren Rechtskontrolle.[25] Diese sollten vor allem durch die Mitteilungs-[26] und

19 Hiergegen *Zuck*, in: MDR 1990, 18, 19, der die Billigung eines Geheimverfahrens und die damit verbundene „Korridor-Politik" als rechtsstaatswidrig bezeichnet.

20 BVerfG, 2 BvR 1133/86, Beschl. v. 27.1.1987 = NStZ 1987, 419, 420.

21 Ebd.

22 *Hassemer* stellt in: JuS 1988, 306, 306 klar, dass das BVerfG ausschließlich über die Frage der Verletzung von Verfassungsrecht, nicht jedoch über „Wünschbarkeit und Zulässigkeit informeller Absprachen im Strafprozeß" zu entscheiden hatte; *Schünemann*, in: StV 1993, 657, 660, kritisiert die z. T. aus dem Beschluss gefolgerte Zulässigkeit als „dreifach Zweifelhaft"; bemerkenswert ist aber, dass gerade die Offen- und Floskelhaftigkeit, die das Urteil als wenig maßgeblich erscheinen lässt, wesentlich dazu beigetragen hat, dass sich die Verständigung als Rechtsinstitut der Praxis überhaupt hat weiterentwickeln können, vgl. hierzu *Rabe*, in: Das Verständigungsurteil, S. 15 f.

23 Die Beschlüsse des 58. DJT, in: NJW 1990, 2991, 2993; die Beratungsergebnisse der zeitlich vorangegangenen Großen Strafrechtskommission des Deutschen Richterbundes („Münsteraner Thesen") sind weitaus zurückhaltender und deswegen von geringerer Relevanz für die Problematik, nachzulesen bei *Kintzi*, in: JR 1990, 309, 310 f.

24 Der Beschluss 8.1 des 58. Deutschen Juristentages wurde mit einer Mehrheit von 88 : 37 : 3 Stimmen deutlich angenommen, Die Beschlüsse des 58. DJT, in: NJW 1990, 2991, 2993.

25 Vgl. dazu den Beschluss 9.5 3. Alt.: d), der ein Rechtsmittelverzicht als Gegenstand einer Verständigung ausdrücklich verbieten soll, Die Beschlüsse des 58. DJT, in: NJW 1990, 2991, 2994; zum gleichen Schluss kommt *Krause*, in: Verständigung im Strafverfahren, S. 11.

26 Verständigungen müssen nach dem Beschluss 9.4.2 in öffentlicher Hauptverhandlung mitgeteilt werden. Darüber hinaus muss eine erfolgte Verständigung im

Protokollierungspflichten[27] in der Hauptverhandlung ermöglicht werden. Die Beschlüsse stellten hierdurch erstmals ein Transparenz- und Dokumentationskonzept für Absprachen im Strafverfahren vor. Sie endeten mit einem Appell an den Gesetzgeber, „durch Regelungen Auswüchse einzudämmen und Unsicherheiten zu beseitigen“[28]. Hierzu kam es jedoch zunächst nicht.

Stattdessen erwuchs aus der zunehmenden Akzeptanz von Verfahrensabsprachen ein Zustand vermeintlicher Zulässigkeit. Befürworter der Verständigung sahen sich sowohl durch die Richtlinien der Berufsverbände[29] als auch durch die Rechtsprechung des Bundesgerichtshofs[30] [31] bestätigt.[32] Jedenfalls sei auf Grundlage der Richtlinien eine Initiative des Gesetzgebers entbehrlich.[33] Es gelte nun, die – vermeintlich[34] – „rechtsstaatliche(r) Praxis zu bestätigen“[35].

Schlussantrag der Staatsanwaltschaft und im Rahmen der öffentlichen Urteilsbegründung angesprochen werden, Die Beschlüsse des 58. DJT, in: NJW 1990, 2991, 2993; auch aus Sicht der Generalstaatsanwaltschaft ist eine Mitteilung über Verständigungen notwendig, vgl. dazu die Richtlinien der GStA Hessen, in: StV 1992, 347; a.A. *Cramer*, in: FS-Rebmann, 145, 149, der darlegt, dass der Öffentlichkeitsgrundsatz nicht verletzt sei und eine Mitteilung über Stattfinden und Ergebnis derartiger Mitteilungen nicht notwendig sei.

27 Sowohl das Stattfinden der öffentlichen Mitteilung als auch der Inhalt der Verständigungsberatungen müssen nach dem Beschluss 9.4.2 im Protokoll der Hauptverhandlung niedergelegt werden, Die Beschlüsse des 58. DJT, in: NJW 1990, 2991, 2993.

28 Beschluss 13.4, Die Beschlüsse des 58. DJT, in: NJW 1990, 2991, 2994.

29 Die die „Münsteraner Thesen“ der Großen Strafrechtskommission des Deutschen Richterbundes, abgedruckt bei *Kintzi*, in: JR 1990, 309, 310 f.; die Richtlinien der GStA Hessen, in: StV 1992, 347; die Thesen 38–44 des Strafrechtsausschusses der BRAK, in: Thesen zur Strafverteidigung, S. 66 ff.; die Beschlüsse des 58. DJT, in: NJW 1990, 2991.

30 Im Folgenden BGH.

31 BGH 2 StR 66/89, Urt. v. 7.6.1989 = BGHSt 36, 210; BGH 3 StR 365/90, Urt. v. 23.1.1991 = BGHSt 37, 298; BGH 2 StR 200/91, Urt. v. 30.10.1991 = BGHSt 38, 102; BGH 5 StR 679/95, Urt. v. 20.2.1996 = BGHSt 42, 46; BGH 5 StR 121/96, Urt. vom 17.7.1996 = BGHSt 42, 191; hierzu *Weigend*, in: NStZ 1999, 57, 57 und *Herrmann*, in: JuS 1999, 1162, 1163, welche darlegen, dass die zentrale Frage der Zulässigkeit von Verständigungen in der Rspr. nicht besprochen wurde.

32 *Böttcher/Dahs/Widmaier*, in: NStZ 1993, 375.

33 *Böttcher/Dahs/Widmaier*, in: NStZ 1993, 375, 377.

34 So in aller Deutlichkeit *Schünemann*, in: StV 1993, 657, passim: Dass „interne Richtlinien und Wohlverhaltensappelle“ für ausreichend gehalten werden, eine Verständigungspraxis zu legitimieren, bringe den „Verlust der spezifisch rechtsstaatlich-liberalen Kultur des deutschen Strafverfahrens zum Ausdruck“.

35 *Böttcher/Dahs/Widmaier*, in: NStZ 1993, 375, 377.

II. Die Richtlinien des Bundesgerichtshofs

Der *BGH* entschied mit Urteil vom 28.08.1997[36] erstmals grundlegend zu Verfahrensabsprachen. Substanziell waren dessen Ausführungen zu der Bedeutung des Öffentlichkeitsgrundsatzes: Eine Verständigung müsse in der öffentlichen Hauptverhandlung stattfinden. Verständigten sich die Parteien außerhalb der Hauptverhandlung, verstoße dies gegen die Öffentlichkeit des Verfahrens.[37] Der Gedanke der Verfahrensöffentlichkeit verbiete es allerdings nicht, Absprachen außerhalb der Hauptverhandlung vorzubereiten. Die Gerichte müssten dann aber den wesentlichen Inhalt und das Ergebnis in der Hauptverhandlung offenlegen.[38] Zudem müssten die Gerichte protokollieren, dass es zu einer Verständigung gekommen ist, sowie deren Ergebnis.[39] Wesentlich sei, „daß Absprachen über Verfahrensinhalt und -ergebnis nicht unter dem Deckmantel der Heimlichkeit und Unkontrollierbarkeit stattfinden"[40].

Der *4. Strafsenat* entschied auf diese Weise erstmals konkret über die Transparenz- und Dokumentationspflichten im Verständigungsverfahren. Er trug damit maßgeblich zur Steigerung der Rechtssicherheit bei.[41] Über das Maß an erforderlicher Öffentlichkeit im Verständigungsverfahren bestand allerdings weiterhin Streit. Kritisiert wurde insbesondere, dass der *BGH* die Praxis vertrauensvoller Gespräche außerhalb der Hauptverhandlung weiterhin für zulässig hielt: Die Hauptverhandlung werde dadurch „zum bloßen Erörterungs- oder gar nur (Geständnis-)Vollzugs und Verkündigungstermin degeneriert."[42] Andere lobten die Entscheidung als erfreulich „praxisnah"[43]: Denn

---

36 BGH 4 StR 240/97, Urt. v. 28.8.1997 = BGHSt 43, 195.

37 BGH 4 StR 240/97, Urt. v. 28.8.1997 = BGHSt 43, 195, 205.

38 BGH 4 StR 240/97, Urt. v. 28.8.1997 = BGHSt 43, 195, 206.

39 Ebd.

40 Ebd.

41 *Martin*, in: JuS 1998, 373, 374; ebenso, jedoch mit der Einschränkung, dass noch eine ganze Reihe an Problemen offengeblieben sei, *Herrmann*, in: JuS 1999, 1162, 1166; nach *Kintzi*, in: JR 1998, 249, 249, konkretisiere die Entscheidung in einem solch hohen Maß, dass sie wesentlich zu der Hoffnung beitrage, „daß es keiner normativen Regelung der Absprachеproblematik bedarf".

42 *Weigend*, in: NStZ 1999, 57, 59; *Herrmann*, in: JuS 1999, 1162, 1164, stellt vermittelnd dar, dass die Richtlinien des BGH jedenfalls dazu führen, dass der Kern des Öffentlichkeitsgrundsatzes wiederhergestellt werde.

43 *Kintzi*, in: JR 1998, 249, 250, lobt die Herangehensweise des BGH als praxisnah, weil dieser nach dem Grundsatz: „soviel in der Hauptverhandlung wie möglich, so wenig außerhalb der Hauptverhandlung wie notwendig" verfahre.

Öffentlichkeitsanforderungen seien in einem ersten Verständigungsgespräch wenig hilfreich – Gesprächsinhalt und Herangehensweise zu sensibel.[44]

An der Kontroverse um die Öffentlichkeitsanforderungen bei Verfahrensabsprachen änderte auch die Entscheidung des *Großen Strafsenats*[45] im Jahre 2005 nichts. Zwar ebnete die Entscheidung den Weg zur Legalisierung der Absprachepraxis.[46] Allerdings lag dies mehr an ihrer appellatorischen Wirkung[47] als daran, dass sie wesentlich zur Konturierung der Transparenz- und Dokumentationspflichten beitrug.[48] Der *Große Strafsenat* knüpfte vielmehr bewusst an die Vorgaben des *4. Strafsenats* an.[49] Weitergehende, die Transparenz- und Dokumentationspflichten reflektierende Ausführungen machte der *Große Strafsenat* nicht.

Schon damals wurde mit Blick auf die Verfahrenstransparenz im Verständigungsverfahren prophezeit, dass es in Zukunft entscheidend darauf ankommen werde, wie der Inhalt der Vorgespräche in der Hauptverhandlung darlegt wird.[50]

B. Transparenz- und Dokumentation im Verständigungsgesetz

I. Die Gesetzesentwürfe

Die deutlichen Worte des *Großen Strafsenats* führten zu einer Vielzahl gesetzlicher Entwürfe[51], wovon die Mehrheit aber wenig Einfluss auf den

---

44 Hierzu *Herrmann*, in: JuS 1999, 1162, 1164; ebenso *Kintzi*, in: JR 1998, 249, 250.

45 BGH GSSt 1/04, Beschl. v. 3.3.2005 = BGHSt 50, 40.

46 *Krause*, in: Verständigung im Strafverfahren, S. 13.

47 BGH GSSt 1/04, Beschl. v. 3.3.2005 = BGHSt 50, 40: Die „Versuche der obergerichtlichen Rechtsprechung, Urteilsabsprachen (…) ohne Bruch in das gegenwärtige System einzupassen, können (…) nur unvollkommen gelingen und führen stets von neuem an die Grenzen zulässiger Rechtsfortbildung.", „Der Große Senat für Strafsachen appelliert an den Gesetzgeber, die Zulässigkeit (…) gesetzlich zu regeln."; *Dahs*, in: NStZ 2005, 580, 580, erkennt hierin einen Hilferuf an den Gesetzgeber.

48 *Rieß*, in: JR 2005, 435, 436.

49 Ebd.

50 *Herrmann*, in: JuS 1999, 1162, 1164, behielt damit Recht: Die Mitteilungspflichten nach § 243 Abs. 4 StPO stellen den fehleranfälligsten Teil des Verständigungsverfahrens dar, *Walther*, in: Sinn/Schößling, S. 140, Rn. 36.

51 Einen guten Überblick verschafft *Niemöller*, in: N/Sch/W, Teil A, Rn. 18 ff.; ausführlich *Huttenlocher*, in: Dealen wird Gesetz, passim; die ersten Eckpunkte für eine gesetzliche Regelung beschloss die Bundesregierung indes bereits im Jahre 2001, Eckpunkte, in: StV 2001, 314.

Gesetzgebungsprozess ausübte.[52] Es waren insbesondere die Entwürfe der Politik[53] sowie der der Bundesrechtsanwaltskammer[54], welche sich im Entwurf der Bundesregierung[55], und damit im späteren Gesetz zur Regelung von Absprachen im Strafverfahren, niederschlugen.[56]

Innerhalb dieser Entwürfe war der Kern der Transparenz- und Dokumentationspflichten praktisch unumstritten. Alle Entwürfe sahen vor, dass Vorgespräche vor beziehungsweise außerhalb der Hauptverhandlung zulässig sein sollten, wenn das Gericht den Inhalt und das Ergebnis der Gespräche aktenkundig macht und den Inhalt der Gespräche in öffentlicher Hauptverhandlung mitteilt. Außerdem müsse der wesentliche Inhalt und das Ergebnis der Vorgespräche protokolliert werden. Des Weiteren sei es notwendig, den Angeklagten über die Besonderheiten des Verständigungsverfahrens zu belehren und die wesentlichen Formalia der Verständigung im Protokoll der Hauptverhandlung festzuhalten.[57]

Praxisrelevante Differenzen ergaben sich zum Teil jedoch bei den Formulierungen der einzelnen Pflichten. So war bis zuletzt – und erstaunlicherweise noch über die Verkündung des Verständigungsgesetzes hinaus[58] – umstritten[59], inwieweit die gesetzliche Konzeption der Verständigung eine Pflicht zur sogenannten Negativmitteilung beinhalten sollte, mithin einer Mitteilung darüber, dass es im Vorfeld der Hauptverhandlung keine Verständigungsgespräche

52 Vgl. zu den Gründen die Übersicht bei *Niemöller*, in: N/Sch/W, Teil A, Rn. 19.

53 Der Gesetzesantrag des Landes Niedersachsen, BR-Drucks. 235/06; der auf dem Gesetzesantrag des Landes Niedersachsen basierenden Gesetzentwurf des Bundesrates, BT-Drucks. 16/4197; sowie der Referentenentwurf des Bundesjustizministeriums, abgedruckt in: N/Sch/W, Anhang 4, S. 287 ff.

54 Vorschlag des Strafrechtsausschusses der Bundesrechtsanwaltskammer vom September 2005, abgedruckt in: N/Sch/W, Anhang 1, S. 223 ff.

55 Gesetzesentwurf der Bundesregierung, BT-Drucks. 16/12310.

56 *Niemöller*, in: N/Sch/W, Teil A, Rn. 19.

57 Vgl. dazu die jeweiligen „Beschlüsse über die Änderung der Strafprozessordnung" – Der Gesetzesantrag des Landes Niedersachsen, BR-Drucks. 235/06, Anlage, S. 1–3; der Gesetzentwurf des Bundesrates, BT-Drucks. 16/4197, S. 5–6; der Referentenentwurf des Bundesjustizministeriums, abgedruckt in: N/Sch/W, Anhang 4, S. 289–293; der Vorschlag des Strafrechtsausschusses der Bundesrechtsanwaltskammer vom September 2005, abgedruckt in: N/Sch/W, Anhang 1, S. 228–231.

58 Bis zur Klarstellung durch: BVerfG 2 BvR 2172/13, Beschl. v. 26.8.2014 = StV 2014, 713.

59 s. dazu 2. Kap. unter B.I.

gab.[60] Überdies bestanden Meinungsverschiedenheiten zu der Reichweite der Mitteilungspflichten.[61]

II. Das Verständigungsgesetz

„Die erforderliche Transparenz und Dokumentation des mit einer Verständigung verbundenen Geschehens (...) wird durch umfassende Mitteilungs- und Protokollierungspflichten des Gerichtes sichergestellt (§ 243 Absatz 4, § 257c Absatz 4, 5, § 273 Absatz 1a).“[62]

1. *Die Transparenz- und Dokumentationspflichten des Verständigungsgesetzes*

Die Transparenz- und Dokumentationspflichten des Verständigungsgesetzes betreffen nicht nur die Verständigung in der öffentlichen Hauptverhandlung. Vielmehr normierte der Gesetzgeber neben der Verständigung mit der Erörterung gemäß §§ 160b, 202a, 212, 257b StPO ein weiteres Element kommunikativer Verfahrensführung[63] und unterwarf es jedenfalls dann, wenn die Erörterung der Vorbesprechung einer Verständigung in der Hauptverhandlung

60 Der Entwurf des Bundesrats sah eine Mitteilungspflicht vor, „wenn vor der Hauptverhandlung Erörterungen (...) stattgefunden haben.“, BT-Drucks. 16/4197, S. 5; die übrigen Entwürfe sahen mit unterschiedlichen Formulierungen eine Mitteilungspflicht darüber vor, „ob“ Erörterungen stattgefunden haben, der Gesetzesantrag des Landes Niedersachsen, BR-Drucks. 235/06, Anlage, S. 2; der Referentenentwurf des Bundesjustizministeriums, abgedruckt in: N/Sch/W, Anhang 4, S. 290; der Vorschlag der BRAK, abgedruckt in: N/Sch/W, Anhang 1, S. 228.

61 Vgl. hierzu den eher engen Vorschlag der BRAK, abgedruckt in: N/Sch/W, Anhang 1, S. 228, sowie dessen Begründung a.a.O. S. 234 ff.: Die Mitteilung beschränke sich auf „tatsächlich geführte Gespräche mit dem Ziel einer Verständigung.“ Nicht mitteilungspflichtig seien Gespräche, „die über das Stadium der Vorbereitung [von Erörterungsgesprächen] nicht hinausgehen.“; demgegenüber sieht der Referentenentwurf des Bundesjustizministeriums, abgedruckt in: N/Sch/W, Anhang 4, S. 290, keine solche Einschränkung vor und führt weiter konkret dazu aus, dass die Mitteilungsflicht auch für den „weiteren Verlauf der Hauptverhandlung“ gelte.

62 Gesetzesentwurf der Bundesregierung, BT-Drucks. 16/12310, S. 1.

63 Ziel sei es „dass die Gesprächsmöglichkeiten zwischen (...) (den) Verfahrensbeteiligten gefördert werden und damit – wo dies Aufgabe und Funktion des Strafverfahrens zulassen – ein offenerer Verhandlungsstil unterstützt wird, der – sachgerecht eingesetzt – das Verfahren insgesamt förder(e)“, Gesetzesentwurf der Bundesregierung, BT-Drucks. 16/12310, S. 11.

dient[64], ebenso strengen Transparenz- und Dokumentationspflichten.[65] Für das Verständnis der Regelungskonzeption und der ihr zugrundeliegenden Pflichten ist es erforderlich, die beiden Rechtsinstitute in Verhältnis zueinander zu setzen (a)), bevor im Anschluss daran die Transparenz- und Dokumentationspflichten dargestellt werden (b)).

a) Erörterung und Verständigung – Die Grundlagen

Erörterung und Verständigung sind zwei wesensverschiedene Rechtsinstitute, die jedoch beide das Ziel verfolgen, das Strafverfahren effektiver zu gestalten.

Die Erörterung, geregelt in §§ 160b, 202a, 212, 257b StPO, ermöglicht es den am Verfahren beteiligten Personen, sich jederzeit über den Stand und die Probleme des Verfahrens auszutauschen. Gegenstand von Erörterungen können alle Umstände und Angelegenheiten sein, soweit sie dazu geeignet erscheinen, das Strafverfahren zu fördern.[66] Es obliegt dem freien Ermessen der Verfahrensbeteiligten, darüber zu entscheiden, ob und falls ja, wie Verfahrenserörterungen stattfinden.[67] Ein subjektives Recht – oder gar die Pflicht[68] – einer einzelnen am Verfahren beteiligten Person, den Stand des Verfahrens zu erörtern, gibt weder das Gesetz noch der Grundsatz des fairen Strafverfahrens vor.[69] Die Erörterungsparteien sind zudem weder an den Inhalt noch an das Ergebnis von Verfahrenserörterungen gebunden.[70]

---

64 Vgl. zur Verbindung von Erörterung und Verständigung *Schmitt*, in: Meyer-Goßner/Schmitt, § 202a Rn. 2: „Erörterungen werden vornehmlich zur Vorbereitung einer Verständigung (§ 257c StPO) geführt."

65 Der Gesetzgeber spricht bezüglich der Regelungsreichweite von dem „mit einer Verständigung verbundenen Geschehen(s)", Gesetzesentwurf der BReg., BT-Drs. 16/12310, S. 1.

66 Gesetzesentwurf der BReg., BT-Drs. 16/12310, S. 11 f.

67 Gesetzesentwurf der BReg., BT-Drs. 16/12310, S. 12.

68 Eine Pflicht zur Anwesenheit besteht nur dann, wenn die Erörterung zugleich der Vernehmung des Beschuldigten nach § 133 StPO dient, *Schlothauer*, in: N/Sch/W, Teil B, § 202a, S. 42 Fn. 1.

69 *Schlothauer*, in: N/Sch/W, Teil B, § 202a Rn. 13; *Walther*, in: Sinn/Schößling, S. 130 Rn. 4.

70 *Schmitt*, in: Meyer-Goßner/Schmitt, § 202a Rn. 2: Die Gespräche lösen auch nicht mit Blick auf den fair-trial-Grundsatz einen geschützten Vertrauenstatbestand aus. In bestimmten Konstellationen kann sich jedoch eine Hinweispflicht ergeben, wenn das Gericht von dem Erörterungsinhalt abweichen möchte.

Die Verständigung, geregelt in § 257c StPO, ermöglicht es den am Verfahren beteiligten Personen sich bindend[71] über den Fortgang und das Ergebnis des Verfahrens in der öffentlichen Hauptverhandlung zu verständigen.[72] Sie führt im gesetzlich normierten Regelfall[73] zu einem zeitnahen Verfahrensabschluss, indem der Angeklagte absprachegemäß ein Geständnis ablegt, auf dem das Urteil sodann beruht.[74] Das Gericht kann dem Angeklagten im Gegenzug einen günstigen Strafrahmen in Aussicht stellen.[75] Das Verständigungsgesetz regelt den zulässigen Inhalt[76] und das notwendige Verfahren[77] von Verständigungen abschließend. Es setzt der Verständigung enge Grenzen, welche zwingend einzuhalten sind.[78]

Die Erörterung und die Verständigung stehen allerdings trotz ihrer Wesensverschiedenheit in einer Art synergetischen Verbindung zueinander. Die Verbindung resultiert daraus, dass eine Verständigung, welche nur in der Öffentlichkeit der Hauptverhandlung zulässig ist, im Wege einer Erörterung außerhalb der Hauptverhandlung vorbereitet werden kann. Erörterungen können damit die Möglichkeit einer Verständigung in der Hauptverhandlung zum Gegenstand haben.[79] Dies sei – so der Gesetzgeber – „nicht nur erlaubt, sondern durchaus geboten."[80] Schon in Bezug auf die erste Grundlagenentscheidung des

---

71 Die Bindung besteht bezüglich des Einverständnisses zur Verständigung, *Schmitt*, in: Meyer-Goßner/Schmitt, § 257c Rn. 25. Der Angeklagte indes ist nicht dazu verpflichtet, die der Verständigung zugrundeliegenden Prozesshandlung vorzunehmen.

72 Der Angeklagte hat kein subjektives Recht auf eine Verständigung in der Hauptverhandlung, BGH 5 StR 20/15, Urt. v. 14.4.2015 = StV 2016, 97; *Schmitt*, in: Meyer-Goßner/Schmitt, § 257c Rn. 6.

73 „Bestandteil einer jeden Verständigung soll ein Geständnis sein", § 257c Abs. 2 S. 2 StPO.

74 Gesetzesentwurf der BReg., BT-Drs. 16/12310, S. 13.

75 Gesetzesentwurf der BReg., BT-Drs. 16/12310, S. 14.

76 § 257c Abs. 2 StPO, hierzu Gesetzesentwurf der BReg., BT-Drs. 16/12310, S. 13 f.

77 § 257c Abs. 3, 4, 5 StPO, hierzu Gesetzesentwurf der BReg., BT-Drs. 16/12310, S. 14 f.

78 So ausdrücklich BVerfG, 2 BvR 2628/10 u.a., Urt. v. 19.3.2013 = BVerfGE 133, 168, 169 (Leitsatz 4).

79 *Eschelbach*, in: GA 2019, 593, 606: „§ 202a StPO stellt jedenfalls zuvörderst eine Verständigungsbezogene Bestimmung dar. (…) Die Vorstellung, bei den Erörterungen gehe es um eine nützliche Aussprache über die Beweis- und Rechtslage, ist nach den Erfahrungen mit Verhandlungen über »Kurs-, Mittel- und Langstreckentarife«, also steigenden Straferwartungen bei sofortigem, späterem oder ohne Geständnis eine Illusion."; *Schmitt*, in: Meyer-Goßner/Schmitt, § 202a Rn. 2: „Die Erörterungen werden vornehmlich zur Vorbereitung einer Verständigung (§ 257c StPO) geführt werden.".

80 Gesetzesentwurf der BReg., BT-Drs. 16/12310, S. 12.

BGH[81] wurde ausgeführt, dass es unrealistisch sei, Verständigungsgespräche – gemeint sind die vorbereitenden Erörterungen – auf die Hauptverhandlung begrenzen zu wollen.[82] Eine erfolgreiche Verständigung setzt regelmäßig vorbereitende Erörterungen voraus. Damit kommt der Verständigungserörterung eine ebenso tragende Rolle innerhalb der Konzeption des Gesetzgebers zu wie der Verständigung selbst.[83] Es verwundert daher nicht, dass das Verständigungsgesetz gerade die Erörterungen, deren Gegenstand die Möglichkeit einer Verständigung ist, durch weitgehende Transparenz- und Dokumentationspflichten reguliert.

b) Transparenz- und Dokumentationspflichten im Detail

Bezüglich der Transparenz- und Dokumentationspflichten des Verständigungsgesetzes ist zwischen drei Formen kommunikativer Gesprächsführung zu differenzieren.

Allgemeine Verfahrenserörterungen, welche die Möglichkeit einer Verständigung nicht zum Gegenstand haben, die entweder im Vorfeld oder außerhalb der Hauptverhandlung geführt werden, §§ 160b, 202a, 212 StPO, müssen ihrem wesentlichen Inhalt[84] nach aktenkundig gemacht werden.[85] Das Gesetz gibt eine Mitteilungspflicht für diese Fälle nicht vor. Bei Erörterungen während und in der Hauptverhandlung, § 257b StPO, sieht das Gesetz die Protokollierung des wesentlichen Ablaufs und des wesentlichen Inhaltes[86] vor, § 273 Abs. 1 S. 2 StPO.[87]

---

81 BGH 4 StR 240/97, Urt. v. 28.8.1997 = BGHSt 43, 195.

82 Hierzu *Herrmann*, in: JuS 1999, 1162, 1164.

83 *Hauer*, in: NJ 2010, 10, 12, spricht vom Prototyp einer Verständigung, die i. R. v. Erörterungen vorbereitet und in der Hauptverhandlung vollzogen wird.

84 Bislang nicht abschließend geklärt, ist die Frage, was sich im Einzelnen hinter den unbestimmten Rechtsbegriff des „wesentlichen Inhalts" bzw. des „wesentlichen Ablaufs" i. S. d. §§ 160b, 202a S. 2, 212, 257b StPO verbirgt. Eine erste grobe Differenzierung kann auf Grundlage einer negativen Definition erreicht werden: Nicht dokumentiert werden müssen alle Umstände, die lediglich die Verfahrensorganisation betreffen, ohne sich auf den materiellen Verfahrensstand auszuwirken, *Walther*, in: Sinn/Schößling, S. 137 Rn. 30 f.; zur Auslegung des wesentlichen Inhalts der Mitteilungspflichten nach § 243 Abs. 4 StPO s. Kap. 2 unter B.III.

85 §§ 160b S. 2, 202a S. 2, 212 StPO.

86 s. oben Fn. 85.

87 *Schmitt*, in: Meyer-Goßner/Schmitt, § 273 Rn. 7a, kritisiert dies als „überflüssige Belastung des Protokolls".

Erörterungen nach §§ 202a, 212 StPO, deren Gegenstand die Möglichkeit einer Verständigung ist[88], unterliegen wesentlich strengerer Transparenz- und Dokumentationspflichten. Das Gesetz verlangt über den Aktenvermerk hinaus, §§ 202a S. 2, 212 StPO, dass das Gericht den wesentlichen Inhalt[89] und das Ergebnis der Erörterung in der öffentlichen Hauptverhandlung mitteilt, § 243 Abs. 4 StPO. Die Mitteilung muss zu Anfang[90] oder zeitlich unmittelbar auf die Erörterungen[91] erfolgen. Des Weiteren muss das Gericht den wesentlichen Inhalt und den Ablauf der Mitteilung im Hauptverhandlungsprotokoll festhalten, § 273 Abs. 1a S. 2 StPO.[92] Das Gesetz bezweckt hierdurch, die auf eine Verständigung gerichteten Gespräche in der Öffentlichkeit der Hauptverhandlung transparent und offen darzulegen.[93]

Erörterungen, die nach § 160b StPO bereits im Ermittlungsverfahren mit der Staatsanwaltschaft geführt werden, schließt die Regelungskonzeption von den erhöhten Transparenz- und Dokumentationspflichten aus. Eine Verständigung sei „zu diesem frühen Zeitpunkt und außerhalb der Beteiligung des Gerichtes noch nicht möglich“[94].

Kommt es in der Hauptverhandlung zu einer Verständigung,[95] muss das Gericht den wesentlichen Ablauf, den wesentlichen Inhalt und das Ergebnis der Verständigung in das Protokoll der Hauptverhandlung aufnehmen, § 273 Abs. 1a S. 1 StPO.[96] Inhalt und Ablauf einer Verständigung können so

---

88 s. zur Differenzierung, ab wann die Möglichkeit einer Verständigung vorliegt, Kap. 2 unter B.II.2.c).

89 s. zur Auslegung des wesentlichen Inhalts der Mitteilungspflichten nach § 243 Abs. 4 StPO Kap. 2 unter B.III.

90 Nach Verlesung des Anklagesatzes, jedoch noch vor der Belehrung des Angeklagten, vgl. § 243 StPO.

91 *Schmitt*, in: Meyer-Goßner/Schmitt, § 243 Rn. 18 f.: „umgehend“.

92 s. zum Umfang der Protokollierung nach § 273 Abs. 1a S. 2 StPO Kap. 2 unter C.III.

93 Gesetzesentwurf der BReg., BT-Drs. 16/12310, S. 12.

94 Gesetzesentwurf der BReg., BT-Drs. 16/12310, S. 12; hierzu kritisch *Schößling*, in: in: Sinn/Schößling, S. 291, der entgegen des eindeutigen Gesetzeswortlauts ausführt, dass auch frühzeitige Gespräche des Verteidigers mit der Staatsanwaltschaft dazu imstande seien, die Autonomie des Angeklagten zu beeinträchtigen. Das Recht auf ein faires Verfahren gebiete eine vollständige Transparenz, die auch die Geschehnisse im Ermittlungsverfahren einschließe; vgl. zur Mitteilungspflicht von Erörterungen der Staatsanwaltschaft Kap. 2 unter B.II.2.b)bb).

95 s. zum Begriff der Verständigung im Sinne des § 273 Abs. 1a Kap. 2 unter C.I.1.

96 s. zum Umfang der Protokollierungspflichten nach § 273 Abs. 1a S. 1 Kap. 2 unter C.I.2.

nachvollzogen und einer rechtlichen Kontrolle unterworfen werden. Gleiches gilt über § 273 Abs. 1a S. 2 StPO für die Einhaltung der Mitteilungs-, Hinweis- und Belehrungspflichten aus §§ 243 Abs. 4, 257c Abs. 4 S. 4, Abs. 5 StPO.[97] [98] Auch die Urteilsgründe müssen eine erfolgte Verständigung erkennen lassen, § 267 Abs. 3 S. 5 StPO.[99]

Das Gesetz sieht Transparenz- und Dokumentationspflichten auch für den Fall vor, dass keine Verständigungsgespräche geführt wurden. Die Tatsache, dass die Verfahrensbeteiligten die Möglichkeit einer Verständigung im Vorfeld der Hauptverhandlung nicht erörtert haben, muss das Gericht zu Beginn des Verfahrens in Form einer Negativmitteilung verdeutlichen, §§ 243 Abs. 4 S. 1 StPO.[100] Weiter muss es – soweit keine Verständigung vorliegt – dies am Ende der Hauptverhandlung in Form eines Negativattests im Protokoll der Hauptverhandlung festhalten, § 273 Abs. 1a S. 3 StPO.[101] Diese (Negativ-)Pflichten sollen dazu dienen „mit höchst möglicher Gewissheit und auch in der Revision überprüfbar die Geschehnisse in der Hauptverhandlung zu dokumentieren und auszuschließen, dass ‚stillschweigend' ohne Beachtung der gesetzlichen Förmlichkeiten solche Verhaltensweisen stattgefunden haben."[102]

2. *Das Verständigungsgesetz im Vergleich zu den Richtlinien des BGH*

Die wesentlichen Transparenz- und Dokumentationspflichten des Verständigungsgesetzes entsprechen den Richtlinien, die der *BGH* schon vor dem Gesetz für die Praxis aufgestellt hatte. Der Gesetzgeber orientierte sich maßgeblich an der Grundsatzentscheidung des *4. Strafsenats* aus dem Jahre 1997.[103] Die dort festgelegten Anforderungen an die Öffentlichkeit des Verständigungsverfahrens

---

97 s. zum Umfang der Protokollierungspflichten nach § 273 Abs. 1a S. 2 Kap. 2 unter C.III.

98 Auch die Belehrung nach § 35a S. 3 StPO muss als wesentliche Förmlichkeit protokolliert werden. Eine inhaltliche Protokollierung ist hingegen nicht erforderlich, *Schmitt*, in: Meyer-Goßner/Schmitt, § 35a Rn. 20.

99 § 267 Abs. 3 S. 5 begründet damit das sog. „Positivattest".

100 So die heute h. M. nach BVerfG 2 BvR 2172/13, Beschl. v. 26.8.2014 = StV 2014, 713; anfangs ablehnend BGH 2 StR 47/13, Urt. v. 10.7.2013 = BGHSt 58, 315; ausführlich und m. w. N. zu Herleitung, Existenz und Sinnhaftigkeit der Negativmitteilung Kap. 2 unter B.I.

101 s. dazu Kap. 2 unter C.II.

102 Gesetzesentwurf der BReg., BT-Drs. 16/12310, S. 15.

103 Gesetzesentwurf der BReg., BT-Drs. 16/12310, S. 7: „Immer noch grundsätzlich ist dabei die Entscheidung des 4. Strafsenates aus dem Jahre 1997 (BGHSt 45, S. 193 ff.)".

finden sich vollständig im Transparenz- und Dokumentationskonzept des Verständigungsgesetzes wieder.

Die Regelungsdichte des Gesetzes geht allerdings über das vom *BGH* entwickelte Regelwerk hinaus. Dies betrifft zum einen den Bereich der Verfahrenserörterungen, die keinen Verständigungsbezug aufweisen. So gab es im Vorfeld des Verständigungsgesetzes weder eine Debatte um die Zulässigkeit von Verfahrenserörterungen noch Richtlinien hierzu.[104] Zum anderen ging der Gesetzgeber mit den Mitteilungs- und Protokollierungsvorschriften über die Richtlinien des *BGH* hinaus. Dort, wo die Maßgaben des *BGH* eine Mitteilung von Inhalt und Ergebnis der Erörterungen vorsahen, ergänzte der Gesetzgeber diese um das Erfordernis eines zusammenfassenden Aktenvermerks und die Notwendigkeit, Ablauf, Inhalt und Ergebnis der Mitteilung in der Hauptverhandlung zu protokollieren. Darüber hinaus enthält das Gesetz mit den Negativpflichten gesetzliche Noven, die ebenfalls über die Vorgaben des *BGH* hinausgehen.

Das Verständigungsgesetz ist deshalb mehr als nur eine „bloße(n) Kopie“[105] der vom *BGH* aufgestellten Richtlinien. Der Gesetzgeber folgte dem Appell des *Großen Senats* und regelte die Zulässigkeit der Verständigung unter Beachtung seines ihm zukommenden Spielraumes.[106] Dabei verwundert es nicht, dass die Pflichten des Gesetzes über die in der Rechtsprechung aufgestellten Leitlinien für die Praxis hinausgehen. So hatten schon die Richter des *Großen Senats* festgestellt, dass die Versuche der Praxis, die Verständigung bruchlos in das System der Strafprozessordnung einzubinden, mangels legislativer Befugnisse nur unvollkommen gelingen könne.[107] Vor diesem Hintergrund sind die über die Richtlinien des *BGH* hinausgehenden Pflichten des Verständigungsgesetzes als logische Konsequenz der richterlichen Evaluierung sogar notwendig[108], um die Verständigungspraxis unmissverständlich[109] zu regulieren.

---

104 Die Gespräche außerhalb der Hauptverhandlung waren allseits anerkannt, *Jahn/Müller*, in: JA 2006, 681, 685; *Fischer*, in: StraFo 2009, 177, 186; *Nistler*, in: JuS 2009, 916, 917; *Leipold*, in: NJW-Spezial 2009, 520, 520; *Hauer*, in: NJ 2010, 10, 12.

105 *Hauer*, in: NJ 2010, 10, 17, kritisiert den Gesetzesentwurf und führt an, dass es im Hinblick auf das Gesetz „mehr bedurft hätte als einer bloßen Kopie der Leitsätze“; ähnlich *Fischer*, in: ZRP 2010, 249, 251, der die Richtlinien im Verhältnis 1:1 umgesetzt sieht.

106 BGH GSSt 1/04, Beschl. v. 3.3.2005 = BGHSt 50, 40, 63 f.

107 Ebd.

108 a.A. *Knauer/Lickleder*, in: NStZ 2012, 366, 367, die von einer „Überkodifizierung“ sprechen.

109 Gesetzesentwurf der BReg., BT-Drs. 16/12310, S. 1: „Diese Regelung ist notwendig, weil eine bedeutsame und auch umstrittene Vorgehensweise im Strafprozess

3. *Das Verständigungsgesetz in Theorie und Praxis*

Die Reaktion auf das Verständigungsgesetz war eine nie dagewesene Einigkeit aller an der Debatte Beteiligten:[110] Die gesetzliche Konzeption der Verständigung sei wenig gelungen – sie fördere und bremse zugleich die Möglichkeiten, das Verfahren im Wege einer Absprache zu beenden.[111] Zum Teil wurde sogar von einem Rückschritt gesprochen.[112] Einer der Gründe dafür sei das wesentlich ausgeweitete Transparenz- und Dokumentationskonzept[113], dessen Vielzahl an Einzelregelungen nicht nur umständlich erscheinen, sondern darüber hinaus mit einer Fülle an Unsicherheiten einhergingen.[114]

Bereits die Anbahnung erster Verständigungsgespräche sei durch die Konzeption erschwert.[115] Die formellen Anforderungen, dass das Gericht sämtliche Gespräche dokumentieren müsse[116], stünden im Widerspruch zu „praktisch bewährten und rechtlich meist nicht bedenklichen Formen einer ‚offenen', durchaus auch auf Konsens (…) ausgerichteten Verfahrens- und Verhandlungsführung (…)"[117]. Eine wünschenswert offene Verfahrensweise werde hierdurch behindert.[118] Ein Vermerk im Sinne der §§ 160b S. 2, 202a S. 2, 212 StPO sei nur sachgemäß, wenn die Kontaktaufnahme zu einem (Verständigungs-) Ergebnis geführt habe.[119] Dies ergebe eine

---

dringend klarer Vorgaben bedarf, die der Rechtssicherheit und der gleichmäßigen Rechtsanwendung dienen."

110 So die Analyse *Hauers*, in NJ 2010, 10, 17.

111 *Bittmann*, in: wistra 2009, 414, 414, mit Verweis auf *Leipold*, in: NJW-Spezial 2009, 520, 520.

112 *Bittmann*, in: wistra 2009, 414, 417; bezüglich der Einschätzung durch die Richter der Amts- und Landgerichte *Polomski*, in: DRiZ 2011, 315, 315.

113 *Bittmann*, in: wistra 2009, 414, 414.

114 *Schmitt*, in: StraFo 2012, 386, 386; ebenso *Schlothauer/Weider*, in: StV 2009, 600, 606; einen Überblick über die Rechtsprechung gibt *Niemöller*, in: NZWiSt 2012, 290.

115 *Leipold*, in: NJW-Spezial 2009, 520, 521.

116 §§ 160b S. 2, 202a S. 2, 212 StPO.

117 *Fischer*, in: ZRP 2010, 249, 250.

118 *Leipold*, in: NJW-Spezial 2009, 520, 521.

119 Dies sei nach *Bittmann*, in: wistra 2009, 414, 414, noch nicht der Fall, wenn der mögliche Inhalt einer Verständigung gar nicht erst zur Sprache kam oder wenn der von zwei Seiten ernsthaft angestrebte Versuch einer Verständigung ohne Konsens beendet wurde; nach a.A. des BGH sind alle Gespräche zu dokumentieren und solche, deren Gegenstand die Möglichkeit einer Verständigung ist, besonders sorgfältig, BGH 1 StR 287/11, Urt. v. 29.11.2011 = NStZ 2012, 347, 348.

„aus systematischen Überlegungen gespeiste einschränkende Auslegung“[120] der Pflichten.

Des Weiteren mache die konzeptionell zentrale Mitteilungspflicht nach § 243 Abs. 4 StPO das Verständigungsverfahren schwerfällig. Bei den Richtern sei diese offenkundig unbeliebt.[121]

Auch wurde das Ausmaß der Protokollierungspflichten gerügt. Es sei ernstlich fraglich, wie „die Strafrichter am Amtsgericht in der Praxis zehntausender Verfahren mit den Protokollierungspflichten des Verständigungsgesetzes umgehen sollen“[122]. Bemängelt wurde damit vor allem der Umfang des Pflichtenkatalogs für die Richter der Tatgerichte. Darüber hinaus lehnten Teile der Literatur das Negativattest, weil es überflüssig sei, vollständig ab.[123]

Dass die Umsetzung des Verständigungsgesetzes mit vielfältigen Einzelproblemen und mannigfaltigen Komplikationen für alle Verfahrensbeteiligten einher ging, überrascht nicht.[124] Der Gesetzgeber gab mit dem Verständigungsgesetz zwar ein sehr umfängliches Konzept vor.[125] Die Pflichten weisen in ihren Details jedoch Ungenauigkeiten auf. Hierdurch eröffnete der Gesetzgeber Gestaltungsspielräume für die Rechtspraxis.[126] Diese Spielräume wurden zum Teil als Chance für einer (Wieder-)Annäherung von Praxis und Theorie des Strafverfahrens betrachtet[127], die Konzeption insgesamt aber – vor allem wegen ihres Umfangs – als Last[128] bewertet. Jedenfalls sei es nun die Aufgabe der Rechtspraxis, das Verständigungsgesetz zu achten[129], die Spielräume zu nutzen

120 M. w. N. *Bittmann*, in: wistra 2009, 414, 414.

121 *Schmitt*, in: StraFo 2012, 386, 390.

122 *Fischer*, in: ZRP 2010, 249, 250.

123 *Brand/Petermann*, in: NJW 2010, 268, 269; *Meyer-Goßner*-StPO, 53. Aufl. 2010, § 273 Rn. 12c; ablehnend auch der Bundesrat in seiner Stellungnahme zum Regierungsentwurf, Gesetzesentwurf der Bundesregierung, BT-Drucks. 16/12310, Anlage 3, S. 19.

124 *Schlothauer/Weider*, in: StV 2009, 600, 606.

125 Gesetzesentwurf der Bundesregierung, BT-Drucks. 16/12310, S. 1, 8.

126 *Jahn/Müller*, in: NJW 2010, 2625, 2631; nach *Schlothauer/Weider*, in: StV 2009, 600, 606, komme es für die Zukunft des Verständigungsgesetzes darauf an, ob die Rechtspraxis die Regelung großzügig oder eher restriktiv praktizieren wird.

127 *Jahn/Müller*, in: NJW 2009, 2625, 2631.

128 *Fischer*, in: ZRP 2010, 249, 251, kritisierte, dass man zunächst mit den Regelungen leben müsse; *Bittmann*, in: wistra 2009, 414, 416, bemängelte, dass wenn es eines Gesetzes zur Regelung der Verständigung bedurft hätte, das Gesetz jedenfalls nicht dieses sei.

129 *Jahn/Müller*, in: NJW 2010, 2625, 2631.

und zu versuchen, „zu einer einigermaßen widerspruchsfreien, vorhersehbaren und (den) rechtsstaatlichen Anforderungen genügenden Anwendungspraxis zu gelangen“[130] - eine Praxis, die so nicht eintrat.[131]

C. Die Einflüsse des verfassungsgerichtlichen Grundsatzurteils - Zugleich: Beginn der „Transparenz-Offensive“[132]

„Die Vorschriften zur Transparenz des Verständigungsgeschehens in der öffentlichen Hauptverhandlung, zu dessen Dokumentation und zur Ermöglichung einer wirksamen Kontrolle (...) zählen zum Kern des gesetzlichen Regelungskonzepts.“[133]

Das *BVerfG* entschied rund vier Jahre nach Inkrafttreten des Verständigungsgesetzes über dessen Verfassungsmäßigkeit. Dabei überprüfte es die gesamte Regelungskonzeption auf Verstöße gegen sämtliche strafverfahrensrechtliche Verfassungsprinzipien.[134] Im Zentrum der Entscheidung standen die Transparenz- und Dokumentationspflichten des Verständigungsgesetzes.[135] Diese seien - so die Aussage der Richter - der Kern des Regelungskonzeptes.[136]

---

130 *Fischer*, in: ZRP 2010, 249, 251.

131 Stattdessen legten die Gerichte vor allem die Transparenz- und Dokumentationspflichten sehr restriktiv aus, um so den Umfang des Pflichtenkatalogs zu verringern; hierzu *Rabe*, in: Das Verständigungsurteil, S. 319, die ausführt, dass sich eine Tendenz etablierte, „dem vom Gesetzgeber bereits dressierten Tiger der Verständigung zusätzlich noch die Zähne zu ziehen.“

132 *Leitmeier*, in: NJW 2015, 647, 647.

133 BVerfG, 2 BvR 2628/10 u.a., Urt. v. 19.3.2013 = BVerfGE 133, 168, 222 f. (Rn. 96).

134 BVerfG, 2 BvR 2628/10 u.a., Urt. v. 19.3.2013 = BVerfGE 133, 168, passim; ausführlich zu den verfassungsrechtlichen Dimensionen des Urteils *Rabe*, in: Das Verständigungsurteil, S. 80–312 (Kap. 5); a.A. *Stuckenberg*, in: ZIS 2013, 212, 218, der kritisiert, dass eine Prüfung der Verständigung an den Maßstäben der Verfassung gänzlich fehlt, ähnlich *Weigend*, in: StV 2013, 424, 425 f., der ausführt, dass sich der Senat „auf die Form statt auf die Substanz konzentriert hat.“; so wohl auch *Niemöller*, in: StV 2013, 420, 420 f.

135 *Landau*, in: NStZ 2014, 425, 430, führt versinnbildlichend an, dass der „Geist“ des Verständigungsurteils „von Transparenz und Öffentlichkeitsgrundsatz durchdrungen“ sei; *Rabe*, in: Das Verständigungsurteil, S. 323, spricht von einer „prägenden Stellung“ von „Transparenz, Publizität und Kontrolle“.

136 BVerfG, 2 BvR 2628/10 u.a., Urt. v. 19.3.2013 = BVerfGE 133, 168, 222 f. (Rn. 96).

Die *Verfassungsrichter* werteten die Transparenz- und Dokumentationspflichten nicht zuletzt durch eine den Pflichten immanente Nähe zum Verfassungsrecht erheblich auf.[137] Des Weiteren stellte das *BVerfG* ein massives Vollzugsdefizit des Verständigungsgesetzes fest.[138] Die Praxis ignoriere das Verständigungsgesetz im großen Stil und führe Absprachen vielfach fernab der gesetzlichen Regelungen durch.[139]

Im Folgenden wird zunächst das Vollzugsdefizit des Verständigungsgesetzes dargestellt (I.), bevor in einem zweiten Schritt das Vollzugsdefizit (II.) und dann die Transparenz- und Dokumentationspflichten (III.) auf der Grundlage des Verständigungsurteils auf ihre jeweilige (verfassungs-)rechtliche Relevanz hin analysiert werden. Im Anschluss wird untersucht, welche Vorgaben das Urteil bezüglich der Verständigungspraxis gemacht hat (IV.). Zuletzt wird die Frage beantwortet, welche Bedeutung den Pflichten innerhalb der Regelungskonzeption zukommt und welchen Einfluss das Verständigungsurteil auf die Entwicklung der Transparenz- und Dokumentationspflichten ausgeübt hat (V.).

I. Das Vollzugsdefizit des Verständigungsgesetzes

Die größte Sensation des Verständigungsurteils sei dessen Tatsachengrundlage.[140] Gemeint war damit das Ergebnis der als „äußerst feingliedrig“[141], „aussagestark“[142] und „folgenreich“[143] bezeichneten Studie *Altenhains*.[144] Die Studie legte wie keine Zweite zuvor die weite Verbreitung informeller Verständigungen

---

137 Kritisch dazu *Weigend*, in: StV 2013, 424, 425 f., der ausführt, dass die formellen Vorschriften unter dem Stichwort der Transparenz zu den eigentlichen Garantien eines rechtsstaatlichen Verfahrens hochstilisiert und damit „verfassungsrechtlich aufgeladen“ werden.

138 Bereits die ersten Eckpunkte der Bundesregierung für eine gesetzliche Verständigungsregelung verdeutlichen, dass es zu einer erfolgreichen Umsetzung einer Reform „aufgeschlossene Juristinnen und Juristen (braucht), die die neuen Instrumentarien (…) in der Praxis anwenden.“, Eckpunkte, in: StV 2001, 314, 315.

139 *Altenhain/Dietmeier/May*, in: Die Praxis der Absprachen in Strafverfahren, passim.

140 *Fischer*, in: FS-Kühne, 203, 203.

141 *Rabe*, in: Das Verständigungsurteil, S. 274.

142 *Rautenberg*, in: NJ 2013, 421, 422; nach *Knauer*, in: NStZ 2013, 433, 433, sei das Ergebnis eindrucksvoll.

143 *Rautenberg*, in: NJ 2013, 421, 422.

144 *Altenhain/Dietmeier/May*, in: Die Praxis der Absprachen in Strafverfahren.

dar. Zwar gab es bereits zuvor empirische Studien[145] zur Absprachepraxis. Auch deren Befund war die zunehmende Verbreitung informeller Absprachen. Ein umfassendes und repräsentatives Bild davon, wie Absprachen in der Praxis gehandhabt wurden, vermochte jedoch keine der Studien aufzuzeigen.[146] Vielmehr zeigten diese allenfalls eine weitverbreitete grundsätzliche Skepsis, dass die Praxis sich an die gesetzlichen Vorgaben halte.

Altenhain zeigte auf, dass sich die Häufigkeit von Absprachen infolge des Verständigungsgesetzes nicht verändert hat. Danach entscheiden die Gerichte circa 25 % aller Strafverfahren im Wege einer Verfahrensabsprache.[147] Die teilweise im Vorfeld des Gesetzes geäußerten Zweifel, dass mit einer gesetzlichen Normierung eine Resignation der Gerichte eintreten werde und Absprachen nicht mehr oder nur weniger durchgeführt würden, wurden damit entkräftet.

---

145 Für den Untersuchungszeitraum 1986 bis 1987 *Schünemann*, in: NJW 1989, 1895, 1896; *ders.*, in: Gutachten für den 58. DJT, S. 17 ff.; zu dem Vorkommen von Verständigungen in Betäubungsmittel- und Wirtschaftsstrafverfahren des Jahres 1986 *Hassemer/Hippler*, in: StV 1986, 360; *Lüdemann/Bussmann*, in: KrimJ 1989, 54; *Siolek*, in: Verständigung in der Hauptverhandlung, S. 31 ff., für die Jahre 1985–1990; *ders.*, in DRiZ 1993, 422; Zur Befolgung der Leitlinien des 4. Strafsenats aus dem Jahre 1997 *Altenhain/Hagemeier/Haimerl/Stammen*, in: Die Praxis der Absprachen in Wirtschaftsverfahren, S. 331 ff.; *Schöch*, in: Urteilsabsprachen in der Strafrechtspraxis, S. 129 f.; *Taubald*, in: Konsensuale Erledigung von Strafverfahren, S. 48 ff.; *Niemz*, in: Urteilsabsprachen und Opferinteressen, S. 156 ff.; *Nobis*, in: StRR 2012, 84, 84 f.; *Heller*, in: Das Gesetz zur Regelung der Verständigung im Strafverfahren, 297 ff.; eine Vielzahl der Studien zusammenfassend *Peters*, in: Urteilsabsprachen im Strafprozess, S. 9 ff. und *Rabe*, in: Das Verständigungsurteil, S. 275 ff.

146 *Hassemer/Hippler*, in: StV 1986, 360, 360, führen aus, dass sie nicht die Absicht hatten quantitativ und qualitativ verlässliche Ergebnisse zu produzieren; *Siolek*, in: DRiZ 1993, 422, 423, bezeichnet die Erkenntnisse der ersten Studien als ersten Eindruck, die jedoch keinen Aufschluss darüber gäben, inwieweit Verständigungen die Gerichtspraxis tatsächlich beeinflussen; *Nestler-Tremel*, in: DRiZ 1988, 288, 288, legt dar, dass die ersten Studien lediglich dem Nachweis der Existenz von Absprachen dienten; *Jahn*, in: ZStW 2006, 427, 428, spricht von einem spärlichen rechtsstaatlichen Wissen über die Praxis der Absprachen; *Taubald*, in: Konsensuale Erledigung von Strafverfahren, S. 48, stuft ihre eigene Studie als „keineswegs repräsentativ" ein; *Altenhain/Dietmeier/May*, in: Die Praxis der Absprachen in Strafverfahren, S. 15, begründen ihre Studie damit, dass keine breit angelegte, repräsentative Studie zur Verständigungspraxis vorläge.

147 *Altenhain/Dietmeier/May*, in: Die Praxis der Absprachen in Strafverfahren, S. 28 ff., 181.

Die Zahlen offenbarten jedoch, dass die Praxis sich vielfach nicht an das Verständigungsgesetz halte. Verständigungen fänden in der Mehrzahl der Fälle informell ohne Anwendung des § 257c StPO statt[148], dessen Regelungen gerade einmal etwa ein Viertel der Richter beachten würden.[149] Verständigungen würden zudem in einer Vielzahl an Fällen außerhalb der Hauptverhandlung durchgeführt, ohne diese im Nachhinein offenzulegen.[150] Die Praxis bevorzuge informelle Vorgehensweisen vor allem deshalb, um schneller und ohne formalen Aufwand zum Abschluss des Verfahrens zu gelangen.[151] Der formale Aufwand – und damit die Transparenz- und Dokumentationspflichten – sei aus Sicht einer nicht unerheblichen Zahl der Richter überflüssiger Formalismus.[152] Dabei ignoriere die Rechtspraxis insbesondere das Negativattest. Eine Vielzahl der Richter halte es für generell nicht erforderlich, dass das Hauptverhandlungsprotokoll enthalten muss, dass eine Verständigung nicht stattgefunden hat.[153] Für ebenso überflüssig hielten die Richter regelmäßig die Mitteilung in den Urteilsgründen, dass es in der Hauptverhandlung zu einer Verständigung gekommen ist.[154]

So bewerteten fast zwei Drittel der Richter das Verständigungsgesetz als insgesamt eher praxisuntauglich.[155] Die Hälfte der Richter und Verteidiger gingen

---

148 *Altenhain/Dietmeier/May*, in: Die Praxis der Absprachen in Strafverfahren, S. 36 ff., 181.

149 *Altenhain/Dietmeier/May*, in: Die Praxis der Absprachen in Strafverfahren, S. 37, 181.

150 So gaben ca. 33 % der Richter, ca. 40 % der Staatsanwälte und ca. 75 % der Verteidiger an, dass es bereits vorgekommen ist, dass Gespräche nicht in der Öffentlichkeit offenbart wurden, *Altenhain/Dietmeier/May*, in: Die Praxis der Absprachen in Strafverfahren, S. 146; Bemerkenswert ist, dass die Zahlen der Richter eine deutlich geringere Häufigkeit eines solchen Vorgehens aufzeigen, als die der Staatsanwaltschaft und der Verteidiger. Dies lässt mittelbar darauf schließen, dass die qualitativen Anforderungen daran, ein Gespräch als Verständigungserörterung zu qualifizieren, Differenzen aufwiesen.

151 *Altenhain/Dietmeier/May*, in: Die Praxis der Absprachen in Strafverfahren, S. 182.

152 *Altenhain/Dietmeier/May*, in: Die Praxis der Absprachen in Strafverfahren, S. 183.

153 *Altenhain/Dietmeier/May*, in: Die Praxis der Absprachen in Strafverfahren, S. 153 f., 183.

154 *Altenhain/Dietmeier/May*, in: Die Praxis der Absprachen in Strafverfahren, S. 158, 183.

155 *Altenhain/Dietmeier/May*, in: Die Praxis der Absprachen in Strafverfahren, S. 174 ff., 184.

davon aus, dass das Verständigungsgesetz in mindestens der Hälfte aller Verfahren verletzt werde.[156]

Infolge derartiger Ergebnisse wurde dann auch die Rechtsstaatlichkeit des Absprachen-Strafverfahrens bezweifelt: Ein Rechtsstaat könne sich mit diesem Befund nicht abfinden, „wenn er sich nicht ad absurdum führen will“[157]. Es handle sich um einen „rechtsstaatlichen Teilbankrott“[158].

II. Das Vollzugsdefizit aus Sicht des BVerfG

Das *BVerfG* maß dem defizitären Vollzug des Verständigungsgesetzes eine verfassungsrechtliche Bedeutung bei.[159] Es nahm das Vollzugsdefizit zum Anlass, die Bedeutung der Transparenz- und Dokumentationspflichten – als Teil des Sicherungskonzeptes – herauszustellen[160], und die Praxis zu ermahnen, sich an die Regelungskonzeption und ihre Schutzmechanismen zu halten.[161] Sollte die Praxis sich weiter der Regelungskonzeption widersetzen, folge daraus die Verfassungswidrigkeit der Norm selber.[162]

---

156 *Altenhain/Dietmeier/May*, in: Die Praxis der Absprachen in Strafverfahren, S. 179 f., 184.

157 So der Kommentar des Richters am Bundesverfassungsgericht *Peter Huber* in der mündlichen Verhandlung zum Verständigungsurteil, Zitat nach *Demuth*, in: AnwBl 2013, 45.

158 *Stuckenberg*, in: ZIS 2013, 212, 214; *Beulke/Stoffer*, in: JZ 2013, 662, 663, führen an, dass der Gedanke systemimmanenten Versagens durchaus Nahe liege; *Scheinfeld*, in: ZJS 2013, 296, 299, stimmt *Stuckenberg* zu und betitelt dies als ein „Desaster“; *ders.*, a.a.O., 302: „bestürzend“.

159 Hierzu BVerfG, 2 BvR 2628/10 u.a., Urt. v. 19.3.2013 = BVerfGE 133, 168, 203 f. (Rn. 64), 233 ff. (Rn. 116 ff.); zum gleichen Ergebnis kommt *Hofmann*, in NJW 2014, 442, 442; wohl auch *Knauer*, in: NStZ 2013, 433, 434, der weiter jedoch die Ausführungen des BVerfG kritisiert.

160 *Scheinfeld*, in: ZJS 2013, 296, 299 f.

161 *Scheinfeld*, in: ZJS 2013, 296, 300, spricht davon, dass die staatlichen Akteure aufgeweckt werden sollten.

162 BVerfG, 2 BvR 2628/10 u.a., Urt. v. 19.3.2013 = BVerfGE 133, 168, 236 (Rn. 121); *Knauer*, in: NStZ 2013, 433, 434, führt aus, dass das Gericht einen Zustand schwebender Unwirksamkeit des Gesetzes kreiere; *Fezer*, in: HRRS 2013, 117, 119, verdeutlicht, dass das BVerfG die mögliche Verfassungswidrigkeit, indem es diese an ein Unterlassen des Gesetzgebers knüpft, völlig neu verankere; *Niemöller*, in: StV 2013, 420, 424, mahnt, dass eine Gesetzesaufhebung infolge mangelnder Gesetzestreue einer Bankrotterklärung des Rechtsstaats gleichkäme.

Der *Zweite Senat* verknüpfte auf diese Weise geradezu selbstverständlich[163] – und erstmals ohne Anknüpfung an Art. 3 GG[164] – den Normvollzug mit der Verfassungsmäßigkeit der Norm selber.[165] Allerdings „beleg(e) (die Praxis) derzeit noch kein verfassungsrechtlich relevantes Regelungsdefizit"[166]. Nicht jede empirische Ineffizienz begründe einen Verfassungsverstoß. Vielmehr müsse die verfassungswidrige Rechtspraxis auf die Vorschrift selbst zurückführen sein.[167] Es bedürfe einer strukturellen Schwäche des Gesetzes.[168]

Diese sei derzeit nicht feststellbar. Der empirische Befund lasse „noch nicht auf ein in der Norm selbst angelegtes und daher zu derer Verfassungswidrigkeit führendes Versagen der zur Gewährleistung der verfassungsrechtlichen Vorgaben normierten Schutzmechanismen"[169] schließen.[170] Ein strukturelles Vollzugsdefizit liege vor allem nicht schon darin, dass der Gesetzgeber urteilsbezogene Verständigungen *überhaupt* gestattet habe. Dies ließe die umfangreichen, das Gesetz flankierenden Schutzmechanismen unberücksichtigt.[171] Auch seien die Gründe des Vollzugsdefizites vielschichtig und nicht in einer Schutzlücke des Gesetzes zu sehen. Die Praxis habe angesichts der erst kurzen Geltungsdauer des strikt umgrenzten und stark formalisierten Regelungskonzeptes den hohen Stellenwert der Schutzmechanismen noch nicht verinnerlicht.[172] Dafür sprächen sowohl Stellungnahmen in der Literatur als auch die nicht selten anzutreffende Bewertung der Schutzmechanismen als „praxisuntauglich".[173]

---

163 *Hofmann*, in NJW 2014, 442, 443.

164 *Hofmann*, in NJW 2014, 442, 442.

165 Ablehnend *Niemöller*, in: StV 2013, 420, 423: Eine Verfassungswidrigkeit der Norm infolge eines Vollzugsdefizites komme grundsätzlich nicht in Betracht; so wohl auch *Weigend*, in: StV 2013, 424, 426.

166 BVerfG, 2 BvR 2628/10 u.a., Urt. v. 19.3.2013 = BVerfGE 133, 168, 203 f. (Rn. 64).

167 BVerfG, 2 BvL 17/02, Urt. v. 9.3.2004 = BVerfGE 110, 94.

168 BVerfG, 2 BvR 2628/10 u.a., Urt. v. 19.3.2013 = BVerfGE 133, 168, 233 f. (Rn. 118).

169 BVerfG, 2 BvR 2628/10 u.a., Urt. v. 19.3.2013 = BVerfGE 133, 168, 233 (Rn. 117).

170 Zustimmend *Rabe*, in: Das Verständigungsurteil, S. 301; kritisch *Stuckenberg*, in: ZIS 2013, 212, 217, der bemängelt, dass Strukturdefizite nicht „temporal variabel" zu sein pflegen. Darüber hinaus stellt er die Frage, ab welcher Quote – wenn schon 50 % nicht ausreichen – ein erheblich defizitärer Vollzug vorliege, der zu Maßnahmen nötigt; ebenfalls kritisch *Knauer*, in: NStZ 2013, 433, 434, der ein strukturelles Defizit des Verständigungsgesetzes darin sieht, „dass die idealistische Vorstellung des Gesetzgebers in der Praxis undurchführbar zu sein scheint."

171 BVerfG, 2 BvR 2628/10 u.a., Urt. v. 19.3.2013 = BVerfGE 133, 168, 233 f. (Rn. 118).

172 BVerfG, 2 BvR 2628/10 u.a., Urt. v. 19.3.2013 = BVerfGE 133, 168, 234 f. (Rn. 119).

173 BVerfG, 2 BvR 2628/10 u.a., Urt. v. 19.3.2013 = BVerfGE 133, 168, 234 f. (Rn. 119); *Beulke/Stoffer*, in: JZ 2013, 662, 663, führen dazu aus, dass es einer gewissen Ironie

Die *Verfassungsrichter* ließen hierdurch Milde walten.[174] Sie setzten die Rechtspraxis „unter Bewährungsaufsicht".[175] Das *BVerfG* ging aber noch einen Schritt weiter und äußerte sich auch zu dem drohenden strukturellen Vollzugsdefizit. Dieses zwinge zu Beobachtungs- und Nachbesserungspflichten des Gesetzgebers.[176] Der Gesetzgeber sei „gehalten, die Wirksamkeit der zur Wahrung eines verfassungskonformen Strafverfahrens vorgesehenen Vorkehrungen zu beobachten und erforderlichenfalls erneut über die Zulässigkeit sowie die Bedingungen von Verständigungen zu entscheiden"[177]. *Rabe* führt hierzu treffend aus, dass Gesetzesentwürfe, „welche die Lösung komplexer dogmatischer Probleme in die Praxis verlagern [gemeint ist damit die Schaffung einer in der Realität funktionierenden Verständigungsregelungskonzeption] (…), für den Gesetzgeber nicht folgenlos bleiben (können)."[178] Insoweit würden – wenn auch unverbindliche[179] – Handlungspflichten für den Gesetzgeber durchaus Sinn ergeben.[180]

Das *BVerfG* setzt sich jedoch hierdurch zu sich selbst in Widerspruch.[181] Denn im Grundsatz geht das Gericht davon aus, dass die gesetzgeberische Regelung ausreichend sei.[182] Wenn das jedoch zutrifft, dann besteht gerade keine Notwendigkeit zur Nachbesserung durch den Gesetzgeber. Das *BVerfG* appelliert im Verständigungsurteil also vielmehr an die Normbefolgung durch die

---

nicht entbehre, dass das BVerfG die fehlende Verinnerlichung der Regelung mit der noch anhaltenden Meinungsdisparität zu erklären versucht.

174 *Knauer*, in: NStZ 2013, 433, 434.

175 *Niemöller*, in: StV 2013, 420, 423.

176 Das BVerfG entscheidet damit in Form einer sog. (unverbindlichen) Appellentscheidung, *Schlaich/Korioth*, in: BVerfG, Rn. 431 ff.; vgl. dazu *Hofmann*, in NJW 2014, 442, 444, der darlegt, dass die Voraussetzungen einer Appellentscheidung eigentlich andere sind, der Entscheidungstypus vorliegend also nicht passt; ebenso *Weigend*, in: StV 2013 424, 426, der darlegt, dass die Beobachtungspflicht in dem Fall „seltsam inkongruent" zu den übrigen Fällen wirkt, in denen das BVerfG eine solche Pflicht statuiert hatte.

177 BVerfG, 2 BvR 2628/10 u.a., Urt. v. 19.3.2013 = BVerfGE 133, 168, 204 (Rn. 64).

178 *Rabe*, in: Das Verständigungsurteil, S. 308.

179 *Schlaich/Korioth*, in: BVerfG, Rn. 439.

180 a.A. *Niemöller*, in: StV 2013, 420, 423, der ausführt, dass „(e)in bloßes Vollzugsdefizit, wie groß es auch sei, (…) Beobachtungs- oder Nachbesserungspflichten des Gesetzgebers (…) nicht begründen" könne. Weiter bleibe offen, welches geeignete Maßnahmen seien. Dies sei vor allem deswegen von Relevanz, weil der Gesetzgeber für die Beseitigung eines bloßen Vollzugsdefizites der falsche Adressat sei; ähnlich *Hofmann*, in NJW 2014, 442, 444 f.; ebenso *Knauer*, in: NStZ 3013, 433, 434; *Stuckenberg*, in: ZIS 2013, 212, 218; *Weigend*, in: StV 2013, 424, 427.

181 *Hofmann*, in NJW 2014, 442, 444 f.; ebenso *Stuckenberg*, in: ZIS 2013, 212, 217.

182 BVerfG, 2 BvR 2628/10 u.a., Urt. v. 19.3.2013 = BVerfGE 133, 168, 203 f. (Rn. 64).

Rechtspraxis und droht dieser für den Fall der Nichtbefolgung mit dem Verdikt der Verfassungswidrigkeit von Verfahrensabsprachen.[183]

III. Die Transparenz und Dokumentationspflichten als Ausprägungen des Verfassungsrechts

1. *Zur Wahrung des Öffentlichkeitsgrundsatzes, § 169 GVG*

Das *BVerfG* erachtet sowohl die Mitteilungspflichten nach § 243 Abs. 4 StPO als auch das Öffentlichkeitsprinzip nach § 169 GVG als Ausprägungen der demokratischen und rechtsstaatlichen Grundlagen der Verfassung. Die Kontrollfunktion der Öffentlichkeit sei vor dem Hintergrund einer Verfahrensabsprache von besonderer Bedeutung[184] und „Ausdruck der demokratischen Idee“[185]. Zudem erhalte sie durch die Zulassung vertraulicher Gespräche außerhalb der Hauptverhandlung zusätzliche Bedeutung.[186] Die Mitteilungspflichten dienen hierdurch nicht nur der Einhaltung des Öffentlichkeitsprinzips in seiner einfachrechtlichen Ausgestaltung, § 169 GVG. Sie begründen vielmehr eine verfassungsrechtlich begründete Informationspflicht gegenüber der Öffentlichkeit.[187] Die *Verfassungsrichter* werten hiermit die Kontrolle des Strafverfahrens durch die Öffentlichkeit des Verfahrens,[188] dessen Relevanz im modernen Strafverfahren abzuebben schien[189], wieder auf.[190]

---

183 *Hofmann*, in NJW 2014, 442, 445, mutmaßt, dass die einzige, vom BVerfG wohl auch beabsichtigte Form der „Nachbesserung“ die Revision der „Alibiregelung“ des Verständigungsgesetzes gewesen ist. Damit wäre sowohl der normignorierenden Praxis als auch Praxis, die vor dem Verständigungsgesetz bestand, ein Riegel vorgeschoben.

184 BVerfG, 2 BvR 2628/10 u.a., Urt. v. 19.3.2013 = BVerfGE 133, 168, 217 (Rn. 87).

185 BVerfG, 2 BvR 2628/10 u.a., Urt. v. 19.3.2013 = BVerfGE 133, 168, 217 f. (Rn. 88).

186 Ebd.

187 Hierzu ausführlich *Rabe*, in: Das Verständigungsurteil, S. 114 ff.

188 Ausführlich zu Entwicklung des Öffentlichkeitsprinzips, *Velten*, in: SK-StPO, Vor § 169 GVG, Rn. 1 ff.

189 *Schmitt*, in: Meyer-Goßner/Schmitt, § 169 GVG, Rn. 1, führt aus, dass die staatstheoretische Begründung, d.h. die öffentliche Kontrolle und der Schutz vor Willkür, ihre Bedeutung heute im Wesentlichen verloren habe; ebenso *Duttge/Kangarani*, in: Dölling/Duttge/König/Rössner, § 169 GVG Rn. 1, die ausführen, dass heute die Informationsfunktion im Vordergrund stünde; ausführlich zur Kontrollbedürftigkeit *Velten*, in: SK-StPO, Vor § 169 GVG, Rn. 20 ff.

190 So stellen die Verfassungsrichter die Kontrollfunktion als besonders bedeutsam und demokratisch geboten heraus, BVerfG, 2 BvR 2628/10 u.a., Urt. v. 19.3.2013 = BVerfGE 133, 168, 217 f. (Rn. 88); ebenso *Allgayer*, in: NStZ 2016, 227,

Den Mitteilungspflichten nach § 243 Abs. 4 StPO kommen damit drei Funktionen zu: Sie dienen dem demokratisch legitimierten Informationsanspruch der Öffentlichkeit (1. Funktion). Zudem gewährleisten sie die Kontrollfähigkeit von Absprachen (2. Funktion) und sollen nicht zuletzt hierdurch das Vertrauen der Allgemeinheit in die Funktionstüchtigkeit der Strafrechtspflege aufrechterhalten (3. Funktion).[191]

2. *Zur Wahrung einer gesamtrechtsstaatlichen Verfahrensausgestaltung*

Das *BVerfG* betont in seinen Ausführungen gleich mehrfach die Notwendigkeit einer rechtsstaatlichen Ausgestaltung des Absprachen-Strafverfahrens.[192] Das Verständigungsverfahren gehe mit dem Risiko einher, dass die verfassungsrechtlichen Anforderungen an das Strafverfahren nicht im vollen Umfang beachtet werden.[193] Der *Zweite Senat* stellt hierdurch nochmals[194] und wenig überraschend[195] klar, dass sich das Verständigungsverfahren in einem verfassungssensiblen Bereich befindet. „(W)orin die Risiken bestehen und weshalb das Verständigungsgesetz sie fördert"[196], kann den Ausführungen hingegen nur zum Teil[197] entnommen werden. Jedenfalls fehlt es an einer vertieften

227: „mE sollte Öffentlichkeit insoweit nicht als Schutzgut, sondern als Kontrollinstrument eingeordnet werden".

191 Zu den Funktionen des Öffentlichkeitsgrundsatzes im Überblick, *Wickern*, in: LR-StPO, Vor § 169 GVG, Rn. 3 ff.; ausführlich und mit weitergehenden Erörterungen *Velten*, in: SK-StPO, Vor § 169 GVG, Rn. 17 ff.

192 So schon im 1. Leitsatz der Entscheidung, BVerfG, 2 BvR 2628/10 u.a., Urt. v. 19.3.2013 = BVerfGE 133, 168, 168; weiter auch im Rahmen der Ausführungen zur Regelungskonzeption, BVerfG, BVerfGE 133, 168, 177 (Rn. 11); grundlegend hierzu auch in den abstrakten Ausführungen des Urteils, BVerfGE 133, 168, 197 ff. (Rn. 53 ff.); bezüglich der Rolle der Staatsanwaltschaft als „Garantin für Rechtsstaatlichkeit", BVerfGE 133, 168, 219 ff. (Rn. 92 f.); und nicht zuletzt bei vielen der wesentlichen Ausführungen des Urteils, BVerfGE 133, 168, 226 (Rn. 104), 227 (Rn. 105), 232 (Rn. 114), 233 (Rn. 115).

193 BVerfG, 2 BvR 2628/10 u.a., Urt. v. 19.3.2013 = BVerfGE 133, 168, 228 (Rn. 107).

194 So schon in der ersten Entscheidung des BVerfG im Jahre 1987, BVerfG, 2 BvR 1133/86, Beschl. v. 27.1.1987 = NStZ 1987, 419.

195 Hierzu *Stuckenberg*, in: ZIS 2013, 212, 216, der die Feststellung der Risiken als „erwartbar" bezeichnet.

196 *Stuckenberg*, in: ZIS 2013, 212, 216.

197 Entgegen *Stuckenberg*, in: ZIS 2013, 212, 216, der bzgl. der Urteilsausführungen kritisiert, dass ungesagt bleibe, worin die Risiken bestehen, sieht *Verf.* jedenfalls einen Teil der Risiken als dargelegt an; vgl. dazu exemplarisch die Ausführungen

Prüfung des Verständigungsverfahrens an den Grundsätzen des Strafverfahrens.[198] Die *Verfassungsrichter* betonen vielmehr in diesem Zusammenhang die Sicherungsmechanismen des Verständigungsgesetzes und damit vor allem die Transparenz- und Dokumentationspflichten.[199]

So führt das *BVerfG* aus, dass „(i)ntransparente, unkontrollierbare ‚Deals' (…) im Strafprozess wegen der mit ihnen verbundenen Gefährdung des Schuldprinzips, der darin verankerten Wahrheitserforschungspflicht und des dem Rechtsstaatsprinzip innewohnenden Prinzips des fairen Verfahrens bereits von Verfassungs wegen untersagt (…)"[200] seien. Formuliert man die Aussage der *Verfassungsrichter* um, ergibt sich die Vorstellung der *Verfassungsrichter*, dass die Rechtsstaatlichkeit des Verständigungsstrafverfahren erst auf der Grundlage ausreichender Transparenz und sicherzustellende Kontrolle zu gewährleisten sei. Die Transparenz- und Dokumentationspflichten bilden damit das Fundament einer rechtsstaatlichen Ausgestaltung von Verfahrensabsprachen.

Hierbei sind es vor allem Gefahren für das Recht der Verfahrensfairness und die Notwendigkeit einer umfassenden Rechtskontrolle, welche die *Verfassungsrichter* fortlaufend betonen.[201]

Als „unverzichtbares Element der Rechtsstaatlichkeit des Strafverfahrens"[202] gewährleiste das Recht eines fairen Verfahrens dem Beschuldigten, „prozessuale Rechte und Möglichkeiten mit der erforderlichen Sachkunde wahrnehmen

---

zu den Risiken für die Aussagefreiheit als Teil des fairen Verfahrens, BVerfG, 2 BvR 2628/10 u.a., Urt. v. 19.3.2013 = BVerfGE 133, 168, 224 f. (Rn. 99).

198 *Stuckenberg*, in: ZIS 2013, 212, 218, kritisiert, dass eine Prüfung der Verständigung an den Maßstäben der Verfassung gänzlich fehlt, ähnlich *Weigend*, in: StV 2013, 424, 425 f., der ausführt, dass sich der Senat „auf die Form statt auf die Substanz konzentriert hat."; so wohl auch *Niemöller*, in: StV 2013, 420, 420 f.

199 BVerfG, 2 BvR 2628/10 u.a., Urt. v. 19.3.2013 = BVerfGE 133, 168, 222 (Rn. 96): „Das gesetzliche Regelungskonzept ist (…) als eine untrennbare Einheit aus Zulassung und inhaltlicher Beschränkung von Verständigungen bei gleichzeitiger Einhegung durch die Mitteilungs-, Belehrungs- und Dokumentationspflichten zu begreifen."

200 BVerfG, 2 BvR 2628/10 u.a., Urt. v. 19.3.2013 = BVerfGE 133, 168, 233 (Rn. 115).

201 Weiter betonten die Richter die Pflicht eines justizförmigen Verfahrens und die Notwendigkeit einer funktionstüchtigen Rechtspflege, BVerfG, 2 BvR 2628/10 u.a., Urt. v. 19.3.2013 = BVerfGE 133, 168, 199 f. (Rn. 56 f.). Diese Prinzipien werden an dieser Stelle aufgrund ihrer nur geringen Relevanz für die Bedeutung der Dokumentationspflichten nicht erörtert; vgl. zu dem wenig konturreichen, offenen Begriff der Justizförmigkeit *Kühne*, in: LR-StPO, Einl. Abschn. H, Rn. 19 ff.; zur Funktionstüchtigkeit der Rechtspflege ausführlich *Rabe*, in: Das Verständigungsurteil, S. 80 ff.

202 BVerfG, 2 BvR 2628/10 u.a., Urt. v. 19.3.2013 = BVerfGE 133, 168, 200 (Rn. 59).

(…) zu können (…).“[203] Der Beschuldigte dürfe im Rechtsstaat nicht nur bloßes Objekt des Strafverfahrens sein.[204] Vielmehr müsse durch verfahrensrechtliche Hilfestellungen und Befugnisse die Aussage- und Entschließungsfreiheit als Teil des Verbots des Zwangs zur Selbstbelastung – *nemo tenetur se ipsum accusare*[205] – sichergestellt werden.[206] Maßgeblich sei, dass der Beschuldigte „frei von Zwang eigenverantwortlich entscheiden (kann), ob und gegebenenfalls inwieweit er im Strafverfahren mitwirkt (…).“[207]

Die *Verfassungsrichter* verknüpfen das faire Strafverfahren vor allem mit den Belehrungspflichten nach § 257c Abs. 5 StPO.[208] Der Gesetzgeber habe hierdurch „die Fairness des Verständigungsverfahrens sichern und (…) die Autonomie des Angeklagten im weiten Umfang schützen“[209] wollen. Die Bedeutung der Belehrung nach § 257c Abs. 5 StPO sei nicht nur im Vergleich zu den allgemeinen Belehrungspflichten eine höhere[210]; Sie würde insbesondere aus der für eine Verständigung typischen Anreiz und Verlockungssituation hervorgehen.[211] § 257c Abs. 5 StPO sei „eine zentrale rechtsstaatliche Sicherung des Grundsatzes des fairen Verfahrens und der Selbstbelastungsfreiheit.“[212] Das *BVerfG* spricht der Belehrung damit im Ergebnis eine Rolle zu, die über die Rolle der allgemeinen Belehrung nach § 136 Abs. 1 S. 2, 163a Abs. 4 S. 2, 244 Abs. 5 S. 1 StPO hinausgeht.[213]

Weiter dienen auch die Mitteilungspflichten nach § 243 Abs. 4 StPO dem fairen Strafverfahren. Erst die Mitteilungspflichten gewährleisten, dass der

---

203 Ebd.

204 BVerfG, 2 BvR 2628/10 u.a., Urt. v. 19.3.2013 = BVerfGE 133, 168, 200 (Rn. 58).

205 M. w. N. BVerfG, 2 BvR 2628/10 u.a., Urt. v. 19.3.2013 = BVerfGE 133, 168, 201 (Rn. 60): „Die Aussagefreiheit des Beschuldigten und das Verbot des Zwangs zur Selbstbelastung (nemo tenetur se ipsum accusare) sind notwendiger Ausdruck einer auf dem Leitgedanken der Achtung der Menschenwürde beruhenden rechtsstaatlichen Grundhaltung (…).“

206 BVerfG, 2 BvR 2628/10 u.a., Urt. v. 19.3.2013 = BVerfGE 133, 168, 201 (Rn. 60).

207 Ebd.

208 BVerfG, 2 BvR 2628/10 u.a., Urt. v. 19.3.2013 = BVerfGE 133, 168, 224 (Rn. 99); dass sich das Gericht Im Kern mit der Belehrungspflicht auseinandersetzt, liegt vor allem wohl daran, dass die Verletzung der Pflicht nach § 257c Abs. 5 StPO Gegenstand der Revisionsentscheidungen war.

209 BVerfG, 2 BvR 2628/10 u.a., Urt. v. 19.3.2013 = BVerfGE 133, 168, 224 (Rn. 99).

210 BVerfG, 2 BvR 2628/10 u.a., Urt. v. 19.3.2013 = BVerfGE 133, 168, 231 (Rn. 112).

211 Ebd.

212 BVerfG, 2 BvR 2628/10 u.a., Urt. v. 19.3.2013 = BVerfGE 133, 168, 238 (Rn. 126).

213 Zur Kritik hieran s. Kap. 3 unter B.II.1.b)aa).

Beschuldigte seine ihm zustehenden Rechte „mit der erforderlichen Sachkunde“[214] wahrnehmen kann. Dies setzt neben der Belehrung nach § 257c Abs. 5 StPO voraus – welche dem Angeklagten bestimmte rechtliche Umstände und Risiken erläutert –, dass das Gericht dem Angeklagten auch in tatsächlicher Hinsicht die notwendigen Informationen mitteilt. § 243 Abs. 4 StPO führt zu einem Gleichlauf des Informationsstandes über die Möglichkeit einer Verständigung und sichert hierdurch ab, dass sich der Angeklagte auf Grundlage aller für ihn relevanter Informationen autonom über sein weiteres Prozessverhalten – und insbesondere über die Aufgabe der Selbstbelastungsfreiheit – entscheiden kann.[215]

Die Relevanz einer umfassenden Rechtskontrollmöglichkeit für die Garantie eines fairen Strafverfahrens verdeutlichte das *BVerfG* vor allem dadurch, dass es alleine im Hauptteil der Entscheidung[216] 17-mal das Wort Kontrolle verwendete und von einer vollumfänglichen[217], wirksamen[218] oder effektiven[219] Kontrolle spricht. Das Ziel der Konzeption sei es, mit „höchst möglicher Gewissheit und in der Revision überprüfbar“ auszuschließen, dass außerhalb der Regelungskonzeption Absprachen stattfänden. Dabei setze die „Gewährleistung einer ‚vollumfänglichen‘ Kontrolle (…) eine vollständige Dokumentation im Verhandlungsprotokoll voraus.“[220] Die Dokumentationsvorschriften des Verständigungsgesetzes erlangen hierdurch eine besondere, verfassungsnahe Bedeutung.

IV. Die verfassungsgerichtlichen Vorgaben an die Verständigungspraxis – Zur Gebotenheit extensiv-präzisierender Auslegung

Das *BVerfG* gab basierend auf dem Vollzugsdefizit vor, das Verständigungsgesetz „präzisierend(en)“ auszulegen und anzuwenden.[221] Dies lasse erwarten,

---

214 BVerfG, 2 BvR 2628/10 u.a., Urt. v. 19.3.2013 = BVerfGE 133, 168, 200 (Rn. 59).

215 *Franke*, in: SSW-StPO, § 243 Rn. 14, der von sachgemäßer Wahrnehmung seiner Verteidigungsrechte spricht; *Walther*, in: Sinn/Schößling, S. 140, Rn. 39.

216 BVerfG, 2 BvR 2628/10 u.a., Urt. v. 19.3.2013 = BVerfGE 133, 168, 203 ff. (Rn. 64 ff.).

217 BVerfG, 2 BvR 2628/10 u.a., Urt. v. 19.3.2013 = BVerfGE 133, 168, 204 (Rn. 65), 207 (Rn. 67), 213 (Rn. 76), 217 (Rn. 86), 221 (Rn. 94), 222 (Rn. 96).

218 BVerfG, 2 BvR 2628/10 u.a., Urt. v. 19.3.2013 = BVerfGE 133, 168, 214 (Rn. 79), 222 (Rn. 96), 223 (Rn. 96).

219 BVerfG, 2 BvR 2628/10 u.a., Urt. v. 19.3.2013 = BVerfGE 133, 168, 214 (Rn. 80).

220 BVerfG, 2 BvR 2628/10 u.a., Urt. v. 19.3.2013 = BVerfGE 133, 168, 222 (Rn. 96).

221 BVerfG, 2 BvR 2628/10 u.a., Urt. v. 19.3.2013 = BVerfGE 133, 168, 203 f. (Rn. 64).

„dass die verfassungsrechtlichen Anforderungen an die Ausgestaltung des Strafprozesses erfüllt werden."[222]

Die *Verfassungsrichter* knüpften hierdurch an ihre Entscheidung zur Verfassungsmäßigkeit von § 266 StGB – der Untreue Landowsky Entscheidung[223] – an.[224] Die Gerichte – so das *BVerfG* zu § 266 StGB – seien dazu gehalten, „fernliegende Interpretation(en) oder ein Normverständnis, das keine klaren Strukturen mehr erkennen lässt" zu vermeiden.[225] Vielmehr sei es die Aufgabe der Gerichte, „verbleibende Unklarheiten über den Anwendungsbereich einer Norm durch Präzisierung und Konkretisierung im Wege der Auslegung nach Möglichkeit auszuräumen (Präzisierungsgebot)."[226]

Für das Verständigungsgesetz ergeben sich die präzisierenden Kriterien aus dem Vollzugsdefizit und dem verfassungsrechtlich gebotenen Erfordernis einer möglichst weitreichenden Kontrolle des Verständigungsgeschehens. Die *Verfassungsrichter* verlangen im Wege des Präzisierungsgebots eine extensivpräzisierende Auslegung der Transparenz- und Dokumentationspflichten: „Im Zweifel (…) (sei) zu informieren"[227].

V. Die Einflüsse des verfassungsgerichtlichen Grundsatzurteils – Resümee

„Das Ganze Urteil steht (…) im Bann der desaströsen Praxis, die das Gericht als das eigentliche Problem zu empfinden scheint und mit Mahnungen zur Rechtstreue (…) und Erfindung(en) (…) zu bekämpfen helfen will."[228]

Die Bedeutung des Verständigungsurteils kann im Hinblick auf die Entwicklung der Transparenz- und Dokumentationspflichten kaum zu hoch eingeschätzt werden. Die Entscheidung stellt in Bezug auf die Folgen von Verstößen gegen die Transparenz- und Dokumentationspflichten sogar einen Wendepunkt dar.[229]

---

222 Ebd.
223 BVerfG, 2 BvR 2559/08, Beschl. v. 23.6.2010 = BVerfGE 126, 170.
224 BVerfG, 2 BvR 2628/10 u.a., Urt. v. 19.3.2013 = BVerfGE 133, 168, 206 (Rn. 67).
225 BVerfG, 2 BvR 2559/08, Beschl. v. 23.6.2010 = BVerfGE 126, 170, 198.
226 Ebd.
227 BVerfG, 2 BvR 2628/10 u.a., Urt. v. 19.3.2013 = BVerfGE 133, 168, 216 f. (Rn. 85).
228 *Stuckenberg*, in: ZIS 2013, 212, 213.
229 *Beulke/Stoffer*, in: JZ 2013, 662, 669.

So führt die „Verankerung der gesetzlichen Mitteilungs-, Belehrungs- und Dokumentationspflichten im objektiven und subjektiven Verfassungsrecht“[230] zu einer grundlegenden Neubestimmung der Formverstöße. Das Urteil definiert sie als eine der tragenden Säulen des gesamten Regelungskonzeptes, indem ihre Relevanz für die Anforderungen eines rechtsstaatlichen Strafverfahrens in einer demokratischen Gesellschaft herausgearbeitet werden.

Das Urteil muss als Reaktion auf die Defizite der Umsetzung des Verständigungsgesetzes in der Praxis verstanden werden, die durch die empirische Studie festgestellt worden waren.[231] Das Verständigungsurteil revidiert das bislang vorherrschende Verständnis von den Transparenz- und Dokumentationspflichten des Verständigungsgesetzes grundlegend.

Derweil verdeutlicht das vorstehende Zitat *Stuckenbergs* die Kehrseite der Entscheidung. Die gesamten grundlegenden Wertungen des Urteils trafen die *Verfassungsrichter* auf Grundlage beziehungsweise – so *Stuckenberg* – „im Bann“[232] des massiven Vollzugsdefizites. Man muss sich insoweit also die Frage stellen, ob die *Verfassungsrichter* nicht auch ihre Wertungen vor allem auf der Grundlage des Vollzugsdefizites und damit zu Lasten einer „Auslegungsehrlichkeit“ vorgenommen haben.

D. Zwischenergebnis

Die Transparenz- und Dokumentationspflichten des strafprozessualen Verständigungsverfahrens haben eine präzedenzlose Entwicklung hinter sich, deren Besonderheiten sich in der Auslegung der Pflichten widerspiegeln.

Die Relevanz eines transparenten Absprachevverfahrens hat sich ausgehend vom Zustand, den *Weider* in seinen erstmaligen Ausführungen zu strafprozessualen Absprachen beschrieb[233], ins Gegenteil verkehrt. Während es damals unumgänglich war, Stillschweigen über ein etwaiges Stattfinden von Absprachen zu bewahren, kann der Zustand, der infolge des Verständigungsurteils eintrat, als Umkehrung dessen betrachtet werden. Der Transparenzgedanke hat sich als Kern des Verständigungsgesetzes etabliert und betrifft – wegen der Negativpflichten – nunmehr jedes Strafverfahren.

230 Ebd.

231 *Fischer*, in: FS-Kühne, 203, 203: „So stellt sich als größte Sensation der Entscheidung ihre Tatsachengrundlage dar.“

232 *Stuckenberg*, in: ZIS 2013, 212, 213.

233 *Weider*, in: StV 1982, 545.

Auf den Zustand der eklatanten Gesetzesumgehung sowie der mit den Absprachen einhergehenden Tendenz der Verheimlichung folgte daher ein sich zunehmend ausprägendes Bedürfnis nach Transparenz. Die Transparenz- und Dokumentationspflichten sind damit – in ihrer Auslegung durch das *BVerfG* – sowohl durch ihre historische Entwicklung als auch durch das Vollzugsdefizit geprägt.

2. Kapitel Die Transparenz- und Dokumentationspflichten im Verständigungsverfahren

Das Verständigungsurteil stellte nicht nur die allgemeine Bedeutung der Transparenz- und Dokumentationspflichten heraus, sondern es machte auch zumindest teilweise konkrete Vorgaben wie diese Pflichten auszulegen sind.

Die Vorgaben des *BVerfG* sowie deren Übernahme und Präzisierung durch die Revisionsrechtsprechung werden im Folgenden auf der Grundlage eines einheitlichen Begriffsverständnisses über die Transparenz- und Dokumentationspflichten (A.) untersucht (B. und C.). Dabei werden die Pflichten jeweils auf die Frage hin analysiert, ob die Rechtsprechung zu einem hinreichend bestimmbaren Anwendungsbereich der einzelnen Pflichten gelangt ist und ob sich hierdurch ein Regelungskonzept etablieren konnte, welches den Zielen des *BVerfG* – Transparenz und Rechtskontrolle – zu entsprechen imstande ist.

A. Die Transparenz- und Dokumentationspflichten als abstrakte Begrifflichkeiten

Weder der Normtext des Verständigungsgesetzes noch die Gesetzesbegründung[1] enthalten eine ausdrückliche Klarstellung, wie das Verhältnis der Transparenz- zu den Dokumentationspflichten ist und welche Pflichten als Transparenz- und welche als Dokumentationspflichten zu verstehen sind. Der Gesetzgeber hat sich bei seiner Gesetzesbegründung darauf beschränkt, die Bedeutung eines transparenten Verständigungsverfahrens dadurch herauszustellen, dass er den Begriff der Transparenz möglichst breit streute. Er wies bei nahezu jeder Pflicht darauf hin, dass sie (ebenfalls) der erhöhten Transparenz diene.[2] Damit schuf er ein inhomogenes, vielschichtiges Begriffsverständnis der Transparenz. Diese Vielschichtigkeit führt dazu, dass der Begriff der Transparenz bei der Auslegung der jeweiligen Verständigungsnorm immer

---

1 Gesetzesentwurf der BReg., BT-Drs. 16/12310.

2 Mit Verweis auf §§ 243 Abs. 4, 257c Abs. 4, 5, 273 Abs. 1a, der Gesetzesentwurf der BReg., BT-Drs. 16/12310, S. 1; nochmals mit Verweis auf § 243 Abs. 4, a.a.O., S. 9; mit Verweis auf § 257b, a.a.O., S. 13; mit Verweis auf § 257c Abs. 2 S. 2, a.a.O., S. 13; mit Verweis auf § 267 Abs. 3 S. 5, a.a.O., S. 15.

neu interpretiert werden muss.[3] Denn während der Gesetzgeber den Begriff der Transparenz – exemplarisch – in Bezug auf die §§ 160b, 202a, 212, 257b StPO als Aspekt einer generellen Förderung des Verfahren versteht, weil Transparenz hier dafür steht, dass sich die Verfahrensbeteiligten offen kommunikativ begegnen, bedeutet er im Zusammenhang mit § 243 Abs. 4 StPO etwas ganz anderes, nämlich – jedenfalls auch[4] – dass das Gericht die Saal- und Publikumsöffentlichkeit im Sinne des § 169 GVG wahrt. Der Transparenzbegriff erfasst in seiner breiten Streuung damit verschiedene Aspekte.

Demgegenüber enthalten weder der Normtext noch dessen Begründung Angaben des Gesetzgebers dazu, welchen Zwecken die Dokumentationspflichten dienen sollen.

Eine Begriffsbestimmung eröffnet schließlich das Urteil des *BVerfG*.[5] Das *BVerfG* versteht die Dokumentationspflichten als unmittelbare Voraussetzung und Grundlage der Rechtskontrolle[6] und die Transparenzpflichten wiederum als Grundlage der Dokumentationspflichten, indem sie darauf abzielen, sowohl der Verfahrensöffentlichkeit als auch den Verfahrensbeteiligten alle verfahrensnotwendigen Informationen zugänglich zu machen.[7] So heißt es im Urteil, dass die „Gewährleistung einer ‚vollumfänglichen' Kontrolle (…) (eine) umfassende Transparenz des Verständigungsgeschehens (…) sowie eine vollständige Dokumentation im Verhandlungsprotokoll voraus(setze).“[8] Das Gesetz gewährleiste „(m)it dem Gebot, die mit einer Verständigung verbundenen Vorgänge

3 Zum Ganzen und vertiefend *Rabe*, in: Das Verständigungsurteil, S. 314 ff.

4 Weiter dient die Mitteilung nach § 243 Abs. 4 StPO dem Angeklagten im Sinne des fairen Strafverfahrens. Der Transparenzbegriff ist hiervor so zu verstehen, dass dem Angeklagten durch § 243 Abs. 4 StPO Informationen vermittelt werden, welche dieser benötigt, um autonom über sein Prozess- und Verteidigungsverhalten zu entscheiden – s. oben Kap. 1 unter C.III.2.

5 Jedoch führen die Richter des Zweiten Senats die Transparenz- und Dokumentationspflichten i. d. R. als Einheit und nicht getrennt nach ihren Belangen auf, so etwa bei BVerfG, 2 BvR 2628/10 u.a., Urt. v. 19.3.2013 = BVerfGE 133, 168, 204 (Rn. 65), 207 (Rn. 67), 210 (Rn. 71), 212 f. (Rn. 76), 214 (Rn. 80), 215 f. (Rn. 82), 222 (Rn. 96) – eine Differenzierung wird dadurch erschwert.

6 BVerfG, 2 BvR 2628/10 u.a., Urt. v. 19.3.2013 = BVerfGE 133, 168, 222 (Rn. 96).

7 BVerfG, 2 BvR 2628/10 u.a., Urt. v. 19.3.2013 = BVerfGE 133, 168, 215 (Rn. 82): „Dem Gesetzgeber kam es maßgeblich darauf an, die Transparenz der strafgerichtlichen Hauptverhandlung und die Unterrichtung der Öffentlichkeit in der Hauptverhandlung gerade im Falle einer Verständigung zu bewahren.“; so auch *Rabe*, in: Das Verständigungsurteil, S. 319.

8 BVerfG, 2 BvR 2628/10 u.a., Urt. v. 19.3.2013 = BVerfGE 133, 168, 222 (Rn. 96).

umfassend in die Hauptverhandlung einzubeziehen, (...) (eine) vollständige Transparenz“[9].

Hieraus ergibt sich, dass die Vorschriften der §§ 243 Abs. 4, 257c Abs. 5 StPO zu den Transparenzvorschriften zählen, weil sie darauf abzielen die Verfahrensbeteiligten zu informieren. Die §§ 273 Abs. 1 S. 2, Abs. 1a, 267 Abs. 3 S. 5 StPO sollen eine Rechtskontrolle ermöglichen. Sie sind deshalb als Dokumentationsvorschriften zu verstehen.

Eine Sonderrolle begründen die Vorschriften, die der Dokumentation von Verfahrenserörterungen dienen, §§ 160b, 202a S. 2, 212 StPO. Diese sind zwar ihrem Wortlaut nach auf eine Dokumentation gerichtet. Allerdings sichern sie durch die Pflicht, einen Vermerk über die Erörterung zu erstellen, vornehmlich die inhaltliche Mitteilung nach § 243 Abs. 4 StPO ab. Ihr Schwerpunkt liegt damit in der Ermöglichung eines transparenten Verfahrens, weswegen sie ebenso als Transparenzpflichten verstanden werden können.

B. Zur Mitteilungspflicht nach § 243 Abs. 4 StPO

„Zu spät, zu wenig oder gar nicht.“[10]

Der Gesetzgeber entschied sich „(i)m Streben, Heimlichkeit zu vermeiden und so Vorsorge gegen Missbräuche zu treffen (...) für eine weite, (...) offene Formulierung“[11] der Mitteilungspflichten. § 243 Abs. 4 StPO regelt seinem Wortlaut nach die Pflicht, mitzuteilen, ob Erörterungen nach den §§ 202a, 212 StPO stattgefunden haben, wenn deren Gegenstand die Möglichkeit einer Verständigung (§ 257c StPO) gewesen ist und wenn ja, deren wesentlichen Inhalt.

Das Gesetz gibt hiermit zwar sowohl vor, wann es einer Mitteilung bedarf, als auch deren mitzuteilenden Umfang. Die Offenheit des Gesetzes führt allerdings zu erheblichen Umsetzungsschwierigkeiten. Denn zur Frage, wann eine Erörterung nach den §§ 202a, 212 StPO vorliegt, deren Gegenstand die Möglichkeit einer Verständigung gewesen ist, führt der Gesetzgeber nicht aus. Weiter bleibt ungeklärt, welche Inhalte „wesentlich“ im Sinne des Gesetzes sind und damit der Mitteilungspflicht unterliegen.

Vor diesem Hintergrund verwundert es nicht, dass *Arnoldi* noch im Jahr 2016 – also 7 Jahre nach der Verabschiedung des Verständigungsgesetzes –

---

9 BVerfG, 2 BvR 2628/10 u.a., Urt. v. 19.3.2013 = BVerfGE 133, 168, 214 f. (Rn. 81).

10 *Arnoldi*, in: NStZ 2016, 363, 363, der hierdurch die typischen Fehlerquellen bei der Umsetzung von § 243 Abs. 4 StPO in der Praxis verdeutlicht.

11 *Bittmann*, in: NStZ 2017, 598, 599.

feststellte, dass sich die obergerichtliche Rechtsprechung zum Recht der Verständigung auf die Mitteilungspflicht zu konzentrieren scheine.[12] Die Mitteilungspflichten seien – neben der Frage der zulässigen Verständigungsinhalte[13] – der „fehleranfälligste(n) Teil des Verständigungsverfahrens“[14].

I. Zur Mitteilungspflicht in Fällen nicht erfolgter oder nicht mitteilungspflichtiger Gespräche – Die Negativmitteilung

Die Meinungen zur Notwendigkeit einer Mitteilung darüber, dass keine Erörterungen stattgefunden haben, deren Gegenstand die Möglichkeit einer Verständigung war, gingen von Anfang an auseinander. Nicht nur im Gesetzgebungsverfahren zeigte sich, dass die Negativmitteilungspflicht umstritten war.[15] Der Streit setzte sich über das Verständigungsurteil hinaus fort.

1. Die Ausführungen im Verständigungsurteil

„Die Mitteilungspflicht greif(e) ein sobald bei im Vorfeld oder neben der Hauptverhandlung geführten Gesprächen ausdrücklich oder konkludent die Möglichkeit und die Umstände (…) einer Verständigung im Raum stehen.“[16] Eine Negativmitteilungspflicht, die zu beachten sei, wenn die Möglichkeit und die Umstände einer Verständigung nicht im Raum stehen, gibt es auf Grundlage dieser Ausführungen nicht. Die *Verfassungsrichter* merkten jedoch auch an, dass wenn es an einer „Negativmitteilung“ fehle, „ein Beruhen des Urteils (…) nicht auszuschließen (sei)(…), sofern nicht ausnahmsweise zweifelsfrei feststeh(e), dass es keinerlei Gespräche gegeben hat, in denen die Möglichkeit einer Verständigung im Raum stand.“[17] Nach diesen Ausführungen muss es eine Negativmitteilung geben.

Das Verständigungsurteil lässt damit keine eindeutige Entscheidung für oder gegen die Existenz einer Negativmitteilungspflicht zu.

---

12 *Arnoldi*, in: NStZ 2016, 363, 363.

13 *Walther*, in: Sinn/Schößling, S. 139 Rn. 36.

14 Ebd.

15 Vgl. hierzu die Stellungnahme des Bundesrates zum Gesetzesentwurf der BReg., BT-Drs. 16/12310, S. 18, sowie die Antwort der Bundesregierung, welche eine etwaige »Beschränkung der Mitteilungspflicht« zu prüfen zusicherte, Gesetzesentwurf der BReg., BT-Drs. 16/12310, S. 21.

16 BVerfG, 2 BvR 2628/10 u.a., Urt. v. 19.3.2013 = BVerfGE 133, 168, 216 (Rn. 85).

17 BVerfG, 2 BvR 2628/10 u.a., Urt. v. 19.3.2013 = BVerfGE 133, 168, 223 (Rn. 98).

2. *Die präzisierende Auslegung des BGH – BGHSt 58, 315 ff.*

Der *Zweite Strafsenat* entschied mit Urteil vom 10.07.2013[18], dass eine Negativmitteilung entbehrlich sei.[19] § 243 Abs. 4 S. 1 StPO sehe nur dann eine Mitteilung vor, wenn die Möglichkeit einer Verständigung Gegenstand stattgefundener Gespräche war. Pointiert: Das „»Ob« der Handlung steh(e) unter dem Vorbehalt des »Wenn«."[20] Im Umkehrschluss könne „eindeutig"[21] festgestellt werden, dass eine Negativmitteilung gesetzlich nicht vorgesehen sei. Im Übrigen ergebe sich dies aus dem Sinn und Zweck der Mitteilungspflicht. Das Regelungskonzept sei für den Fall, dass keine Gespräche stattfinden, deren Gegenstand die Möglichkeit einer Verständigung ist, nicht tangiert.[22] Auch die Hinweise in den Gesetzgebungsmaterialien, die darauf hindeuten, dass das Gesetz eine solche Pflicht habe statuieren sollen, hätten letztlich keinen Ausdruck im Gesetzestext gefunden.[23] Zuletzt führe auch das Verständigungsurteil zu keinem anderen Ergebnis.[24] Soweit die *Verfassungsrichter* den Begriff der Negativmitteilung verwenden „bezieh(e) sich dieser nur auf gescheiterte Gespräche"[25].

3. *Die präzisierende Auslegung durch das BVerfG – BVerfG StV 2014, 713*

Die Argumentation des *Zweiten Strafsenats*, der sich auch der *Fünfte Strafsenat*[26] anschloss, hielt das *BVerfG* in seiner Entscheidung vom 26.8.2014[27] für „unter keinem denkbaren Aspekt rechtlich haltbar. Sie verst(oße) in unvertretbarer und damit in objektiv willkürlicher Weise gegen den eindeutigen objektivierten Willen des Gesetzgebers"[28]. Der Wortlaut des § 243 Abs. 4 S. 1 StPO erscheine zwar missglückt und „auf den ersten Blick mehrdeutig", die weitere

---

18 BGH 2 StR 47/13, Urt. v. 10.7.2013 = BGHSt 58, 315; fortgeführt durch BGH 5 StR 310/13, Beschl. v. 22.8.2013 = BeckRS 2013, 16036.
19 BGH 2 StR 47/13, Urt. v. 10.7.2013 = BGHSt 58, 315, 316 ff. (Rn. 6–10).
20 BGH 2 StR 47/13, Urt. v. 10.7.2013 = BGHSt 58, 315, 317 (Rn. 10).
21 BGH 2 StR 47/13, Urt. v. 10.7.2013 = BGHSt 58, 315, 317 (Rn. 9).
22 BGH 2 StR 47/13, Urt. v. 10.7.2013 = BGHSt 58, 315, 316 f. (Rn. 7).
23 BGH 2 StR 47/13, Urt. v. 10.7.2013 = BGHSt 58, 315, 317 (Rn. 7).
24 BGH 2 StR 47/13, Urt. v. 10.7.2013 = BGHSt 58, 315, 317 (Rn. 8 f.).
25 BGH 2 StR 47/13, Urt. v. 10.7.2013 = BGHSt 58, 315, 317 f. (Rn. 10).
26 BGH 5 StR 310/13, Beschl. v. 22.8.2013 = BeckRS 2013, 16036.
27 BVerfG 2 BvR 2172/13, Beschl. v. 26.8.2014 = StV 2014, 713.
28 BVerfG 2 BvR 2172/13, Beschl. v. 26.8.2014 = StV 2014, 714.

Bedingung durch „und wenn ja" ergebe jedoch nur dann einen Sinn, wenn gleichzeitig eine Negativmitteilung vorgesehen sei.[29] Die Mehrdeutigkeit, die aus dem ersten Konditionalsatz resultiere, sei als Redaktionsversehen einzuordnen.[30] Auch spreche die Gesetzessystematik für eine Negativmitteilungspflicht. Die Norm des § 243 Abs. 4 S. 2 StPO ginge, indem sie an Änderungen gegenüber der Mitteilung zu Beginn der Hauptverhandlung anknüpft, davon aus, dass zu Beginn des Verfahren immer eine Mitteilung – egal, ob positiv oder negativ – gemacht werden muss.[31] Dies könne zudem im Wege eines Umkehrschlusses aus § 78 Abs. 2 OWiG bestätigt werden, der für das Verfahren nach dem Ordnungswidrigkeitenrecht eine Mitteilung nur dann vorsieht „wenn eine Erörterung stattgefunden hat".[32] Weiter belegten die Gesetzgebungsmaterialien eindeutig, dass der Gesetzgeber eine solche Pflicht einführen wollte.[33] Im Übrigen entspreche dies dem Sinn und Zweck des Regelungskonzeptes, welches die Schaffung umfassender Transparenz vorsehe[34], und auch das *BVerfG* habe die Norm bereits in seiner Entscheidung vom 19.03.2013 dahingehend ausgelegt, dass sie eine Negativmitteilungspflicht beinhalte.[35]

4. *Kritische Würdigung*

a) *Zur Existenz der Negativmitteilungspflicht*

Die beiden Entscheidungen zur Negativmitteilungspflicht beanspruchen eine Eindeutigkeit des Wortlautes für sich, die es nicht gibt.[36] Während der *BGH* zu diesem Ergebnis kommt, indem er Teile des Wortlauts unbeachtet lässt, stellen *die Verfassungsrichter* nur eine von zwei möglichen Lesarten als sachgerecht

---

29 BVerfG 2 BvR 2172/13, Beschl. v. 26.8.2014 = StV 2014, 713, 714.

30 Ebd.; *Niemöller*, in: JR 2015, 145, 147, Fn. 8, erklärt den missglückten Wortlaut mit dem „Schnelldurchlauf" des Gesetzesentwurfs im Gesetzgebungsverfahren.

31 BVerfG 2 BvR 2172/13, Beschl. v. 26.8.2014 = StV 2014, 713, 714.

32 BVerfG 2 BvR 2172/13, Beschl. v. 26.8.2014 = StV 2014, 713, 714 f.

33 BVerfG 2 BvR 2172/13, Beschl. v. 26.8.2014 = StV 2014, 713, 715.

34 Ebd.

35 Ebd.

36 Vgl. hierzu weiter *Schlothauer*, in: StV 2013, 679, 680, der die Eindeutigkeit des Wortlauts durch eine Bedeutungsanalyse des den Nebensatz einleitenden Wortes »Wenn« ausschließt: »Wenn« sei nicht nur im Sinne einer konditionalen subordinierenden Konjunktion zu verstehen. Vielmehr könne »Wenn« auch in Form einer eine temporale Gleichzeitigkeit zum Ausdruck bringende subordinierende Konjunktion verstanden werden. Nach diesem Verständnis behalte auch das einleitende »Ob« seine Bedeutung im Sinne einer Alternativität.

und sinnig dar. Der Wortlaut lässt indes keine zwingende Aussage darüber zu, ob eine Negativmitteilung erforderlich ist oder nicht. Beide Auslegungsergebnisse sind möglich.[37]

Auch eine teleologische Auslegung nach Sinn und Zweck der Norm führt zu keinem eindeutigen Ergebnis.[38] Während der *BGH* die Pflichten des Regelungskonzeptes auf diejenigen Sachverhalte zu beschränken versucht, in denen Verständigungserörterungen möglicherweise tatsächlich stattgefunden haben, und welche dadurch eine tatsächliche Nähe zur Verständigung aufweisen, setzen die Richter des *BVerfG* ihre eigene Vorgabe aus dem Verständigungsurteil um: Die extensiv-präzisierende Auslegung. Die Auslegung des *BVerfG* führt unmissverständlich dazu, dass in jedem Verfahren eine ausdrückliche Mitteilung darüber erfolgen muss, ob Verständigungserörterungen stattgefunden haben oder nicht.[39] Dem Sinn und Zweck der Norm entspricht allerdings auch das Auslegungsergebnis des *BGH*.

Die Aussage der Negativmitteilung, dass keine Erörterungen stattgefunden haben, deren Gegenstand die Möglichkeit einer Verständigung war, ergibt sich auf Grundlage der Ansicht des *BGH* schlicht dadurch, dass weder eine Negativ- noch eine Positivmitteilung erfolgt. Ein über das Schweigen des Richters hinausgehender Inhalt geht mit der Negativmitteilung nicht einher. Vielmehr entspricht das Schweigen des Gerichts dem Inhalt der Negativmitteilung. Beide Auslegungsergebnisse entsprechen daher dem Sinn und Zweck der Mitteilungspflicht, das heißt der Möglichkeit einer durch Transparenz geschaffenen, effektiven Kontrolle durch die Öffentlichkeit, die Staatsanwaltschaft und das Rechtsmittelgericht[40]. Sowohl die Auslegung des *BGH* als auch die des *BVerfG* führen – jedenfalls auf Grundlage eines ordnungsgemäßen Gesetzesvollzugs[41] – dazu, dass dann, wenn Erörterungen stattfinden, diese mitzuteilen sind.

Dennoch und vor allem mit Blick auf die Vorgabe des *BVerfG*, die Pflichten extensiv-präzisierend auszulegen[42], belegt der *BGH* seine Auslegung nicht

---

37 *Klotz*, in: StV 2015, 1, 2; *Mosbacher*, in: NStZ 2013, 722, 723; *ders.*, in: JuS 2014, 127, 130; mit anderer Begründung aber gleichem Resultat *Schlothauer*, in: StV 2013, 679, 680; a.A. *Brocke*, in: StraFo 2013, 441, 448, der die Mitteilung angesichts des Wortlauts der Norm auf Konstellationen beschränkt, in denen Gespräche stattgefunden haben.

38 *Klotz* spricht von einem „Patt zwischen *BGH* und *BVerfG*", in: StV 2015, 1, 3.

39 Ebd.

40 BGH 2 StR 47/13, Urt. v. 10.7.2013 = BGHSt 58, 315, 316 (Rn. 7).

41 s. zum Vollzugsdefizit oben Kap. 1 unter C.I.

42 s. dazu oben Kap. 1 unter C.IV.

ausreichend. Die Defizite der Entscheidung des *BGH* betreffen daher nicht das Ergebnis, sondern dessen zum Teil fehlende Begründung.[43]

Der *BGH* übergeht vor allem gewichtige historische und systematische Aspekte. Sowohl der Rückschluss aus § 243 Abs. 4 S. 2 StPO[44] als auch der Umkehrschluss aus § 78 Abs. 2 OWiG, der eine Entlastung für das Ordnungswidrigkeitenverfahren bezweckt, geben die Existenz einer Negativmitteilung für das allgemeine Strafverfahren vor. Der *Zweite Strafsenat* hingegen spricht alleine dem Wortlaut des § 243 Abs. 4 S. 1 StPO eine maßgebende Bedeutung zu. Er führt aus, der Wortlaut lasse selbst für den Fall, dass der Gesetzgeber eine Negativmitteilungspflicht regeln wollte, die Regelungsabsicht nicht hinreichend sicher erkennen.[45] Zwar ist es richtig, dem Wortlaut als äußerste Grenze einer jeden Gesetzesauslegung eine besondere Rolle zuzusprechen.[46] Dem Wortlaut lässt sich in diesem Fall jedoch gerade nicht eindeutig entnehmen, ob eine Pflicht zur Negativmitteilung besteht oder nicht.

Des Weiteren erweckt die mangelnde Begründungsbereitschaft des *BGH*, sowie sein scheinbar ergebnisorientiertes Vorgehen, den Verdacht, dass der Entscheidung sachwidrige – rechtspolitische – Erwägungen zugrunde liegen. So wäre es mit Blick auf eine erhöhte Vollzugsbereitschaft der Rechtsprechung rechtspolitisch wünschenswert gewesen, die Pflichten für die Tatgerichte einzuschränken.[47] Der *BGH* verfolgt damit auch in dieser Entscheidung seine Rechtsprechungslinie, welche nach Inkrafttreten des Verständigungsgesetzes zunächst dadurch geprägt war, die Pflichten möglichst praxistauglich und damit eng auszulegen.

Dabei resultieren die Schwierigkeiten der Tatgerichte, die mit der Pflicht zur Negativmitteilung verbunden sind, nicht primär aus dem Vorgang der tatsächlichen (Negativ-)Mitteilung. Die Probleme ergeben sich vielmehr – wenn es Erörterungen gegeben hat – aus der unklaren Abgrenzung von mitteilungspflichtigen und nicht mitteilungspflichtigen Erörterungen sowie der Tatsache, dass die Gerichte wegen der Existenz einer Negativmitteilungspflicht dazu

---

43 So auch *Rabe*, in: Das Verständigungsurteil, S. 337.

44 s. hierzu die Ausführungen bei Fn. 59.

45 BGH 2 StR 47/13, Urt. v. 10.7.2013 = BGHSt 58, 315, 317 (Rn. 7).

46 Mittelbar kommt dem Wortlaut insofern eine Art Geltungsvorrang zu, als dass dieser die äußerste Grenze einer jeden Auslegung ist. Auslegungen über den Wortlaut hinaus sind nicht mit dem die Verfassung prägenden Prinzips der Gewaltenteilung vereinbar, *Beulke*, in: SSW-StPO, Einleitung, Teil B Rn. 24 m. w. N.; vertiefend *Kudlich*, in: FS-Puppe, S. 123 ff.

47 *Rabe*, in: Das Verständigungsurteil, S. 338.

gezwungen sind, sich in jedem Verfahren hierzu zu äußern. Würde man dem *BGH* folgend die Pflicht zur Negativmitteilung ablehnen, könnten die Tatgerichte diese Abgrenzung umgehen und schlicht dazu Schweigen, ob es Erörterungen zu der Möglichkeit einer Verständigung gab oder nicht. Die erhöhte Praxistauglichkeit der Auslegung des *BGH* folgt also alleine aus der Möglichkeit, diese Abgrenzungsprobleme zu umgehen.

Das *BVerfG* kann seine Auslegung sowohl auf systematische[48] als auch gesetzeshistorische[49] Gründe stützen. Insbesondere der Vorwurf *Peglaus*, der die systematische Argumentation des *BVerfG* als zirkelschlüssig beschreibt, weil die Lesart des *BVerfG* eine Negativmitteilungspflicht voraussetze statt deren Existenz zu überprüfen[50], trifft nicht zu. Das *BVerfG* führt zu Recht aus, dass § 243 Abs. 4 S. 2 StPO davon ausgeht, „dass zu Beginn der Hauptverhandlung in jedem Fall eine Mitteilung – sei es positiv oder negativ – zu erfolgen hat."[51] Durch das Verständnis von *Peglau* träte zudem ein Zustand ein, der im Widerspruch zur Regelungskonzeption stünde. So ist es zwar richtig, dass § 243 Abs. 4 S. 2 StPO auch dann noch einen Sinn ergäbe, wenn § 243 Abs. 4 S. 1 StPO ausschließlich eine Positivmitteilung umfasse.[52] Damit entstünde jedoch eine Situation, in der lediglich zu Beginn der Hauptverhandlung die Pflicht bestünde, *erstmalig* stattgefundene verständigungsbezogene Erörterungsgespräche mitzuteilen. Fänden nach Beginn der Hauptverhandlung *erstmalig* Verständigungserörterungen statt, wären diese weder von der Mitteilungspflicht nach S. 1, noch von der nach S. 2 erfasst. § 243 Abs. 4 S. 2 StPO ist – erkennbar durch die Verwendung der Konjunktion soweit – auf diejenigen Fälle beschränkt ist, in denen sich inhaltliche Änderungen gegenüber einer zu Beginn der Hauptverhandlung erfolgten Mitteilung ergeben. Wenn

---

48 Wobei weder der *BGH*, noch das *BVerfG* § 273 Abs. 1a S. 3 StPO berücksichtigen: Im Gegensatz zu § 243 Abs. 4 StPO regelt die Norm unmissverständlich eine Pflicht zur – inhaltlich sehr ähnlichen – Negativattestierung. Im Umkehrschluss daraus ließe sich argumentieren, dass wenn das Gesetz eine Negativmitteilung vorsähe, diese ebenfalls unmissverständlich aus dem Gesetz hervorgehen würde – vgl. dazu *Schneider*, in: KK-StPO, § 243 Rn. 35; *Peglau*, in: jurisPR-StrafR, 21/2014 Anm. 2, S. 4.

49 Kritisch dazu *Klotz*, in: StV 2015, 1, 2, der ausführt, dass der mögliche Rückschluss aus den Gesetzgebungsmaterialien „zumindest nicht zwingend" sei, da das Ergebnis der zugesagten Prüfung einer möglichen Einschränkung der Mitteilungspflicht nirgends mitgeteilt werde.

50 *Peglau*, in: jurisPR-StrafR, 21/2014 Anm. 2, S. 4.

51 BVerfG 2 BvR 2172/13, Beschl. v. 26.8.2014 = StV 2014, 713, 714.

52 *Peglau*, in: jurisPR-StrafR, 21/2014 Anm. 2, S. 4.

aber – mangels Negativmitteilungspflicht – zu Anfang des Verfahrens keine Mitteilung erfolgt, können trotz später erstmalig erfolgter Verständigungserörterungen keine die Mitteilung nach S. 1 betreffenden Veränderungen festgestellt werden. § 243 Abs. 4 S. 2 StPO geht damit eindeutig davon aus, dass eine (Negativ-)Mitteilung in jedem Fall erforderlich ist.

Übertrieben ist allerdings die These des *BVerfG*, das Auslegungsergebnis des *BGH* sei „unter keinem denkbaren Aspekt rechtlich haltbar".[53] Sowohl der Wortlaut der Norm als auch dessen Telos ließen durchaus eine Entscheidung gegen die Negativmitteilungspflicht zu. Schon alleine deswegen trägt der Vorwurf eines Verstoßes gegen das Willkürverbot nicht. Die Deutlichkeit des verfassungsgerichtlichen Vorwurfs resultiert daraus, dass es den *Verfassungsrichtern* allein im Kontext einer verfassungsrechtlichen Auslegung der Norm gelingt zu einem Ergebnis zu kommen, das so auf der Grundlage einer Auslegung des einfachen Rechts sicherlich nicht zwingend gewesen wäre.[54] Die Auslegung durch das *BVerfG* ist damit ebenso ziel- und ergebnisorientiert wie die des *BGH*. Aber während der *BGH* das Ziel verfolgt, die von den Tatgerichten zu beachtenden Pflichten möglichst gering zu halten, kommt es dem *BVerfG* darauf an, sowohl die extensiv-präzisierende Auslegung als auch die „Bringschuld des Gerichts (…), sich in der Frage der Existenz verständigungsbezogener Gespräche vollkommen zu offenbaren"[55] nochmals, und diesmal unüberhörbar, (zu) betonen.[56] Vor diesem Hintergrund überrascht die Deutlichkeit der Ablehnung der Rechtsprechung des *BGH* durch das *BVerfG* nicht.

---

53 BVerfG, 2 BvR 2172/13, Beschl. v. 26.8.2014 = StV 2014, 713, 714; so auch *Klotz*, in: StV 2015, 1, 3; *Lang*, in: ZJS 2015, 39, 43 f; *Peglau*, in: jurisPR-StrafR, 21/2014 Anm. 2, S. 2; a.A. *Hunsmann*, in: NStZ 2014, 594, 595: „konsequent"; *Rabe*, in: Das Verständigungsurteil, S. 336; *Deutscher*, in: StRR 2014, 411, 413, spricht neutral von einer Entscheidung mit „Seltenheitswert".

54 So sogar ausdrücklich das BVerfG, 2 BvR 2172/13, Beschl. v. 26.8.2014 = StV 2014, 713, 716: „Frage des einfachen Rechts, über die das BVerfG nicht zu entscheiden hat."; mahnend *Klotz*, in: StV 2015, 1, 4: „es (ist) ihm [dem BVerfG] trotzdem verwehrt unter dem Deckmantel des Willkürverbotes eine Korrektur vorzunehmen"; *Peglau*, in: jurisPR-StrafR, 21/2014 Anm. 2, S. 2: „verfassungsrechtliche(r) ‚Türöffner' des Willkürverbots".

55 *Rabe*, in: Das Verständigungsurteil, S. 338.

56 Die Revision blieb am Ende trotz der tatbestandlichen Klärung durch das BVerfG ohne Erfolg. Denn der BGH schloss bei seiner erneuten Entscheidung über die Revision das Beruhen des Urteils, auf dem Fehler, aus. Zudem stellte er ergänzend klar, dass es nicht zu den Aufgaben des BGH gehöre, die Tatgerichte zu disziplinieren, BGH 5 StR 310/13, Beschl. v. 27.1.2015 = NJW 2015, 1260; vertiefend zur Revisibilität der Transparenz- und Dokumentationspflichten, Kap. 3.

b) Zur praktischen Relevanz der Negativmitteilung

Die Negativmitteilung ist nur in einer Hinsicht sinnvoll: Als Instrument genereller Einhegung informeller Absprachen. Als Instrument der Inhaltsvermittlung – so wie es die Mitteilungspflicht konzeptionell vorsieht[57] – taugt sie im Regelfall nicht.[58]

Bereits die Struktur der Hauptverhandlung und deren Protokollierung zeigen, dass Gegenstand der Hauptverhandlung nur diejenigen Umstände sind, die tatsächlich stattgefunden haben.[59] Über Negativtatsachen braucht weder berichtet zu werden[60] noch müssen diese protokolliert werden.[61] Des Weiteren begründet der Inhalt der Negativmitteilung keinen Umstand, den es bei der Beurteilung der Legitimität einer später dann stattgefundenen Verständigung zu berücksichtigen gilt. Richtig ist zwar, dass die Negativmitteilung einen Zustand besonderer Klarheit schafft.[62] Dieser Zustand ist jedoch für eine effektive Kontrolle absprachebasierter Urteile irrelevant. Schließlich liegen in diesen Fällen keine zu überprüfenden Verständigungserörterungen vor.

Auch aus Sicht des Angeklagten ergibt sich aus der Information darüber, dass keine Verständigungserörterungen stattgefunden haben, in aller Regel kein Mehrwert. Denn wenn die StPO eine Mitteilung für diejenigen Fälle vorsieht, in welchen Verständigungserörterungen stattfinden, so darf und muss der Angeklagte – jedenfalls theoretisch[63] – in den Fällen, in welchen keine Mitteilung erfolgt, davon ausgehen, dass keine Verständigungserörterungen stattgefunden haben.

Die Negativmitteilung erbringt nur dann einen inhaltlichen Mehrwert, wenn der Angeklagte, der von der Möglichkeit einer Verständigung im Strafverfahren weiß, zu Beginn des Verfahrens Zweifel darüber hat, ob es Erörterungen zu der Möglichkeit einer Verständigung gegeben hat. Dann beseitigt die Negativmitteilung die bestehenden Zweifel.[64] Inhaltlich bedeutsam ist

---

57 Gesetzesentwurf der BReg., BT-Drs. 16/12310, S. 12.

58 So schon der Bundesrat in seiner Stellungnahme zum Gesetzesentwurf der Bundesregierung: „weder sinnvoll noch zweckmäßig", BT-Drs. 16/12310, S. 18.

59 Stellungnahme des Bundesrates im Gesetzgebungsprozess, BT-Drs. 16/12310, S. 18.

60 Stellungnahme des Bundesrates im Gesetzgebungsprozess, BT-Drs. 16/12310, S. 18.

61 So mit Ausnahme von § 273 Abs. 1a S. 3 StPO der Grundsatz der Protokollierung im Strafverfahren.

62 *Klotz*, in: StV 2015, 1, 3.

63 In der weit überwiegenden Praxis der Strafverfahren wird ein Schweigen des Gerichts für den Angeklagten hingegen gar keine Bedeutung haben, da er die Mitteilungspflichten in aller Regel nicht kennt.

64 s. dazu auch Kap. 3 unter B.II.2.b).

die Negativmitteilung auch dann, wenn das Gericht mitteilt, es hätten keine Gespräche stattgefunden, der Angeklagte aber weiß, dass das gar nicht stimmt. Der Angeklagte kann sich dann gegen die falsche Negativmitteilung wehren. Eine inhaltliche Bedeutsamkeit der Negativmitteilung ergibt sich also nur in Konstellationen, die eher selten vorkommen.

Auch die Praxis bestätigt dieses Ergebnis. Schon die frühere Studie *Altenhains* und nun auch die neuere Studie von *Altenhain, Jahn* und *Kinzig* zeigen, dass die Negativmitteilungspflicht nach § 243 Abs. 4 S. 1 StPO von einem beträchtlichen Teil der Richter als überflüssiger, sinnloser Formalismus angesehen wird.[65]

Demgegenüber ist die Pflicht zur Negativmitteilung in Bezug auf die Idee, durch eine extensive Auslegung der Transparenz- und Dokumentationspflichten illegale Absprachen in ihrer Gesamtheit zu verhindern, zu begrüßen. Denn die Negativmitteilungspflicht zwingt die Richter dazu, öffentlich „Farbe zu bekennen".[66] Mit ihrer Grundaussage, dass ausdrücklich keine Erörterungen stattgefunden haben, deren Gegenstand die Möglichkeit einer Verständigung war, schafft die Negativmitteilung größtmögliche Transparenz. Sie schafft eine Situation, in welcher es den Richtern verwehrt wird, illegale Absprachen durch bloßes Schweigen zu kaschieren. Die Geheimhaltung einer Verfahrensabsprache erfordert unter diesen Bedingungen eine ausdrückliche Lüge des Richters in der Verfahrensöffentlichkeit. Schon allein die psychische Wirkung, welche damit einhergeht, führt sicherlich dazu, klandestine Absprachen zu verhindern.[67] Des Weiteren macht sich der Richter, der lügt und diese Lüge protokollieren lässt, – jedenfalls theoretisch[68] – wegen Rechtsbeugung nach § 339 StGB strafbar.[69] Der Negativmitteilung kommt damit eine mahnende Wirkung zu, die angesichts der Vollzugspraxis des Verständigungsgesetzes dringend erforderlich scheint.

---

65 *Altenhain/Dietmeier/May*, in: Die Praxis der Absprachen in Strafverfahren, S. 147, 183, jedoch in Bezug auf alle Mitteilungspflichten; *Altenhain/Jahn/Kinzig*, in: Die Praxis der Verständigung im Strafprozess, S. 264, konkret bezüglich der Negativmitteilungspflicht.

66 *Schlothauer*, in: N/Sch/W, Teil B, § 243 Abs. 4 Rn. 7.

67 *Allgayer*, in: NStZ 2015, 185, 187.

68 Bislang ist kein Fall eines Verstoßes gegen die Transparenz- und Dokumentationspflichten justiziabel gemacht worden.

69 Zur Strafbarkeit wegen Rechtsbeugung bei Verstößen gegen die Transparenz- und Dokumentationspflichten im Überblick *Dießner*, in: StV 2011, 43, 45 f.; sehr ausführlich *Rabe*, in: Das Verständigungsurteil, S. 476 ff.

Auch der in der Praxis vorherrschende Einwand der Sinnlosigkeit[70] verfängt nicht. Jedenfalls liegt hier mit Blick auf Sinn und Zweck der Negativmitteilungspflicht gerade kein Fall überspitzten Formalismus vor. Denn die Negativmitteilung ist nicht darauf gerichtet, notwendige Inhalte zu vermitteln, sodass schon alleine deswegen die auf inhaltliche Aspekte gerichtete Kritik deplatziert ist. Darüber hinaus ist das konsequente Einfordern der Negativmitteilung das Ergebnis der präzisierten Auslegung und in der Sache durch die Erfahrungen mit der defizitären Umsetzung des Verständigungsgesetzes durch die Rechtsprechung gerechtfertigt.

Allerdings besagt die Negativmitteilung alleine etwas zu Erörterungen, die im Vorfeld der ersten Hauptverhandlung stattfinden. Die Mitteilung, dass keine Erörterungen zu der Möglichkeit einer Verständigung stattgefunden haben, ist nur einmalig zu Beginn der Hauptverhandlung erforderlich. Erörterungen zu der Möglichkeit einer Verständigung, die nach Beginn der Hauptverhandlung stattfinden, kann das Gericht daher weiterhin schlicht verschweigen.

Die Rechtsprechung des *BGH* entspricht nunmehr auch der Auslegung des *BVerfG*.[71] Tatbestandlich scheint damit ein Teil des Regelungskonzeptes im Sinne einer umfassenden, weit verstandenen Transparenz geklärt.

II. Zur Mitteilungspflicht in Fällen erfolgter Gespräche – Abgrenzung von allgemeinen und mitteilungspflichtigen Erörterungen, § 243 Abs. 4 S. 1, 2 StPO

Bei einer Vielzahl der Transparenz- und Dokumentationspflichten führen die Überlegungen zunächst zu der Frage, ob es Erörterungen nach §§ 202a, 212 StPO gegeben hat, deren Gegenstand die Möglichkeit einer Verständigung

---

70 Viele Richter sehen keinen Sinn darin, etwas in der Hauptverhandlung mitzuteilen, was schon alle Verfahrensbeteiligten wissen. Dies gölte insbesondere für die Fälle, in welchen keine Zuschauer im Sitzungssaal sitzen, vgl. dazu *Altenhain/Dietmeier/May*, in: Die Praxis der Absprachen in Strafverfahren, S. 147.

71 BGH 2 StR 171/14, Beschl. v. 25.11.2014 = StV 2015, 274; BGH 5 StR 310/13, Beschl. v. 27.1.2015 = NJW 2015, 1260; BGH 5 StR 258/13, Beschl. v. 25.2.2015 = NStZ 2015, 232; BGH 4 StR 91/15, Beschl. v. 1.6.2015 = StRR 2015, 282; BGH 1 StR 590/14, Beschl. v. 11.6.2015 = NStZ-RR 2015, 379; BGH 2 StR 389/13, Urt. v. 22.7.2015, nicht abgedruckt in NJW 2016, 419; BGH 3 StR 470/14, Urt. v. 23.7.2015 = StV 2016, 81; BGH 3 StR 310/15, Beschl. v. 29.9.2015 = StV 2016, 775; BGH 5 StR 392/15, Beschl. v. 8.12.2015 = BeckRS 2016, 1727.

war.[72] Die Antwort auf diese Frage betrifft den Dreh- und Angelpunkt des Verständigungsgesetzes. Gerade deshalb verwundert es, dass der Gesetzgeber keine ausführliche Antwort darauf liefert, ab wann es sich um eine mitteilungspflichtige Erörterung handelt.[73]

§ 243 Abs. 4 StPO gibt für die mitteilungspflichtige Erörterung insgesamt drei Tatbestandsmerkmale vor: Es bedarf einer Kommunikation der Verfahrensbeteiligten, welche die Voraussetzungen einer Erörterung (1) nach den §§ 202a, 212 StPO (2) erfüllt und zudem die Möglichkeit einer Verständigung zum Gegenstand hat (3), mithin einen Verständigungsbezug aufweist.

1. Die Abgrenzung im Verständigungsurteil

Das *BVerfG* führte im Verständigungsurteil aus, dass die Mitteilungspflicht greift, „sobald bei im Vorfeld oder neben der Hauptverhandlung geführten Gesprächen ausdrücklich oder konkludent die Möglichkeit oder Umstände (…) einer Verständigung im Raum stehen. Dies (sei) jedenfalls dann der Fall, wenn Fragen des prozessualen Verhaltens in Konnex zum Verfahrensergebnis gebracht werden und damit die Frage nach oder die Äußerung zu einer Straferwartung naheliegt."[74] Im Zweifel sei zu informieren.[75]

Das *BVerfG* etablierte damit eine weite, nahezu konturlose Auslegung der verständigungsbezogenen Erörterungen. Die Unbestimmtheit betrifft alle drei Tatbestandsmerkmale von § 243 Abs. 4 StPO.

Im Hinblick auf den Verständigungsbezug ergibt sich die Konturlosigkeit daraus, dass sein Definitionsansatz den Terminus der „Möglichkeit" enthält.[76] Wann etwas „möglich" ist, lässt sich nicht definieren. Die Möglichkeit ist immer eine bestimmte Form der Wahrscheinlichkeit im Einzelfall und damit als relativer Begriff nicht im Wege abstrakt-genereller Ausführungen definierbar.[77] Darüber hinaus führt die Verknüpfung der Verständigungsmöglichkeit

---

72 In der Abgrenzung begründet sich nicht nur die inhaltliche Mitteilung nach § 243 Abs. 4 StPO, oder wenn dies abzulehnen ist, die Negativmitteilung, sondern weiter auch der Umfang der Protokollierung in seinen einzelnen Facetten, § 273 Abs. 1a StPO.

73 Der Gesetzgeber hat sich mit § 243 Abs. 4 StPO auf eine Zielvorstellung beschränkt, ohne darüber hinaus Vorgaben zu machen, wie das Ziel zu erreichen ist.

74 BVerfG, 2 BvR 2628/10 u.a., Urt. v. 19.3.2013 = BVerfGE 133, 168, 216 (Rn. 85).

75 BVerfG, 2 BvR 2628/10 u.a., Urt. v. 19.3.2013 = BVerfGE 133, 168, 216 f. (Rn. 85).

76 So auch *Rabe*, in: Das Verständigungsurteil, S. 331.

77 Vgl. zur begrifflichen Nähe der Möglichkeit und der Wahrscheinlichkeit im strafrechtlichen Kontext die Debatte zum Umfang des kognitiven Vorsatz-

mit der Weite möglicher Verständigungsgegenstände[78], der Vorgabe, dass diese bloß konkludent vorliegen müssen[79] und der Maßgabe einer Zweifelsregelung[80] zu einer Definition, die nahezu grenzenlos erscheint. Zusätzlich zu diesen begrifflichen Schwierigkeiten bleibt unklar, aus wessen Sicht (Beurteilungsperspektive) und auf welcher Grundlage (Beurteilungsgrundlage) ein etwaiger Verständigungsbezug zu ermitteln ist.

Auch fehlt es in der Entscheidung an klarstellenden Ausführungen dazu, welche Voraussetzungen an eine Erörterung im Sinne der Norm zu stellen sind. Das *BVerfG* äußert sich – wenn überhaupt – nur ganz am Rande zum Erörterungsbegriff. So spricht es zwar von Gesprächen.[81] Im Zusammenhang mit § 243 Abs. 4 StPO jedoch sollen einseitige „Hinweise auf die vorläufige Beurteilung der Beweislage oder die strafmildernde Wirkung eines Geständnisses keinen verfassungsrechtlichen Bedenken“[82] begegnen, „solange sie transparent bleiben und kein Verfahrensbeteiligter hiervon ausgeschlossen ist.“[83] Damit bleibt die Frage offen, ob bereits einseitige Ausführungen und Hinweise, etwa durch das Gericht oder die Staatsanwaltschaft, eine Erörterung im Sinne des § 243 Abs. 4 StPO begründen oder ob es einer Kommunikation bedarf, welche eine – inhaltliche – Auseinandersetzung mehrerer Verfahrensbeteiligter zum Gegenstand hat. Das *BVerfG* nimmt insofern keine Konturierung des Erörterungsbegriffes vor.

Unklar bleibt zudem, welche Voraussetzungen aus dem Verweis auf Erörterungen „nach den §§ 202a, 212“ resultieren. Nach dem Gesetzestext sind grundsätzlich nur Erörterungen „des Gerichts“ mitteilungspflichtig[84], sodass fraglich ist, ob Erörterungen, die ein einzelner Richter des Spruchkörpers oder die Staatsanwaltschaft ohne Beteiligung des Gerichts tätigt, den Tatbestand des

---

elements – exemplarisch hierzu die Auseinandersetzung von *Schmidhäuser*, in: GA 1957, 305, 309, der vor dem Hintergrund des „für-möglich-haltens“ auf ein Wahrscheinlichkeitsurteil im Einzelfall verweist; *Sternberg-Lieben/Schuster*, in: Schönke-Schröder, § 15 Rn. 75: „eine ‚konkrete Möglichkeit‘ (hänge) nicht allein vom Grad der gesehenen Wahrscheinlichkeit“ ab; zum Verhältnis der Begrifflichkeiten aus gegenstandstheoretischer Sicht sehr ausführlich *Meinong*, in: Über Möglichkeit und Wahrscheinlichkeit, passim.

78 Vgl. hierzu *Velten*, in: SK-StPO, § 257c Rn. 10 ff.

79 BVerfG, 2 BvR 2628/10 u.a., Urt. v. 19.3.2013 = BVerfGE 133, 168, 216 (Rn. 85).

80 BVerfG, 2 BvR 2628/10 u.a., Urt. v. 19.3.2013 = BVerfGE 133, 168, 216 f. (Rn. 85).

81 BVerfG, 2 BvR 2628/10 u.a., Urt. v. 19.3.2013 = BVerfGE 133, 168, 216 (Rn. 85).

82 BVerfG, 2 BvR 2628/10 u.a., Urt. v. 19.3.2013 = BVerfGE 133, 168, 228 (Rn. 106).

83 Ebd.

84 Denn die §§ 202a S. 2, 212 StPO normieren nur „gerichtliche“ Erörterungen.

§ 243 Abs. 4 StPO erfüllen. Das *BVerfG* führt im Verständigungsurteil nur aus, dass eine Verbindlichkeit einer Verständigung nur dann gegeben sei, wenn der gesamte Spruchkörper daran beteiligt ist.[85] Ob dies spiegelbildlich ebenso für die Erörterungen gilt, mithin nur solche Gespräche eine mitteilungspflichtige Erörterung begründen, an welchen der gesamte Spruchkörper beteiligt ist, bleibt unklar.

Daher definiert das *BVerfG* den Begriff der mitteilungspflichtigen Erörterung nicht, sondern es exemplifiziert ihn nur, indem es darlegt, wann eine Verständigungserörterung „jedenfalls"[86] anzunehmen ist. Diese Formulierung zeigt, dass es den *Verfassungsrichtern* darauf ankam, die Definition möglichst offen zu halten. Mitteilungspflichtig sind danach im Zweifel alle Kommunikationsakte, welche möglicherweise einen Bezug zum Verfahrensergebnis oder zum Prozessverhalten des Angeklagten aufweisen und bestenfalls – jedoch nicht notwendigerweise – die beiden Elemente – wenigstens konkludent – miteinander verknüpfen. Vor dem Hintergrund dieses weiten Verständnisses müssen auch einseitige Hinweise als Erörterung verstanden werden, sofern die Möglichkeit besteht, dass diese einen Bezug zu einer (informellen) Verständigung aufweisen. Denn jedenfalls in der Zusammenschau mit der Zweifelsregelung begründen die einseitigen Hinweise – im Zweifel – eine Erörterung, deren Gegenstand die Möglichkeit einer Verständigung gewesen ist. Obgleich die Weite der „Definition" sowie auch die Kritik daran maßgeblich aus der Zweifelsregelung resultieren, lässt sich feststellen, dass diese Regelung, indem sie vorgibt, dass in Zweifelsfällen informiert werden muss, als einziges Element praktikabel und umsetzbar erscheint.[87]

Damit sind in der Praxis jedoch kaum noch Konstellationen vorstellbar, die nicht dem Anwendungsbereich des § 243 Abs. 4 StPO unterfallen.[88] So wird nach diesem Maßstab vor allem der Hinweis auf die strafmildernde Wirkung eines Geständnisses – entgegen der eigenen Wertung des *BVerfG*[89] – regelmäßig eine mitteilungspflichtige Erörterung begründen, weil damit – im Zweifel – konkludent die Möglichkeit und die Umstände einer Verständigung im

85 BVerfG, 2 BvR 2628/10 u.a., Urt. v. 19.3.2013 = BVerfGE 133, 168, 219 (Rn. 90).
86 BVerfG, 2 BvR 2628/10 u.a., Urt. v. 19.3.2013 = BVerfGE 133, 168, 216 (Rn. 85).
87 So auch *Rabe*, in: Das Verständigungsurteil, S. 334.
88 Es verblieben nur technische Gespräche, welche die Verfahrensorganisation betreffen; nach *Rabe*, in: Das Verständigungsurteil, S. 334, seien nur solche Fragen nicht mitzuteilen, die „austauschbar in einem anderen Verfahren gestellt werden könnte(n)".
89 BVerfG, 2 BvR 2628/10 u.a., Urt. v. 19.3.2013 = BVerfGE 133, 168, 228 (Rn. 106).

Raum steht. Die Auffassung des *BVerfG*, dass derartige Hinweise „keinen verfassungsrechtlichen Bedenken"[90] begegnen, was folglich eine Mitteilungspflicht ausschlösse, setzt sich zu den Abgrenzungskriterien des *BVerfG* zum Verständigungsbezug daher in Widerspruch.

Die Literatur verweist mit Blick auf die Klarstellung des *BVerfG*, dass allgemeine, das Verfahren fördernde Hinweise und Erörterungen kein Anlass zu Bedenken geben[91], auf die Gefahr, dass die Erörterungsmöglichkeiten durch die Praxis dazu genutzt werden könnten, um die Verständigungskonzeption zu umgehen.[92] Zwar ist dies zunächst zutreffend. Allerdings wird diese Gefahr weitestgehend dadurch wieder eingeebnet, dass die Abgrenzungskriterien, die der Differenzierung von mitteilungspflichtigen zu nicht mitteilungspflichtigen Erörterungen dienen, konturenlos sind. So lässt sich „im Zweifel" fast jede Kommunikation der Verfahrensbeteiligten zum Verfahrensgegenstand als Erörterung einordnen, deren Gegenstand die Möglichkeit einer Verständigung war. Dies wiederum führt dazu, dass das Gespräch deswegen mitzuteilen ist. Das Risiko, dass die Praxis zukünftig nur noch laut nachdenke[93], um der Verständigungskonzeption zu entfliehen, ist deshalb nicht so hoch wie angenommen.

Die Revisionsrechtsprechung offenbarte jedoch ein Folgeproblem der konturlosen Abgrenzung. Das *KG Berlin* stellte nur kurze Zeit nach dem Verständigungsurteil klar, dass die Mitteilungspflicht – „entgegen der Auffassung der Revision"[94] – gerade nicht darauf abziele „jegliche (»irgendwelche«) Gespräche transparent zu machen, die lediglich *unter Aufbietung von Mutmaßungen oder Unterstellungen* [Hervorhebung durch den *Verf.*] eine Verbindung zu einem (von den Beteiligten tatsächlich nicht ins Auge gefassten) bestimmten Verfahrensergebnis erhalten könnten."[95] Das *KG Berlin* verdeutlichte damit, dass mit den unbestimmten Vorgaben des *BVerfG* ein revisionsrechtliches Missbrauchspotenzial einhergeht. Die fehlende Präzision in der Abgrenzung begünstige es, unter Zuhilfenahme „von Mutmaßungen oder Unterstellungen"[96] eine Situation zu behaupten, die wenn sie vorgelegen hätte, im Sinne des § 243 Abs. 4 StPO mitzuteilen gewesen wäre. Die problematische Unschärfe des Tatbestandes von

---

90 BVerfG, 2 BvR 2628/10 u.a., Urt. v. 19.3.2013 = BVerfGE 133, 168, 228 (Rn. 106).

91 Ebd.

92 *König/Harrendorf*, in: AnwBl 2013, 321, 322; *Deutscher*, in: StRR 2013, 180, 180.

93 So die Formulierung von *König/Harrendorf*, in: AnwBl 2013, 321, 322.

94 KG Berlin, (4) 161 Ss 129/13, Beschl. v. 26.8.2013 = StV 2014, 78, 78.

95 Ebd.

96 Ebd.

§ 243 Abs. 4 StPO kann damit bewusst bei der Revisionsbegründung ausgenutzt werden.[97]

2. *Zur präzisierenden Auslegung der Mitteilungspflicht nach § 243 Abs. 4 StPO*

Die Auslegung des *BVerfG* führte zu einer unüberschaubaren Kasuistik revisionsgerichtlicher Entscheidungen. Viele Entscheidungen behandelten Erörterungen, die erkennbar mitzuteilen waren. Sie betrafen Gespräche, welche eindeutig als Erörterung des Gerichts nach §§ 202a, 212 StPO einzustufen waren und deren Gegenstand eindeutig die Möglichkeit einer Verständigung war. Die Gerichte beschränkten sich in diesen Fällen ganz überwiegend darauf, die Vorgaben des *BVerfG* wiederzugeben[98] und unterschieden sich allenfalls in den Formulierungen voneinander.[99] Eine Konturierung der Tatbestandsmerkmale von § 243 Abs. 4 StPO erfolgte durch diese Entscheidungen nicht.

Andere Entscheidungen beschäftigten sich mit allen drei Tatbestandsmerkmalen von § 243 Abs. 4 StPO. Demzufolge kann und muss differenziert werden. Zunächst sollen die Entscheidungen daraufhin analysiert werden, wie sie den Begriff der Erörterung (a)) oder den des Gerichts (b)) verstehen. Sodann wird untersucht, wann die Revisionsrechtsprechung einen Verständigungsbezug bei Erörterungen annimmt (c)). Abschließend wird auf dieser Grundlage ein systematisches Gesamtkonzept dazu entwickelt, unter welchen Voraussetzungen in der Praxis eine Mitteilungspflicht entsteht (d)).

a) Erörterungen

Die Rechtsprechung verwendet für den Erörterungsbegriff nach § 243 Abs. 4 StPO eine Vielzahl an Begriffen – so etwa: Gespräche, Vorgespräche, Rechtsgespräche, Anfragen, Absprachen, Vereinbarungen und Sondierungen.[100] Inhaltliche Differenzen resultieren aus dieser begrifflichen Vielfalt hingegen nicht.

---

97 Die Behauptung, dass mitteilungspflichtige Gespräche stattgefunden haben, wäre im Wege des Freibeweisverfahrens zu klären.

98 s. unten Kap. 3 unter B.II.2 und III. dazu, dass die Revisionsentscheidungen dann vor allem Fragen des Umfangs der Mitteilungspflichten und Fragen der Revisibilität von Verstößen gegen § 243 Abs. 4 StPO betrafen.

99 s. zu den Differenzen in den Formulierungen unten Kap. 2 unter B.II.2.a) sowie Kap. 2 unter B.II.2.c).

100 Weiter „Telefonat", „Verständigungsgeschehen"; weniger eindeutig, aber im Zusammenhang mit Erörterungen zu betrachten: „Hinweis", „Darlegung von Vorstellungen".

Die Gerichte verwenden die Begriffe vielmehr synonym. Obgleich die terminologische Mannigfaltigkeit der Gerichte eine vertiefte inhaltliche Auseinandersetzung mit dem Erörterungsbegriff impliziert, findet eine Debatte darüber sowohl in der Rechtsprechung als auch in der Literatur nur am Rande statt.

aa) Rechtsprechung

Die Entscheidungen der Revisionsrechtsprechung, die den Erörterungsbegriff thematisieren, sind regelmäßig mehrdeutig, weil die Gerichte oftmals nicht zwischen den Tatbestandsmerkmalen von § 243 Abs. 4 StPO differenzieren. So entschied der *Erste Strafsenat*[101] – exemplarisch –, dass es an einer Erörterung nach § 243 Abs. 4 StPO fehle, wenn der Vorsitzende gegenüber der Verteidigung „eine Einschätzung der Sach- und Rechtslage"[102] vornehme. Ob damit gemeint ist, dass die einseitige Einschätzung der Sach- und Rechtslage nicht den Anforderungen entspricht, die an den Erörterungsbegriff zu stellen sind, oder dass die Einschätzung der Sach- und Rechtslage keinen Verständigungsbezug aufweist, ist nicht erkennbar. Der *Erste Strafsenat* differenziert in dieser Entscheidung nicht zwischen den Tatbestandsmerkmalen von § 243 Abs. 4 StPO, sondern stellt nur fest, welches Verhalten der Verfahrensbeteiligten insgesamt (k)eine mitteilungspflichtige Erörterung darstellt.

Dass dies kein Einzelfall ist, zeigen weitere Entscheidungen des *BGH*. Erneut entschied der *Erste Strafsenat*, dass „(a)llein der Hinweis des Vorsitzenden, dass ein Geständnis Auswirkungen auf das Strafmaß habe(…) noch keinen Verständigungsvorschlag dar(stelle)"[103]. Der *Dritte Strafsenat*[104] konstatierte, dass „der (…) erteilte Hinweis auf die strafmildernde Wirkung eines Geständnisses"[105] Gegenstand unverbindlicher Erörterungen sein kann. Beide Entscheidungen ließen bezüglich des Erörterungsbegriffes sowohl ein Verständnis zu, dass einseitige Hinweise eine Erörterung darstellen, als auch dessen Gegenteil. Die Entscheidungen stellen nicht die Grenzen des Erörterungsbegriffes klar, sondern führen übergreifend aus, dass es insgesamt an einer mitteilungspflichtigen Erörterung nach § 243 Abs. 4 StPO fehle.

---

101 BGH 1 StR 237/13, Beschl. v. 3.9.2013 = StV 2013, 740.

102 BGH 1 StR 237/13, Beschl. v. 3.9.2013 = StV 2013, 740, 741.

103 BGH 1 StR 242/14, Beschl. v. 18.12.2014 = NStZ 2015, 352 f.

104 BGH 3 StR 153/16, Urt. v. 28.7.2016 = StV 2016, 772; ebenso BGH 5 StR 493/16, Beschl. v. 7.3.2017 = NStZ 2017, 424.

105 BGH 3 StR 153/16, Urt. v. 28.7.2016 = StV 2016, 772, 773.

Andere Entscheidungen setzen sich jedoch sehr wohl konkret mit dem Erörterungsbegriff auseinander, woraus sich zwei Erörterungsbegriffe unterschiedlicher Reichweite ergeben.

(1) Kommunikation zur Erörterungsbereitschaft
Der *Dritte Strafsenat* entschied, die Anregung des Vorsitzenden, Gespräche mit der Staatsanwaltschaft zu suchen, sei als Erörterung zu qualifizieren, nachdem der Verteidiger den Richter zuvor um ein Verständigungsgespräch bat.[106] Ähnlich entschied auch das *Oberlandesgericht*[107] *Düsseldorf*: Es genüge, „wenn nur erkundet wird, ob der Gesprächspartner an einer Verständigung interessiert (sei)."[108] Aus Sicht des *Fünften Strafsenats* gelte dies auch dann, wenn das Gericht daraufhin abweisend reagiert.[109]

Die vorstehenden Entscheidungen geben einen weiten Erörterungsbegriff vor, der bereits die Frage nach der Erörterungs*bereitschaft* als Erörterung qualifiziert. Eine Auseinandersetzung mit Erörterungs*inhalten* verlangt dieser Begriff nicht. Bei diesem weiten Verständnis der Voraussetzungen einer Erörterung sind bereits bloße Hinweise oder Anfragen, welche ein Erörterungsinteresse kundtun, eine mitteilungspflichtige Erörterung im Sinne des § 243 Abs. 4 StPO.[110]

(2) Kommunikation zu Erörterungsinhalten
Demgegenüber entschied das *OLG Saarbrücken*, dass es „für die Annahme einer Erörterung"[111] nicht genüge, wenn der Verteidiger mit dem Ansinnen, ein Verständigungsgespräch führen zu wollen, an den Vorsitzenden herantritt,

106 BGH 3 StR 310/15, Beschl. v. 29.9.2015 = StV 2016, 775, 776, allerdings schloss der *BGH* die Möglichkeit einer Verständigung als Gesprächsgegenstand aus.

107 Im Folgenden OLG.

108 OLG Düsseldorf, III-3 RVs 75/16, Beschl. v. 4.8.2016 = StraFo 2016, 383, 384: dies gölte jedenfalls dann, „wenn die Möglichkeit einer Verständigung konkludent im Raum steh(e)."

109 BGH 5 StR 258/13, Beschl. v. 25.2.2015 = NStZ 2015, 232, 233, zwar in Bezug auf das gesamte Telefonat mit weiteren Inhalten, allerdings beschränkte sich das Telefonat im Übrigen auf die organisatorische Abwicklung der Aktenrückgabe, was weder als Erörterung aufzufassen ist noch dokumentationspflichtig ist, vgl. hierzu *Schmitt*, in: Meyer-Goßner/Schmitt, § 160b Rn. 8.

110 So auch BGH 5 StR 217/14, Beschl. v. 14.7.2014 = StV 2014, 657, 658: „Nach § 243 Abs. 4 S. 2 StPO ist jedes Bemühen um eine Verständigung (…) mitteilungsbedürftig."; ebenso BGH 2 StR 75/14, Urt. v. 21.7.2015 = StV 2016, 94, 95: „Selbst die sofortige Ablehnung einer Verständigung ist (…) mitteilungspflichtig."

111 OLG Saarbrücken, Ss 40/2016, Urt. v. 20.7.2016 = NStZ 2017, 182, 183.

dieser jedoch nicht darauf eingeht. Jedenfalls genüge „(d)ie schlichte Erwiderung, hierzu nichts sagen zu können oder zu wollen“[112], nicht. Dies führe nicht einmal zu einer Dokumentationspflicht nach § 202a S. 2 StPO.[113] Denn darin liege „noch kein (…) Verhandeln“[114]. Auf den Aspekt des Verhandelns stellte bereits zuvor das *OLG München* ab: Erörterungen setzten eine inhaltliche Auseinandersetzung zwischen den Verfahrensbeteiligten voraus.[115] An einer solche fehle es, „wenn (…) der Strafkammervorsitzende eine Stellungnahme (…) ablehnt.“[116] Ebenso entschied das *OLG Hamburg*: Danach müssen die Gespräche, um als Erörterung zu gelten, „ein (…) ausdrückliches oder konkludentes Verhandeln aufweisen (…). Bloß organisatorische Hinweise des Vorsitzenden, eine schlichte ‚Fühlungsaufnahme‘(…), oder aber die einseitige gerichtliche Kundgabe eines Rechtsstandpunktes (…) weisen diese rechtliche Qualität noch nicht auf (…).“[117]

Die verschiedenen Ausführungen der *Oberlandesgerichtssenate* prägen damit einen Erörterungsbegriff, wonach ein – jedenfalls konkludentes – Verhandeln der Verfahrensbeteiligten verlangt wird, und sehen in einseitigen Hinweisen in aller Regel keine Erörterung. Das gilt jedenfalls dann, wenn keine Anhaltspunkte erkennbar sind, die auf eine inhaltliche Auseinandersetzung mit den einzelnen Standpunkten oder auf ein (konkludentes) Verhandeln des Erklärungsempfängers hindeuten.

Dieser Erörterungsbegriff ist deutlich enger als der des *BGH*. Denn weder die Anregung, zunächst Gespräche mit der Staatsanwaltschaft zu suchen, noch die unmittelbare Ablehnung von Erörterungen – so die Konstellationen der vorstehenden Entscheidungen des *BGH* – haben schon einen Bezug zu möglichen Erörterungs*inhalten*. Ein – wenn auch nur konkludentes – Verhandeln der Verfahrensbeteiligten ist ebenso auszuschließen. Vielmehr liegt darin eine schlichte Fühlungsaufnahme einer Partei, die aber zu keiner Reaktion des Gerichts führt, bei der Inhalte des Verfahrensgegenstandes erörtert werden.

---

112 Ebd.

113 Ebd.

114 OLG Saarbrücken, Ss 40/2016, Urt. v. 20.7.2016 = NStZ 2017, 182, 182.

115 OLG München, Ss 612/13, Beschl. v. 5.3.2014 = StV 2014, 520, 521.

116 Ebd.

117 OLG Hamburg, 1 RB 58/14, Beschl. v. 27.3.2015 = NStZ 2015, 661, 662.

bb) Kritische Würdigung

Beide Erörterungsbegriffe sind mit den Vorgaben des Verständigungsurteils vereinbar.[118] Die weite Auslegung des *BGH*, die schon einseitige Ausführungen zur Erörterungsbereitschaft als Erörterung versteht, kann sich auf die Zweifelsregelung des *BVerfG* stützen.[119] Denn die Vorgabe, in Zweifelsfällen zu informieren, betrifft die Mitteilungspflicht in ihrer Gesamtheit.[120] Sie erfasst nicht nur Zweifel bezüglich des Verständigungsbezugs geführter Erörterungen, sondern vielmehr auch Zweifel darüber, ob eine Kommunikation stattfand, die den Anforderungen an eine Erörterung entspricht.[121] Erörterungsanfragen, Hinweise[122] oder einseitige Kommunikationsversuche sind hierdurch „im Zweifel“[123] als Erörterung zu verstehen.

Dagegen kann die engere Auslegung des Erörterungsbegriffes, welche fragt, ob schon eine inhaltliche Kommunikation über den Verfahrensgegenstand stattfand, darauf abstellen, dass die *Verfassungsrichter* bei ihren Vorgaben zur Mitteilungspflicht an „geführte(n) Gespräche(n)“[124] anknüpfen. Die bloße Anfrage, etwas zu erörtern, einseitige Hinweise und eine Kommunikation der Verfahrensbeteiligten, welche die bloße Erörterungs*bereitschaft* betrifft, versteht sich unter der Maßgabe eines geführten Gesprächs noch nicht als Erörterung. Das *BVerfG* führte aus, dass die Möglichkeit einer Verständigung immer dann im Raum stehe, „wenn (...) die Frage nach oder die Äußerung zu einer Straferwartung naheliegt.“[125] Befassen sich die Verfahrensbeteiligten hingegen gar nicht erst mit dem Inhalt einer etwaigen Erörterung, ist auch noch nicht davon auszugehen, dass „eine Äußerung zu einer Straferwartung naheliegt.“ Eine Erörterung wäre dann – jedenfalls auf Grundlage des engeren Verständnisses – abzulehnen.

---

118 s. oben Kap. 2 unter B.II.1.

119 BVerfG, 2 BvR 2628/10 u.a., Urt. v. 19.3.2013 = BVerfGE 133, 168, 216 f. (Rn. 85).

120 Denn das BVerfG führte zu der Zweifelsregelung vor dem Hintergrund der Mitteilungspflicht in seiner Gesamtheit aus.

121 s. auch OLG Düsseldorf, III-3 RVs 75/16, Beschl. v. 4.8.2016 = StraFo 2016, 383, 384: „Weil ‚im Zweifel‘ zu informieren ist (...) kann schon die Frage genügen, ob der Angeklagte ein Geständnis ablegen wolle (...)“.

122 Insoweit missverständlich die Ausführungen des BVerfG, 2 BvR 2628/10 u.a., Urt. v. 19.3.2013 = BVerfGE 133, 168, 228 (Rn. 106).

123 BVerfG, 2 BvR 2628/10 u.a., Urt. v. 19.3.2013 = BVerfGE 133, 168, 216 f. (Rn. 85).

124 Ebd.

125 Ebd.

Weiter überzeugt das enge Verständnis von dem Erörterungsbegriff auf Grundlage des allgemeinen Sprachgebrauchs. Eine Erörterung gilt nach einem allgemeinen Verständnis als Unterredungen zwischen wenigstens zwei Parteien, die unter einer gemeinsamen Perspektive ein Thema erörtern. Der Begriff der Erörterung wird auch als vertiefender Diskurs definiert.[126] Ein so verstandener Erörterungsbegriff deckt sich mit der Auslegung, die eine inhaltliche Auseinandersetzung verlangt. Einseitige Hinweise, bloße Anfragen oder sonstige Kommunikation, die – wie es der *BGH* in seiner weiten Auslegung vertritt – lediglich die Erörterungsbereitschaft thematisieren, entsprechen diesem allgemeinen Begriffsverständnis nicht.

Auch die gesetzliche Konzeption der Mitteilungspflicht bestätigt das enge Verständnis, das der Auslegung der *OLG* zugrunde liegt. § 243 Abs. 4 StPO sieht eine Mitteilung des Inhalts geführter Erörterungen vor, wenn deren Gegenstand die Möglichkeit einer Verständigung gewesen ist. Das Gesetz regelt damit einerseits den Umfang der Mitteilungspflicht, welcher sich auf die Mitteilung des wesentlichen Inhalts beschränkt.[127] Das Gesetz impliziert andererseits jedoch auch, dass eine Erörterung denklogischerweise einen wesentlichen Inhalt haben muss, um überhaupt als Erörterung verstanden zu werden. Denn wenn sich eine Erörterung auf die Frage beschränkt, ob von Seiten der anderen Verfahrensbeteiligten eine Erörterungsbereitschaft besteht, begründet dies keinen wesentlichen Inhalt einer geführten Erörterung. So müsste sich die Mitteilung dann darauf beschränken, mitzuteilen, dass es zwar Erörterungs*anfragen* gegeben hat, es daraufhin aber zu keinen Erörterungen kam. Das *OLG Saarbrücken* führte folgerichtig aus, dass die unmittelbare Ablehnung eines Erörterungsgesuchs nicht einmal zu einer Dokumentationspflicht nach § 202a S. 2 StPO führe.[128] Die gesetzliche Konzeption spricht damit für einen Erörterungsbegriff, der eine Auseinandersetzung mit Inhalten des Verfahrensgegenstandes verlangt. Die weite Auslegung des *BGH*, welche bereits einseitige Ausführungen zur Erörterungsbereitschaft als Erörterung qualifiziert, widerspricht sowohl dem Wortlaut als auch der gesetzlichen Konzeption des § 243 Abs. 4 StPO.

---

126 Duden, Das Bedeutungswörterbuch, S. 337, führt folgende Synonyme an: „Auseinandersetzung, Aussprache, Dialog, Diskussion, Gespräch, Unterhaltung, Unterredung, Verhandlung."

127 Zur Auslegung des wesentlichen Inhalts der Mitteilungspflichten nach § 243 Abs. 4 StPO s. Kap. 2 unter B.III.

128 OLG Saarbrücken, Ss 40/2016, Urt. v. 20.7.2016 = NStZ 2017, 182, 183.

Bei der Auslegung des Erörterungsbegriffes sind jedoch auch das Normvollzugsdefizit[129] und der Sinn und Zweck der Mitteilungspflichten[130] zu beachten. Die Mitteilungspflichten dienen – jedenfalls auch – dem Angeklagten. Sie führen zu einem Gleichlauf des Informationsstandes über Erörterungen, deren Gegenstand die Möglichkeit einer Verständigung war. Die Mitteilung sichert ab, dass der Angeklagte, der in aller Regel bei den Erörterungen nicht anwesend ist, autonom über sein weiteres Prozessverhalten entscheiden kann.[131] Soweit die verschiedenen Senate der *OLGe*, die für eine Erörterung ein – konkludentes – Verhandeln der Verfahrensbeteiligten verlangen, entschieden haben, dass einseitige Hinweise in aller Regel keine Erörterung darstellen, überzeugt dies jedenfalls in seiner Undifferenziertheit nicht.

Denn auch die einseitige Anfrage des Gerichts gegenüber dem Strafverteidiger, ob bei dem Angeklagten ein Verständigungsinteresse bestehe, begründet vor dem Hintergrund des fairen Strafverfahrens einen Umstand, den das Gericht dem Angeklagten vor der Entscheidung über sein weiteres Prozessverhalten mitteilen muss. Das Gericht zeigt mit seiner Anfrage – jedenfalls auch – seine Haltung zu dem Tatvorwurf. Darüber hinaus betrifft das Angebot des Gerichts, das Strafverfahren im Wege einer Verständigung zu beschleunigen, unmittelbar das Prozessverhalten des Angeklagten.[132] Die Mitteilungspflicht in diesen Fällen abzulehnen, weil es sich um eine bloß einseitige Kommunikation oder eine „schlichte ‚Fühlungsaufnahme'"[133] und nicht um eine Erörterung handelt, wäre nicht sachgerecht.

Jedoch darf die Notwendigkeit dieser weiten Auslegung nicht darüber hinwegtäuschen, dass das Gesetz sowohl seinem Wortlaut als auch seiner Konzeption nach ein Verständnis von dem Erörterungsbegriff vorgibt, welches dem einschränkenden Verständnis der *OLGe* entspricht. § 243 Abs. 4 StPO sollte deshalb vom Gesetzgeber auf Tatbestandsebene an die weite Auslegung des *BGH* angepasst werden.[134] Die tatbestandliche Ausweitung des Erörterungsbegriffes

129 s. oben Kap. 1 unter C.I.

130 s. oben Kap. 1 unter C.III.2.

131 *Franke*, in: SSW-StPO, § 243 Rn. 14, der von sachgemäßer Wahrnehmung seiner Verteidigungsrechte spricht; *Walther*, in: Sinn/Schößling, S. 140 Rn. 39.

132 Anders hingegen der Fall, wenn der Verteidiger die Erörterung einer Verständigung anfragt während das Gericht diese unmittelbar ablehnt, vgl. hierzu BGH 2 StR 121/15, Urt. v. 23.3.2016 = NStZ 2016, 688 und die Anm. von *Bittmann*, in: NStZ-RR 2016, 348, 349.

133 OLG Hamburg, 1 RB 58/14, Beschl. v. 27.3.2015 = NStZ 2015, 661, 662.

134 s. unten Kap. 4 unter A.II.1.

darf allerdings nicht zum Anlass genommen werden, die Mitteilungspflichten auf alle Kommunikationsvorgänge, die außerhalb der Hauptverhandlung stattfinden, zu erstrecken. Vielmehr geht die tatbestandliche Ausweitung mit der Notwendigkeit einher, den Verständigungsbezug besonders sorgfältig prüfen zu müssen. Der Konturierung des Verständigungsbezuges[135] kommt damit vor dem Hintergrund der erweiterten Auslegung des Erörterungsbegriffes eine besondere Relevanz zu.

b) des Gerichts nach §§ 202a, 212 StPO

Der Mitteilungspflicht nach § 243 Abs. 4 StPO unterliegen ausschließlich Erörterungen *des Gerichts* nach den *§§ 202a, 212 StPO.* Das Gesetz gibt damit sowohl personell als auch zeitlich vor, welche Erörterungen der Mitteilungspflicht unterfallen. Trotz der vermeintlich klaren Vorgaben des Gesetzes ergeben sich Unsicherheiten bei der Anwendung des Gesetzes. Diese betreffen vor allem die Frage, was das Gesetz als Erörterung „des Gerichts" ansieht.

aa) Gespräche partieller Gerichtsbeteiligung

(1) Rechtsprechung

Das *OLG Celle*[136] entschied, dass „nur vom ‚Gericht' geführte Erörterungen mit den Verfahrensbeteiligten"[137] mitzuteilen sind.[138] Maßgeblich sei die gesamte Besetzung des Spruchkörpers. In Fällen einer Großen Strafkammer können „sondierende Äußerungen allein des (…) Vorsitzenden (…) nicht ohne weiteres als Erklärungen des ‚Gerichts' verstanden werden"[139]. Vielmehr müsse „nach außen deutlich werden, dass den Äußerungen des Vorsitzenden eine entsprechende Beratung (…) des Gerichts zugrunde liegt."[140] Das *OLG Celle* stellt die Beurteilung, ob eine Mitteilungspflicht vorliegt, damit unter den Vorbehalt einer Vielzahl strenger formaler Voraussetzungen.[141]

---

135 s. dazu unten Kap. 2 unter B.II.2.c).

136 OLG Celle, 31 Ss 35/13, Urt. v. 18.12.2013 = NStZ 2014, 290.

137 OLG Celle, 31 Ss 35/13, Urt. v. 18.12.2013 = NStZ 2014, 290, 291.

138 Ebenso BGH 1 StR 400/10, Beschl. v. 20.10.2010 = StV 2011, 202; offen lassend BGH 3 StR 427/11, Beschl. v. 20.12.2011 = StV 2012, 392.

139 OLG Celle, 31 Ss 35/13, Urt. v. 18.12.2013 = NStZ 2014, 290, 291.

140 OLG Celle, 31 Ss 35/13, Urt. v. 18.12.2013 = NStZ 2014, 290, 292.

141 *Schlothauer*, in: StV 2011, 205, 205.

Demgegenüber entschied der *Dritte Strafsenat des BGH*[142] in einem späteren Urteil, dass die Mitteilungspflicht auch Konstellationen erfasse, in denen etwaigen Gesprächen allein des Vorsitzenden kein (ausdrücklicher) Auftrag des Gerichts zugrunde liegt.[143]

(2) Kritische Würdigung

Die Richter des *OLG Celle* stützen sich ausschließlich auf den Wortlaut des Gesetzes. § 243 Abs. 4 StPO beschränke sich auf Erörterungen im Sinne der §§ 202a, 212 StPO und § 202a StPO beziehe sich ausdrücklich auf Erörterungen „des Gerichts".[144] Die Richter differenzieren damit strikt zwischen den Aufgaben des Gerichts und denen des Vorsitzenden.[145] Eine derart strikte Differenzierung gibt das Gesetz indes nicht vor.[146] Es verwendet auch dort den Gerichtsbegriff, wo alleine dem Vorsitzenden Handlungskompetenzen obliegen.[147] Die semantische Deutung des *OLG Celle*, nach der ausschließlich Erörterungen des gesamten Gerichts in seiner Besetzung nach dem GVG mitteilungspflichtig seien, ist daher nicht zwingend.[148]

Ebenso wenig zwingt die Gesetzesbegründung zu einem solchen Ergebnis. Zwar führt der Gesetzgeber in seiner Begründung zu § 202a StPO ausdrücklich

---

142 BGH 3 StR 470/14, Urt. v. 23.7.2015 = StV 2016, 81; ebenso, jedoch ohne das Problem zu erörtern BGH 5 StR 502/13, Beschl. v. 25.11.2013 = StV 2014, 653; weiter auch BGH 3 StR 153/16, Urt. v. 28.7.2016 = StV 2016, 772.

143 BGH 3 StR 470/14, Urt. v. 23.7.2015 = StV 2016, 81, 82: weiter sei von einer konkludent erklärten Zustimmung des Gerichts auszugehen, sofern bei der Unterredung das Gericht vollständig anwesend war; dem zustimmend BGH 3 StR 153/16, Urt. v. 28.7.2016 = StV 2016, 772.

144 OLG Celle, 31 Ss 35/13, Urt. v. 18.12.2013 = NStZ 2014, 290, 291; zustimmend *Claus*, in: NStZ 2017, 54, 55.

145 Hierzu *Knauer/Lickleder*, in: NStZ 2012, 366, 370; *Schlothauer*, in: StV 2011, 205, 205.

146 a.A. *Schneider*, in: NStZ 2014, 192, 198: „Da das Gesetz indessen durchgängig zwischen den Aufgaben des Gerichts und denen des Vorsitzenden differenziert, führt an dieser Gesetzesauslegung kein Weg vorbei."

147 Ausführlich *Schlothauer*, in: StV 2011, 205, 205, der darlegt, dass das Gesetz nur dann mit dem Gerichtsbegriff das Gericht in seiner vollen Besetzung meint, wenn es an einem Beschluss oder einer Anordnung mitzuwirken habe. Das Gesetz verwende den Begriff des Gerichts auch dann, wenn es vornehmlich Handlungskompetenzen des Vorsitzenden bestimmt, so etwa in § 222 StPO; ebenso *Arnoldi*, in: MüKo-StPO, § 243 Rn. 50, in Bezug auf § 214 StPO.

148 *Schlothauer*, in: StV 2011, 205, 205; ebenso *Niemöller*, in: NZWiSt 2012, 290, 291: „weder zwingend noch sachgerecht"; nach *Schmitt*, in: StraFo 2012, 386, 391, liege es nicht fern, dass das Gesetz mit „das Gericht" jeden Berufsrichter meint.

aus, dass „(d)ie Besetzung ‚des Gerichtes' (…) den allgemeinen Regeln (folgt)"[149]. Die Begründung stellt damit für den Begriff des Gerichts auf eine Besetzung im Sinne des GVG ab. Dass Erörterungen hingegen ausschließlich in dieser Besetzung geführt werden können und andere Erörterungen nicht der Mitteilungspflicht nach § 243 Abs. 4 StPO unterfallen, liegt fern. Vielmehr führt eine solche Sichtweise dazu, dass viele Erörterungen nicht mitzuteilen wären, was mit dem weiten Transparenzverständnis des Gesetzgebers unvereinbar ist.

Die Auslegung des *OLG Celle* widerspricht somit auch dem Sinn und Zweck der Mitteilungspflicht nach § 243 Abs. 4 StPO.[150] Die Mitteilungspflicht dient der Offenlegung sämtlicher Erörterungen, deren Gegenstand die Möglichkeit einer Verständigung gewesen ist. Eine Verständigung muss sich „im Lichte der öffentlichen Hauptverhandlung offenbaren"[151]. Indem das *OLG Celle* die Mitteilungspflicht auf Konstellationen beschränkt, in denen Erörterungen des gesamten Kollegialorgans vorliegen, beschränkt es die Mitteilungspflicht auf Fälle, die in der Verfahrenspraxis kaum vorkommen.[152] Die Auslegung lädt außerdem zur Umgehung ein, weil insbesondere die ersten, oftmals richtungsweisenden Anfangskontakte mit dem Vorsitzenden verschwiegen werden könnten.[153] Das „Ziel bestmöglicher Transparenz und damit die *ratio* des Gesetzes"[154] würde verfehlt.[155]

---

149 Gesetzesentwurf der BReg., BT-Drs. 16/12310, S. 12.

150 *Allgayer*, in: NStZ 2016, 227, 227; *Claus*, in: NStZ 2017, 54, 55; *Niemöller*, in: NZWiSt 2012, 290, 291, der ausführt, dass die Ratio des Gesetzes verfehlt würde; *Schlothauer*, in: StV 2011, 205, 205 f.; *Schmitt*, in: StraFo 2012, 386, 391; *Schneider*, in: NStZ 2014, 192, 198, der die einschränkende Auslegung bzw. die daraus zu ziehenden Schlüsse als irritierend bezeichnet.

151 Gesetzesentwurf der BReg., BT-Drs. 16/12310, S. 12.

152 *Niemöller*, in: NZWiSt 2012, 290, 291, führt aus, dass es mit Blick auf Verständigungsmöglichkeiten in aller Regel zunächst zu Gesprächen mit dem Vorsitzenden kommt; *Schmitt*, in: StraFo 2012, 386, 391, spricht von einem rechtstatsächlichen Befund, dass solche Gespräche regelmäßig von dem Vorsitzenden ohne ausdrücklichen Auftrag oder Ermächtigung geführt werden.

153 *Niemöller*, in: NZWiSt 2012, 290, 291; *Claus* spricht in: NStZ 2017, 54, 55, von Informationen, welche für die Verfahrensbeteiligten „zweifellos interessant" seien; ebenso *Arnoldi*, in: MüKo-StPO, § 243 Rn. 50.

154 *Niemöller*, in: NZWiSt 2012, 290, 291.

155 Hierzu auch *Arnoldi*, in: MüKo-StPO, § 243 Rn. 50: „Dadurch würden Schlupflöcher" geöffnet werden, die durch das Verständigungsgesetz gerade geschlossen werden sollten."; *Schlothauer*, in: StraFo 2011, 487, 492: „Damit werden die Fesseln eines formalisierten Verständigungsverfahrens gelockert und die vom Gesetzgeber

Auch die Vorgaben und Wertungen des Verständigungsurteils stehen im Widerspruch zu der Auslegung des *OLG Celle*. Das *OLG Celle* unternimmt mit seiner engen Auslegung den Versuch, den „Verwaltungsaufwand des Gerichts" möglichst gering zu halten.[156] Dies steht jedoch sowohl den rechtlichen als auch den tatsächlichen Feststellungen des Verständigungsurteils entgegen. Das *BVerfG* legt die Transparenz- und Dokumentationspflichten auf Grund seiner tatsächlichen Befunde zur Umsetzungspraxis extensiv präzisierend aus.[157] Das *OLG Celle* hingegen legt die Pflicht zur Mitteilung „aus Bequemlichkeit" restriktiv aus. Damit begründet es einen Zustand, der dem festgestellten Vollzugsdefizit des Verständigungsgesetzes nahekommt und welchem das *BVerfG* jedenfalls eine Nähe zur Verfassungswidrigkeit zuschreibt.[158]

Des Weiteren führt die Auslegung zu praktischen Umsetzungsproblemen. Das *OLG Celle* lässt die Frage offen, wie es – wenn nicht alle Richter an der Erörterung teilnehmen – zu einem ausdrücklichen Auftrag des Gerichts kommen soll.[159] Denn zum einen hat das Tatgericht, welches bis zu Beginn der Hauptverhandlung nicht zusammentritt, gar keine Möglichkeit, etwaige Erörterungsinhalte im Vorfeld zu beschließen. Zum anderen müsste der Vorsitzende sich gegebenenfalls anbahnende Erörterungen ablehnen, um zunächst eine Beratung mit seinem Spruchkörper vorzunehmen, ob und falls ja, mit welchem Inhalt, die Gespräche wieder aufzunehmen sind.[160]

Darüber hinaus gingen alle Erörterungen, denen nicht das Gericht in seiner kompletten Besetzung beiwohnt, für den Angeklagten mit dem Risiko fehlender Validität einher.[161] Zwar begründen Erörterungen keinen rechtlich bindenden Anspruch.[162] In der Praxis dürften Erörterungen aber immer auch schon eine latente tatsächliche Bindung bewirken.[163] So obläge es den erörternden

---

für notwendig erachteten Transparenzvorschriften zu unverbindlichen Ordnungsvorschriften deklassiert."

156 Nach *Schmitt*, in: StraFo 2012, 386, 391, soll es den Parteien vereinfacht werden, in Erörterungen einzutreten.

157 s. oben Kap. 1 unter C.IV.

158 s. oben Kap. 1 unter C.II.

159 Hierzu *Schlothauer*, in: StV 2011, 205, 206, der darüber hinaus die Probleme, die eine solche Sichtweise für Einzelheiten des Geschäftsverteilungsplans mit sich bringt, darlegt.

160 Ebd.

161 *Claus*, in: NStZ 2017, 54, 54.

162 s. oben Kap. 1 unter B.II.1.b).

163 *König/Harrendorf*, in: AnwBl 2013, 321, 322: „Eine wirklich ‚unverbindliche' Konversation aber gibt es im Strafprozess nicht. (…) Kommunikative Verhandlungsführung

Parteien, sich zu vergewissern, dass die Erörterung und ihr Inhalt seitens der Kammer autorisiert wurde.[164] Das Erörterungsverfahren würde dadurch mit erheblichen Komplikationen einhergehen[165], die eine bezweckte Verfahrensförderung[166] insgesamt erschweren.

Es verwundert deswegen nicht, dass die Rechtsprechung den Versuch des *OLG Celle*, die Mitteilungspflicht auf Gespräche des Gerichts in seiner Besetzung nach dem GVG zu beschränken, nicht weiter verfolgt hat. Die Meinung des *OLG Celle* hat sich – zu Recht[167] und zu Gunsten eines transparenten Verständigungsverfahrens – nicht durchgesetzt.[168]

bb) Gespräche ohne Beteiligung des Gerichts – Erörterungen der Staatsanwaltschaft

(1) Rechtsprechung

Das *KG Berlin* entschied, dass Erörterungen im Sinne der §§ 243 Abs. 4, 202a, 212 StPO „die Beteiligung des Gerichts voraus(setzen).“[169] Ebenso entschied der *Erste Strafsenat*[170]: Der Vorsitzende sei nicht dazu verpflichtet, Gespräche

---

ergibt nur dort einen Sinn, wo sich die Beteiligten auf ihre Verbindlichkeit jedenfalls vorläufig (…) verlassen können.“

164 *Claus*, in: NStZ 2017, 54, 55.

165 *Niemöller*, in: NZWiSt 2012, 290, 291.

166 Gesetzesentwurf der BReg., BT-Drs. 16/12310, S. 11, 12.

167 So im Ergebnis auch *Allgayer*, in: NStZ 2016, 227, 227; *Arnoldi*, in: MüKo-StPO, § 243 Rn. 50; *Claus*, in: NStZ 2017, 54, 55; *Frister*, in: SK-StPO, § 243 Rn. 44a; *Niemöller*, in: NZWiSt 2012, 290, 291; *Pfister*, in: StraFo 2016, 187, 189; *Schlothauer*, in: StV 2011, 205, 205 f.; *ders.*, in: StraFo 2011, 487, 492; *Schmitt*, in: StraFo 2012, 386, 391; *ders.*, in: Meyer-Goßner/Schmitt, § 243 Rn. 18c; *Wenske*, in: DRiZ 2012, 198, 201 (Fn. 56); mit Kritik an der Praktikabilität der Vorgaben, *Knauer/Lickleder*, in: NStZ 2012, 366, 270; ohne Stellung zu beziehen *Knauer*, in: NStZ 2014, 292, 293; a.A. *Schneider*, in: KK-StPO, § 243 Rn. 49.

168 Vgl. hierzu BGH 5 StR 180/18, Beschl. v. 5.7.18 = StV 2019, 375, 376: „Dass an dem Gespräch lediglich die Vorsitzende der StrK teilgenommen hat, nimmt ihm nicht den Charakter einer die Mitteilungspflicht des § 243 IV 1 StPO auslösenden Erörterung über die Möglichkeit einer Verständigung nach § 202a, 212 StPO“.

169 KG Berlin, (4) 161 Ss 21/14, Beschl. v. 11.3.2014 = StV 2014, 659, Leitsatz 3. a).

170 BGH 1 StR 590/14, Beschl. v. 11.6.2015 = NStZ-RR 2015, 379; zustimmend OLG Hamburg, 1 Rev 32/15, Beschl. v. 27.11.2015 = NStZ 2016, 182; in einer weiteren Entscheidung ließ der *Erste Strafsenat* die Frage der Mitteilungspflichtigkeit von Gesprächen ohne Beteiligung des Gerichts offen, indem er, weil er davon ausging, dass das Gericht keine Kenntnis von dem Gespräch hatte, ein Beruhen des

mitzuteilen, die ohne Beteiligung des Gerichts ausschließlich von der Staatsanwaltschaft mit der Verteidigung geführt wurden.[171] Aus Sicht des *Dritten Strafsenates*[172] gilt dies auch dann, wenn der Richter die Gespräche des Verteidigers mit der Staatsanwaltschaft angeregt hat.[173] Der *Fünfte Senat*[174] lies die Frage offen, führte aber ablehnend aus, dass es nicht „auf die eher zu verneinende Frage an(komme), ob bei Gesprächen (…)der Staatsanwaltschaft mit der Verteidigung (…) ohne Beteiligung des Gerichts (…), eine Mitteilungspflicht (…) allein durch eine Kenntniserlangung des Gerichts begründet werden könnte“[175].

Demgegenüber entschied das *OLG München*[176], dass der Vorsitzende über verständigungsbezogene Gespräche anderer Verfahrensbeteiligter im Einzelfall jedenfalls dann berichten muss, wenn er über solche Erörterungen Kenntnis erlangt.[177] Dies führe aber nicht zu einer Nachforschungspflicht des Vorsitzenden. Denn eine solche Pflicht sei weder dem Gesetz noch dem Verständigungsurteil zu entnehmen.[178]

(2) Kritische Würdigung

Das Gericht muss, wenn ihm nichts zur Kenntnis gelangt, auch vor dem Hintergrund seiner Mitteilungspflichten nicht klären, ob Gespräche zwischen der Staatsanwaltschaft und Verteidigung geführt wurden, welche die Möglichkeit einer Verständigung zum Gegenstand hatten. Eine Nachforschungspflicht des Gerichtes ergibt sich weder aus dem Gesetz noch aus dem Verständigungsurteil.[179]

Urteils auf einem etwaigen Rechtsfehler ausschloss, BGH 1 StR 523/13, Beschl. v. 29.1.2014 = StV 2014, 658.

171 BGH 1 StR 590/14, Beschl. v. 11.6.2015 = NStZ-RR 2015, 379, 380.

172 BGH 3 StR 310/15, Beschl. v. 29.9.2015 = StV 2016, 775.

173 Dem vorweg ging die Bitte des Verteidigers, Verständigungsgespräche führen zu wollen. Der Richter verwies darauf, dass er zunächst ein eine Übereinstimmung mit der Staatsanwaltschaft suchen solle, der sich die Strafkammer gegebenenfalls anschließen würde, BGH 3 StR 310/15, Beschl. v. 29.9.2015 = StV 2016, 775, 776.

174 BGH 5 StR 258/13, Beschl. v. 25.2.2015 = NStZ 2015, 232; zustimmend OLG Hamburg, 1 Rev 32/15, Beschl. v. 27.11.2015 = NStZ 2016, 182, 182.

175 BGH 5 StR 258/13, Beschl. v. 25.2.2015 = NStZ 2015, 232, 232.

176 OLG München, Ss 612/13, Beschl. v. 5.3.2014 = StV 2014, 520.

177 OLG München, Ss 612/13, Beschl. v. 5.3.2014 = StV 2014, 520, 521.

178 Ebd.

179 *Arnoldi*, in: NStZ 2016, 363, 363: Das Gericht müsste ansonsten leisten, was nicht geleistet werden kann – „impossibilium nulla obligatio“; a.A. *Kelnhofer*, in: Radtke/Hohmann-StPO, § 243 Rn. 30, der von einer Nachforschungspflicht des Gerichtes ausgeht.

Ebensowenig verlangt das Gesetz, dass das Gericht über bilaterale Gespräche der Staatsanwaltschaft mit der Verteidigung informieren muss, wenn es darüber Kenntnis erlangt, sondern es beschränkt mit §§ 243 Abs. 4, 202a, 212 StPO die Mitteilungspflicht auf Erörterungen des Gerichts.[180] Auch die weite Auslegung des Begriffes des Gerichts ändert hieran nichts. So ist es zwar möglich, Gespräche eines einzelnen Richters mit den Verfahrensbeteiligten als Erörterung des Gerichts zu verstehen.[181] Erörterungen der Staatsanwaltschaft können allerdings auch bei weiter Auslegung nicht als gerichtliche Erörterung verstanden werden.

Die Erörterungsmöglichkeiten der Staatsanwaltschaft normiert alleine § 160b StPO. Diese Erörterungen betreffen das Ermittlungsverfahren. Im Ermittlungsverfahren ist eine Verständigung jedoch nicht möglich. Die Verständigung betrifft ausschließlich die gerichtliche Hauptverhandlung. Obgleich das Gesetz für den weiteren Verfahrensablauf Erörterungen der Staatsanwaltschaft nicht verbietet, trifft es eine grundlegende Wertung, indem es ab Beginn des Hauptverfahrens ausschließlich die Erörterungsmöglichkeiten unter Beteiligung des Gerichts regelt. Der Gesetzgeber führte zur Begründung des Verständigungsgesetzes aus, dass Verständigungen „außerhalb der Beteiligung des Gerichtes (…) nicht möglich“[182] seien. Die gesetzliche Konzeption fußt damit auf der Wertung, dass die Möglichkeit einer Verständigung nur unter Beteiligung des Gerichts verlässlich erörtert werden kann. Das Interesse an der Offenlegung von Erörterungen soll demgemäß auf Erörterungen mit dem Gericht beschränkt sein.[183]

Das *OLG München* führte allerdings richtig aus, dass „auch (…) Gespräche (der Staatsanwaltschaft mit der Verteidigung) (…) das Prozessverhalten des Angeklagten beeinflussen (können), wenn sie unter den Augen des Gerichts erfolgen.“[184] Dabei kann es vor dem Hintergrund des Sinn und Zwecks der Mitteilungspflichten – der Absicherung einer autonomen Entscheidung über das weitere Prozessverhalten[185] – keinen Unterschied machen, ob die

---

180 *Arnoldi*, in: NStZ 2016, 363, 363; *Claus*, in: NStZ 2017, 54, 54; a.A. *Kelnhofer*, in: Radtke/Hohmann-StPO, § 243 Rn. 30, der ausführt, dass die Unterrichtungspflicht unabhängig davon besteht, „ob die formalen Vorschriften der §§ 202a, 212 StPO eingehalten wurden“.

181 s. oben Kap. 2 unter B.II.2.b)aa).

182 Gesetzesentwurf der BReg., BT-Drs. 16/12310, S. 12.

183 *Frister*, in: SK-StPO, § 243 Rn. 44b.

184 OLG München, Ss 612/13, Beschl. v. 5.3.2014 = StV 2014, 520, 521.

185 s. oben Kap. 1 unter C.III.2.

Verständigungsmöglichkeit nur mit der Staatsanwaltschaft oder auch mit dem Gericht besprochen wurde. Denn obwohl eine Erörterung ohne die Beteiligung des Gerichts nicht möglich ist, stehen in Folge Erörterung der Staatsanwaltschaft Umstände im Raum, welche das Prozessverhalten des Angeklagten unmittelbar tangieren.

Des Weiteren gibt das *BVerfG* eine extensiv-präzisierende Auslegung der Transparenz- und Dokumentationspflichten vor. Ziel sei es „die mit einer Verständigung verbundenen Vorgänge umfassend in die Hauptverhandlung einzubeziehen, (…) (um damit eine) vollständige Transparenz“[186] zu gewährleisten. Darunter fallen dann aber auch Verständigungsgespräche mit der Staatsanwaltschaft, weil erst die umfassende Einbeziehung aller Verständigungsgespräche einen Zustand vollständiger Transparenz begründen. Zudem wird die Wahrscheinlichkeit einer Verständigung unter Beteiligung des Gerichts wesentlich erhöht, wenn die anderen Verfahrensbeteiligten sich bereits geeinigt haben.

Dieses Verständnis über § 243 Abs. 4 StPO ist jedoch nicht mehr vom Wortlaut des Gesetzes gedeckt. Die Auslegung des *OLG München*, wonach auch Erörterungen der Staatsanwaltschaft mit der Verteidigung durch das Gericht mitzuteilen seien, kommt einer Rechtsfortbildung gleich, die über die Grenzen einer zulässigen richterlichen Rechtsfortbildung hinausgeht. Die Ausweitung von § 243 Abs. 4 StPO wird deshalb im Ergebnis zu Recht überwiegend abgelehnt.[187] Damit besteht auch in dieser Hinsicht ein Reformbedarf.

Der Mangel an Transparenz, der mit der engeren Auslegung einhergeht, führt in der Praxis allerdings nicht zu erheblichen Umgehungsmöglichkeiten durch Einzel- beziehungsweise Kettenabsprachen. Zwar ist es möglich, dass die Staatsanwaltschaft und die Verteidigung die Möglichkeit einer Verständigung erörtern. Dies unterfällt nach bisherigem Verständnis dann auch nicht den gerichtlichen Mitteilungspflichten aus § 243 Abs. 4 StPO. Weil eine Verständigung allerdings nicht ohne die Beteiligung des Gerichts möglich ist und bilaterale Gespräche der Staatsanwaltschaft oder der Verteidigung mit dem Gericht bereits Erörterungen nach den §§ 202a, 212 StPO darstellen, sind die Gesprächsbemühungen ab dem Zeitpunkt, in welchem das Gericht involviert wird, dann nach § 243 Abs. 4 StPO mitteilungspflichtig. Informelle Kettenabsprachen sind somit auch auf Grundlage der derzeitigen Konzeption des

---

186 BVerfG, 2 BvR 2628/10 u.a., Urt. v. 19.3.2013 = BVerfGE 133, 168, 214 f. (Rn. 81).

187 *Arnoldi*, in: MüKo-StPO, § 243 Rn. 51; *Franke*, in: S/S/W-StPO, § 243 Rn. 16; *Frister*, in: SK-StPO, § 243 Rn. 44b; *Schmitt*, in: Meyer-Goßner/Schmitt, § 243 Rn. 18c; *Schneider*, in: KK-StPO, § 243 Rn. 36.

Verständigungsgesetzes ausgeschlossen. Das Transparenzdefizit betrifft also nur „Absprachen" oder diesbezügliche Erörterungen, die alleine zwischen der Staatsanwaltschaft und der Verteidigung zustande kommen.

cc) Zeitliche Rahmenbedingungen geführter Erörterungen

Die zeitlichen Rahmenbedingungen des Erörterungsbegriffes sind in der Rechtsprechung wie Literatur unumstritten. Der *Fünfte Strafsenat* stellte gleich mehrfach klar, dass „ein Geschehen vor der Erhebung der Anklage (…) vom Anwendungsbereich des § 243 Abs. 4 S. 1 StPO nicht erfasst"[188] werde.[189] Die Mitteilungspflicht betreffe ausschließlich Erörterungen nach Anklageerhebung nach den §§ 202a, 212 StPO.[190] Ebenfalls klarstellend[191] führte der *Dritte Strafsenat*[192] aus, „dass sich die Regelung des § 212 StPO nicht auf den Zeitraum von Eröffnung bis zu Beginn der Hauptverhandlung beschränkt, sondern auch Erörterungen in Verhandlungspausen, zwischen Verhandlungstagen und nach Aussetzung der Hauptverhandlung erfasst."[193] Nicht erfasst seien hingegen Erörterungen, die in der öffentlichen Hauptverhandlung stattfinden; diese seien, weil es sich nicht um Erörterungen nach den §§ 202a, 212 StPO handelt, nicht mitzuteilen.[194] Auch für eine analoge Anwendung des § 243 Abs. 4 StPO gebe es für den Fall, dass Gespräche im Beisein des Angeklagten und dessen Verteidiger in der Hauptverhandlung geführt werden, keinen Anlass.[195]

Weiter entschied der *Erste Strafsenat*[196], dass Erörterungen zur Möglichkeit einer Verständigung auch dann mitzuteilen sind, wenn die Anklageschrift

---

188 BGH 5 StR 310/13, Beschl. v. 27.1.2015 = NJW 2015, 1260, 1260.

189 Ausdrücklich zustimmend OLG Hamburg, 1 Rev 32/15, Beschl. v. 27.11.2015 = NStZ 2016, 182, 182; BGH 5 StR 258/13, Beschl. v. 25.2.2015 = NStZ 2015, 232; OLG Saarbrücken, Ss 29/16 (22/16), Beschl. v. 25.5.2016 = BeckRS 2016, 12266.

190 Ebenso OLG Saarbrücken, Ss 29/16 (22/16), Beschl. v. 25.5.2016 = BeckRS 2016, 12266.

191 Dass es sich auch von Seiten der Richter um einen bloß klarstellenden Hinweis handelt, zeigt die einleitende Formulierung der Richter: „Es ist allgemein anerkannt, dass (…)", BGH 3 StR 470/14, Urt. v. 23.7.2015 = StV 2016, 81, 83.

192 BGH 3 StR 470/14, Urt. v. 23.7.2015 = StV 2016, 81.

193 BGH 3 StR 470/14, Urt. v. 23.7.2015 = StV 2016, 81, 83.

194 OLG Saarbrücken, Ss 29/16 (22/16), Beschl. v. 25.5.2016 = BeckRS 2016, 12266; BGH 5 StR 607/16, Beschl. v. 24.1.2017 = NStZ 2017, 299; BGH 4 StR 536/16, Beschl. v. 19.7.2016 = wistra 2017, 446; s. auch *Schmitt*, in: Meyer-Goßner/Schmitt, § 243 Rn. 18a.

195 BGH 5 StR 607/16, Beschl. v. 24.1.2017 = NStZ 2017, 299.

196 BGH 1 StR 423/13, Urt. v. 13.2.2014 = StV 2014, 513.

nachträglich – nach der Erörterung – durch die Staatsanwaltschaft ergänzt wird. Maßgeblich sei, dass durch die Ergänzung der Anklage im Nachhinein kein „völlig neues Verfahren in Gang gesetzt“[197] wird.[198] Dies gilt ebenso für Fälle, in denen die Hauptverhandlung ausgesetzt wird, da mit der Aussetzung zwar die Hauptverhandlung, nicht aber das gesamte Strafverfahren zurückgesetzt wird, wodurch der Verfahrensgegenstand unverändert bleibt.[199] Erörterungen, die stattgefunden haben, bevor die Hauptverhandlung ausgesetzt wurde, sind daher nach dem Beginn der neuen Hauptverhandlung erneut mitzuteilen.[200]

Nimmt die Staatsanwaltschaft ihre Anklageschrift allerdings zurück, und ergänzt diese in der Folge nicht nur, sondern reicht vielmehr eine neue Anklageschrift ein, so wird das Geschehen vor der Zurücknahme nicht mehr vom Anwendungsbereich des § 243 Abs. 4 erfasst. Insoweit liegt ein völlig neues Verfahren vor.[201] Gleiches gilt für Erörterungen, die eine andere Strafkammer in einem ersten Rechtsdurchgang geführt hat – so das *OLG Hamburg*.[202] Die gesetzliche Mitteilungspflicht aus § 243 Abs. 4 StPO erfasst die durch eine andere Strafkammer geführten Erörterungen nicht. Der Gesetzeswortlaut beschränke die Mitteilung nach § 243 Abs. 4 StPO auf Erörterungen, an denen das im Hauptverfahren zuständige und zur Entscheidung berufene Gericht selbst beteiligt war. Darüber hinaus sei eine Mitteilung in diesen Fällen auch nicht aus übergeordneten – dem Schutzkonzept des Verständigungsgesetzes entlehnten – rechtlichen Erwägungen herzuleiten.[203]

Die Klarstellungen in der Rechtsprechung sind bloß deklarativer Natur und folgen schon aus der insoweit eindeutigen Regelungskonzeption des Verständigungsgesetzes. Eine Analyse dieser Rechtsprechung ist daher nicht notwendig.

---

197 BGH 1 StR 423/13, Urt. v. 13.2.2014 = StV 2014, 513, 514.

198 So auch BGH 3 StR 289/13, Urt. v. 20.2.204 = NStZ 2014, 600.

199 *Henckel*, in: StV 2019, 800, 800 f.

200 BGH 1 StR 153/19, Beschl. v. 24.4.2019 = StV 2019, 799.

201 BGH 3 StR 289/13, Urt. v. 20.2.204 = NStZ 2014, 600, 601; zustimmend BGH 3 StR 470/14, Urt. v. 23.7.2015 = StV 2016, 81, 83: „Vor allem aber kann Gegenstand einer Verständigung nur sein, was überhaupt in die Entscheidungsbefugnis des Gerichts fällt“; OLG Hamburg, 1 Rev 32/15, Beschl. v. 27.11.2015 = NStZ 2016, 182, 182.

202 OLG Hamburg, 1 Rev 32/15, Beschl. v. 27.11.2015 = NStZ 2016, 182, 182; zustimmend *OLG Saarbrücken*, Ss 29/16 (22/16), Beschl. v. 25.5.2016 = BeckRS 2016, 12266.

203 OLG Hamburg, 1 Rev 32/15, Beschl. v. 27.11.2015 = NStZ 2016, 182, 182, m. zust. Anm. *Moldenhauer*, in: NStZ 2016, 183.

c) Zur Möglichkeit einer Verständigung

Ob schon die *Möglichkeit einer Verständigung* als Erörterungsgegenstand mitteilungspflichtig ist, ist ein umstrittenes Thema zahlreicher Entscheidungen und Kernproblem von § 243 Abs. 4 StPO in der Revisionsrechtsprechung. Dabei zeigen die Ausführungen der Revisionsgerichte auch hier eine Vielzahl unterschiedlicher Formulierungen auf.[204] Praxisrelevante Differenzen für die Abgrenzung ergeben sich hieraus jedoch keine.

In der Rechtsprechung – zu Recht – nicht als Abgrenzungskriterium betrachtet wird, ob Erörterungen ergebnislos bleiben oder Inhalte betreffen, die nach der Konzeption der Verständigung gar nicht Gegenstand einer Verständigung sein dürfen. Zwar wäre es denkbar, die Möglichkeit einer Verständigung abzulehnen, weil keine Einigung erzielt wurde. Ein solcher Ausschluss wäre jedoch sachwidrig. Auch ergebnislose Verständigungserörterungen tangieren sowohl das Informationsinteresse des Angeklagten als auch das der Öffentlichkeit.[205]

Die Mitteilungsflicht entfällt auch nicht dadurch, dass Erörterungen Inhalte zum Gegenstand haben, welche konzeptionell nicht Gegenstand einer Verständigung sein dürfen.[206] Zwar verweist § 243 Abs. 4 StPO auf die Möglichkeit der Verständigung im Sinne des § 257c StPO. Der Verweis eröffnet jedoch „kein

---

204 BGH 1 StR 423/13, Urt. v. 13.2.2014 = StV 2014, 513: „bei der Sondierung der Chancen für eine solche Absprache"; BGH 4 StR 272/13, Beschl. v. 8.10.2013 = StV 2014, 67, 67: „Gespräche, die mit dem Ziel der Verständigung (…) geführt werden"; BGH 1 StR 423/13, Urt. v. 13.2.2014 = StV 2014, 513, 514: „sämtliche, auf eine Verständigung abzielende(n) Erörterungen"; BGH 5 StR 217/14, Beschl. v. 14.7.2014 = StV 2014, 657, 658: „jedes Bemühen um eine Verständigung"; BGH 5 StR 258/13, Beschl. v. 25.2.2015 = NStZ 2015, 232, 233: „Vorbereitung von Verständigungsgesprächen"; OLG Hamburg, 1 RB 58/14, Beschl. v. 27.3.2015 = NStZ 2015, 661, 662: „verständigungsbezogene Gespräche"; OLG Saarbrücken, Ss 40/2016, Urt. v. 20.7.2016 = NStZ 2017, 182, 182: „Gespräch (…) mit verständigungsrelevantem Inhalt".

205 So schon BGH 3 StR 287/10, Beschl. v. 5.10.2010 = StV 2011, 72; BGH 5 StR 217/14, Beschl. v. 14.7.2014 = StV 2014, 657, 658: „ungeachtet des Ergebnisses"; siehe auch BVerfG, 2 BvR 878/14, Beschl. v. 15.1.2015 = NStZ 2015, 170, 172: „Haben Erörterungen (…) außerhalb der Hauptverhandlung stattgefunden, muss der Vorsitzende hierüber nach § 243 Abs. 4 StPO auch bei einem ergebnislosen Verlauf in der Hauptverhandlung umfassend (…) informieren."; BGH 2 StR 75/14, Urt. v. 21.7.2015 = StV 2016, 94, 95.

206 So wohl *Schneider*, in: KK-StPO, § 243 Rn. 38: „Rechtlicher Bezugspunkt ist die Regelung des § 257c Abs. 2. Dort hat der Gesetzgeber mögliche Gegenstände einer Verständigung abschließend aufgezählt. Stehen solche im konkreten Einzelfall nicht inmitten, ist für Mitteilungen nach § 243 Abs. 4 von vornherein kein Raum."

Schlupfloch“[207] für illegale Urteilsabsprachen.[208] Vielmehr ist das Kontrollbedürfnis sogar umso höher, je näher die Inhalte an der Grenze des Zulässigen – oder dahinter – liegen.[209] Dementsprechend müssen gerade solche Absprachen oder diesbezügliche Versuche in der Öffentlichkeit der Hauptverhandlung zur Sprache kommen.

aa) Die Konturierungsansätze von Rechtsprechung und Literatur

Für die Möglichkeit einer Verständigung als Gegenstand einer Erörterung existieren drei Konturierungsansätze unterschiedlicher Reichweite.

(1) Zur Gleichsetzung der Verständigungsmöglichkeit mit der Verständigungsfähigkeit der Erörterungsgegenstände

Teilweise setzt die Rechtsprechung die Verständigungsmöglichkeit mit der Weite der Gegenstände gleich, über welche man sich gemäß § 257c Abs. 1, 2 StPO verständigen darf. Der *Zweite Strafsenat*[210] führte aus, dass ein „Rechtsgespräch (…) einen zulässigen Gegenstand einer Verständigung i.S.v. § 257c Abs. 2 StPO (betreffe und deswegen) (…) entsprechende Dokumentationspflichten[211] aus(löse)“[212]. Dass es maßgeblich auf die Gegenstände möglicher Verständigungen ankomme, bestätigten die Richter in einer späteren Entscheidung.[213]

---

207 *Schlothauer*, in: N/Sch/W, Teil B, § 243 Abs. 4 Rn. 8; *ders.*, in: StV 2013, 679, 681.

208 a.A. *Niemöller*, in: GA 2014, 179, 185 f., der ausführt, dass informellen Verständigungen gerade nicht die „Möglichkeit einer Verständigung (§ 257c StPO)“ zugrunde liegt. Vielmehr würden die Beteiligten schon zu Beginn der Erörterung festlegen, „ob das Ergebnis in die Hauptverhandlung gebracht und dort zum Gegenstand einer Verständigung gemacht werden soll.“

209 Auch *Niemöller*, in: GA 2014, 179, 185 f., spricht von „naheliegend“ und „folgerichtig“, lehnt dies im Ergebnis jedoch ab.

210 BGH 2 StR 410/13, Beschl. v. 3.12.2013 = StV 2014, 515.

211 Unter den Begriff der Dokumentationspflichten fasst der BGH in dieser Entscheidung insbesondere die Mitteilungspflichten gemäß § 243 Abs. 4 StPO; s. zur begrifflichen Differenzierung der Transparenz- von den Dokumentationspflichten die Ausführungen oben Kap. 2 unter A.

212 BGH 2 StR 410/13, Beschl. v. 3.12.2013 = StV 2014, 515, 516.

213 BGH 2 StR 139/14, Urt. v. 17.6.2015 = StV 2016, 92, 93: „Aus diesem Grund unterliegen auch Gespräche (…) über eine Teileinstellung des Verfahrens in der Hauptverhandlung entsprechenden Transparenz- und Dokumentationsregeln. Dies muss auch deshalb gelten, weil die Teileinstellung (…) Gegenstand einer förmlichen Verständigung sein kann.“

Auch *Arnoldi* geht von mitteilungspflichtigen „qualifizierten Erörterungen“[214] aus, „wenn deren Inhalt einer Verständigung zugänglich ist.“[215]

§ 257c Abs. 1, 2 StPO gäbe damit thematisch einen Rahmen für den Verständigungsbezug von Erörterungen vor. Für eine solch klare Abgrenzung zwischen Erörterungen, die auf eine Verständigung abzielen, und allgemeinen Erörterungen ohne Verständigungsbezug, spricht, dass es – jedenfalls theoretisch[216] – nur wenige Unsicherheiten gäbe, ob ein Gespräch mitzuteilen ist.[217] Darüber hinaus entspräche dieses Verständnis der Vorgabe extensiv-präzisierender Auslegung, weil damit eine Vielzahl aller Erörterungen mitzuteilen wäre.

Dennoch ist die Gleichstellung der Verständigungsmöglichkeit mit dem Umfang der zulässigen Verständigungsgegenstände im Ergebnis abzulehnen.[218]

Schon der Wortlaut von § 243 Abs. 4 StPO stützt diese Auslegung nicht. Zwar ließe es der Verweis von § 243 Abs. 4 StPO auf § 257c StPO zu, den Verständigungsbezug mit der Reichweite möglicher Verständigungsgegenstände – und damit der Verständigungsfähigkeit – zu verknüpfen. Jedoch würde dies vernachlässigen, dass das Gesetz nicht bloß auf die Verständigungsgegenstände verweist, sondern vielmehr die Möglichkeit einer Verständigung voraussetzt. Die Gleichstellung der zulässigen Verständigungsgegenstände, das heißt der Verständigungsfähigkeit, mit der Verständigungsmöglichkeit würde die Frage, ob eine Erörterung zur Möglichkeit einer Verständigung stattgefunden hat, abstrahieren. Dies wiederum hätte zur Folge, dass die Verständigungsmöglichkeit losgelöst von den konkreten Umständen im Einzelfall ohne Bezug zu dem Zweck des geführten Gesprächs ermittelt würde.

Dass eine solche Abgrenzung sachfremd ist, zeigt die Gesetzesbegründung. Der Gesetzgeber intendierte mit § 243 Abs. 4 StPO, die „auf eine Verständigung gerichteten Vorgespräche“[219] transparent zu machen. Gespräche, deren Gegenstände allgemeine Fragen des Eröffnungsverfahrens oder die Strukturierung des Hauptverfahrens sind, sollen die Mitteilungspflichten nicht auslösen.[220] Der Gesetzgeber differenzierte damit – bewusst – nicht nach den konkreten

---

214 *Arnoldi*, in: MüKo-StPO, § 243 Rn. 45.

215 Ebd.

216 Hierzu *Walther*, in: Sinn/Schößling, S. 139 Rn. 36, die ausführt, dass die Frage der zulässigen Inhalte von Verständigungen das zweite der beiden Kernprobleme des Verständigungsverfahren ist.

217 *Bittmann*, in: NStZ-RR 2016, 348, 350, spricht von rechtspolitisch wünschenswert.

218 Ebd.; so auch *Pfister*, in: NStZ 2016, 690, 690.

219 Gesetzesentwurf der BReg., BT-Drs. 16/12310, S. 12.

220 Ebd.

Gegenständen von Erörterungen, sondern nach deren Zweck. Maßgebend ist, ob das Gespräch der allgemeinen Verfahrensförderung dient oder der Vorbereitung einer Verständigung.[221] Stellte man nun alleine darauf ab, ob die Inhalte der Erörterungen potenziell verständigungsfähig gewesen sind, ließe sich die Frage des Zwecks des geführten Gesprächs gar nicht beantworten. Auch Erörterungsgegenstände, die einer Verständigung zugänglich sind, können ausschließlich verfahrensorganisatorisch erörtert werden.[222] Die Möglichkeit einer Verständigung stünde dann gerade nicht im Raum.

Ebenso wenig lässt die Systematik eine solche Differenzierung zu. Das Gesetz gibt für Erörterungen im Sinne der §§ 202a, 212 StPO keine inhaltliche Beschränkung vor. Die Erörterungen erfassen alle Umstände, welche einer Verfahrensförderung dienlich sind.[223] Oftmals werden dies Inhalte sein, die im Kontext von Verständigungsgesprächen dann auch Gegenstand einer Verständigung sein können. Dennoch lässt dies keinen Rückschluss darauf zu, dass eine Verständigung im Raum stand.[224] Vielmehr würde die Auslegung, welche die Frage des Verständigungsbezugs mit der Reichweite der tauglichen Verständigungsgegenstände gleichsetzt, den Anwendungsbereich der allgemeinen Erörterungen in einer Art und Weise einebnen, die mit der gesetzlichen Systematik nicht zu vereinbaren ist. Inhalte, die gemäß § 257c Abs. 1, 2 StPO einer Verständigung zugänglich sind, könnten vor diesem Hintergrund ausschließlich verständigungsbezogen erörtert werden.

Des Weiteren betont auch das *BVerfG* die Möglichkeit verfassungsrechtlich unbedenklicher, allgemeiner Erörterungen. Als Beispiel führt es Erörterungen des Sach- oder Rechtsstandes an oder den Hinweis auf die strafmildernde Wirkung eines Geständnisses.[225] Stellt man nun aber alleine auf den Inhalt ab,

---

221 Nach *Bittmann*, in: NStZ-RR 2016, 348, 350, sei es die h. M., die die Erörterungstypen anhand ihres Ziels abgrenzt.

222 So etwa die Frage danach, ob der Angeklagte bereit sei, ein Geständnis abzugeben, weil dies bei der Terminierung der Verhandlungstermine eine entscheidende Rolle spielt.

223 Gesetzesentwurf der BReg., BT-Drs. 16/12310, S. 11 f.

224 Hierzu auch *Schneider*, in: KK-StPO, § 243 Rn. 38: „Doch selbst wenn die Gesprächsteilnehmer verständigungsrelevante Themen aufgreifen, müssen ihre Erörterungen nicht zwingend Mitteilungspflichten nach der vorgenannten Vorschrift begründen; denn in solchen Fällen ist es durchaus vorstellbar, dass die Unterredungen lediglich als mitteilungsirrelevante Rechtsgespräche über den Verfahrensstand iSd § 212 einzustufen sind."

225 BVerfG, 2 BvR 2628/10 u.a., Urt. v. 19.3.2013 = BVerfGE 133, 168, 228 (Rn. 106).

würden insbesondere Erörterungen, deren Gegenstand die Möglichkeit eines Geständnisses ist, zu Erörterungen, deren Gegenstand die Möglichkeit einer Verständigung ist. Auch die Sach- und Rechtslage wird oftmals Umstände beinhalten, welche potentiell einer Verständigung zugänglich wären. Im Ergebnis würden damit kaum noch Erörterungen existieren, die keinen Verständigungsbezug aufweisen.

Die weite Auslegung lässt sich auch nicht mit den Schutzbelangen des Angeklagten oder dem Mitteilungsinteresse der Öffentlichkeit rechtfertigen. Denn auf Grundlage einer ausschließlich abstrakt anzunehmenden Verständigungsmöglichkeit wäre keiner dieser Belange betroffen. Die Möglichkeit einer Verständigung als Erörterungsgegenstand verlangt daher im Ergebnis mehr als die Erörterung von Gegenständen, die einer Verständigung abstrakt-theoretisch zugänglich sind.[226]

(2) Erörterungen mit Bezug zum Verfahrensergebnis

Ein Teil der Rechtsprechung und der Literatur geht davon aus, dass die Möglichkeit einer Verständigung immer dann besteht, wenn Erörterungen einen Bezug zum Verfahrensergebnis aufweisen.[227] Nach *Arnoldi* sind „Erörterungen zum ‚Ergebnis des Verfahrens' grundsätzlich mitteilungspflichtig"[228]. Fehlt es an diesem Bezug, seien die Gespräche „dem Regelungskonzept des Verständigungsgesetzes vorgelagert und von ihm nicht betroffen"[229].

Die Gleichstellung der Verständigungsmöglichkeit mit der Ergebnisbezogenheit der Erörterungen führt jedoch zu einer Ausweitung des Tatbestandes,

226 So später auch der Zweite Senat des BGH in Abkehr seiner früheren Rechtsprechung, BGH 2 StR 123/14, Beschl. v. 8.1.2015 = NStZ 2015, 294: „Die Frage der Fortdauer der Untersuchungshaft kann zwar grundsätzlich Gegenstand einer Verständigung im Sinne von § 257c Abs. 2 StPO sein. Erforderlich für ein auf Verständigung abzielendes Gespräch ist aber, dass die Frage der Untersuchungshaft mit einem für das Verfahren bedeutsamen Verhalten des Angeklagten verknüpft ist oder wird."

227 KG Berlin, (4) 161 Ss 129/13, Beschl. v. 26.8.2013 = StV 2014, 78, 78; BGH 2 StR 139/14, Urt. v. 17.6.2015 = StV 2016, 92, 93; BGH 1 StR 149/15, Beschl. v. 23.7.2015 = StV 2016, 95, 96: „Insbesondere Erörterungen über Strafmaßvorstellungen verleihen einem Rechtsgespräch im Sinne der §§ 202a, 212 StPO ganz besonderes Gewicht. Sie weisen nicht nur einen Konnex zum Verfahrensergebnis auf, sondern betreffen dieses unmittelbar."; BGH 2 StR 121/15, Urt. v. 23.3.2016 = NStZ 2016, 688, 689: „umstrittene Frage von offensichtlich erheblicher Bedeutung für das Prozessergebnis."

228 *Arnoldi*, in: MüKo-StPO, § 243 Rn. 49.

229 KG Berlin, (4) 161 Ss 129/13, Beschl. v. 26.8.2013 = StV 2014, 78, 78.

die mit der Konzeption des Verständigungsgesetzes unvereinbar ist. Der Gesetzgeber, der *BGH* und auch das *BVerfG* betonen durchgehend die Möglichkeit, den Sach- und Rechtsstand des Verfahrens allgemein zu erörtern: „Eine offene, kommunikative Verhandlungsführung (…) (sei) der Verfahrensförderung dienlich (…) (und darüber hinaus) selbstverständliche Anforderung an eine sachgerechte Prozessleitung.“[230] Erörterungen, deren Gegenstand die Möglichkeit einer Verständigung ist, seien als „Unterfall einer ‚Erörterung des Standes des Verfahrens‘ “[231] zu verstehen.

Dieser Unterfall würde durch die Gleichstellung der Verständigungsmöglichkeit mit der Ergebnisbezogenheit aber zum weit überwiegenden Regelfall, weil in der Praxis kaum Erörterungen des Sach- und Rechtsstandes vorkommen, welche nicht jedenfalls auch das Verfahrensergebnis betreffen.[232] Die sachlich-rechtlichen Probleme des Verfahrens lassen sich in aller Regel nicht isoliert betrachten, sondern verlangen einen Blick auf das Ergebnis. Dann gäbe es jedoch kaum noch Erörterungen, die nicht mitteilungspflichtig wären.

Bittmann führt gegen diese Auslegung an, dass die Gleichstellung des Ergebnisbezugs mit der Verständigungsmöglichkeit auch in solchen Fällen einen Verständigungsbezug begründe, bei denen der Inhalt der Erörterung einer Verständigung gar nicht zugänglich wäre, und konstatiert: „Verständigungsbezug trotz Verständigungsverbots!“[233] Allerdings ist es richtig und wichtig, gerade auch solche Erörterungen der Mitteilungspflicht zu unterwerfen, deren Inhalte einer rechtmäßigen Verständigung im Sinne des § 257c StPO gar nicht zugänglich sind.[234] Die Argumentation *Bittmanns* verdeutlicht daher eher einen Umstand, der entgegen *Bittmann* sogar für eine Abgrenzung anhand eines Ergebnisbezugs spricht.

Die ergebnisbezogene Abgrenzung von Erörterungen mit zu Erörterungen ohne Verständigungsbezug ist insgesamt jedoch aufgrund der damit

---

230 BVerfG, 2 BvR 2628/10 u.a., Urt. v. 19.3.2013 = BVerfGE 133, 168, 228 (Rn. 106); BGH 1 StR 237/13, Beschl. v. 3.9.2013 = StV 2013, 740, 741; hierzu weiter BGH 5 StR 9/15, Beschl. v. 14.4.2015 = StV 2016, 87, 88: „(D)er Gesetzgeber hielt auch die Mitteilung einer Ober- und Untergrenze der nach dem Verfahrensstand vorläufig zu erwartenden Strafe durch das Gericht für ein Beispiel einer offenen Verfahrensführung (…), die inzwischen eine selbstverständliche Anforderung an eine sachgerechte Prozessleitung ist.“; Gesetzesentwurf der BReg., BT-Drs. 16/12310, S. 11.

231 Gesetzesentwurf der BReg., BT-Drs. 16/12310, S. 12.

232 *Bittmann*, in: NStZ-RR 2016, 348, 350.

233 Ebd.

234 *Schlothauer*, in: N/Sch/W, Teil B, § 243 Abs. 4 Rn. 8; *ders.*, in: StV 2013, 679, 681.

verbundenen Ausweitung des Tatbestandes und des Widerspruchs zur gesetzlichen Konzeption abzulehnen.[235]

(3) Erörterungen mit dem Ziel einer Verständigung – Das Konnexitätserfordernis

Vielfach setzen sowohl die Gerichte[236] als auch die Literatur[237] die Möglichkeit einer Verständigung schlicht damit gleich, dass Erörterungen stattfinden, deren Ziel eine Verständigung ist oder die eine solche vorbereiteten.[238] Für die Abgrenzung der allgemeinen zu den verständigungsbezogenen Erörterungen ergeben sich hieraus ebenso subjektive wie objektive Voraussetzungen: Subjektiv ist ein Verständigungswille der Erörterungsbeteiligten erforderlich. Nach *Bittmann* ist das Ziel einer bindenden Festlegung des Fortgangs oder des Ergebnisses für den Verständigungsbezug „konstitutiv“[239]. Objektiv erfordert die Möglichkeit einer Verständigung, dass die Erörterungsbeteiligten Verhaltensweisen des Angeklagten mit dem Fortgang oder dem Ergebnis des Gerichtsverfahrens verknüpfen. Der *Dritte Strafsenat* entschied, dass „ein Gegenseitigkeitsverhältnis

235 Deutlich *Bittmann*, in: NStZ-RR 2016, 348, 350, der eine Auslegung erkennt, die „mit den Regeln der juristischen Methodenlehre (nicht) vereinbar (sei)“.

236 BGH 1 StR 423/13, Urt. v. 13.2.2014 = StV 2014, 513: „bei der Sondierung der Chancen für eine solche Absprache“; BGH 4 StR 272/13, Beschl. v. 8.10.2013 = StV 2014, 67, 67: „Gespräche, die mit dem Ziel der Verständigung (…) geführt werden“; BGH 1 StR 423/13, Urt. v. 13.2.2014 = StV 2014, 513, 514: „sämtliche, auf eine Verständigung abzielende(n) Erörterungen“; BGH 5 StR 217/14, Beschl. v. 14.7.2014 = StV 2014, 657, 658: „jedes Bemühen um eine Verständigung“; BGH 5 StR 258/13, Beschl. v. 25.2.2015 = NStZ 2015, 232, 233: „Vorbereitung von Verständigungsgesprächen“; OLG Hamburg, 1 RB 58/14, Beschl. v. 27.3.2015 = NStZ 2015, 661, 662. „verständigungsbezogene Gespräche“; OLG Saarbrücken, Ss 40/2016, Urt. v. 20.7.2016 = NStZ 2017, 182., 182: „Gespräch (…) mit verständigungsrelevantem Inhalt“.

237 *Bittmann*, in: NStZ-RR 2016, 348, 350; *ders.*, in: NStZ 2016, 425, 426; *Franke*, in: SSW-StPO, § 243 Rn. 15; *Frister*, in: SK-StPO, § 243 Rn. 44e; *Schmitt*, in: Meyer-Goßner/Schmitt, § 243 Rn. 18a; *Schneider*, in: KK-StPO, § 243 Rn. 38: entscheidend ist ein „Rechtsbindungswille in Gestalt der Absicht der daran Beteiligten zur Herbeiführung einer rechtlich belastbaren Übereinkunft“.

238 *Bittmann*, in: NStZ 2016, 425, 426: „Erörterung und Verständigung unterscheiden sich fundamental und zwar im Hinblick auf das jeweilige Ziel: Während der unverbindliche Gedankenaustausch die Erörterung kennzeichnet, wird mit einer Verständigung eine verlässliche Regelung angestrebt.“

239 *Bittmann*, in: NStZ-RR 2016, 348, 350.

im Sinne von Leistung und Gegenleistung“[240] vorliegen müsse. Der *Fünfte Strafsenat* verlangt einen „synallagmatischen Konnex“[241].

Die Rechtsprechung wiederholt damit jedoch bloß die Auslegung des *BVerfG*.[242] Eine Präzisierung des Verständigungsbezugs findet nicht grundsätzlich statt, sondern allenfalls dadurch, dass die Rechtsprechung die Relevanz des subjektiven Elementes herausstellt. Der Verständigungsbezug ist danach in erster Linie davon abhängig, ob die Parteien mit der Erörterung auf eine Verständigung abzielen oder eine solche vorbereiten wollen. Allerdings klärt diese Rechtsprechung nicht, auf welchen objektiven Umständen der Verständigungswille beruhen soll.

Damit bleibt offen, wie konkret die Verknüpfung etwaiger Verständigungsinhalte ausfallen muss, um darauf aufbauend einen Verständigungswillen annehmen zu können. Der Ansicht des *Ersten Strafsenats*, dass es der Äußerung eines „konkrete(n) Verständigungsvorschlag(s)“[243] bedarf[244], widerspricht der *Fünfte Strafsenat*: Der Bewertung als Verständigungserörterung stehe es nicht entgegen, „(d)ass die Besprechung zum Inhalt einer Verständigung wenig konkret war, namentlich von keinem Beteiligten Strafmaßvorstellungen zur Diskussion gestellt wurden“[245]. Dass aber eine gewisse inhaltliche Schwelle

---

240 BGH 3 StR 153/16, Urt. v. 28.7.2016 = StV 2016, 772, 773; ebenso BGH 1 StR 172/16, Urt. v. 26.10.2016 = NZWiSt 2017, 68, 72; BGH 4 StR 536/16, Beschl. v. 19.7.2017 = wistra 2017, 446, 446: „Entgegenkommen (…) im Sinne eines ‚do ut des‘“; BGH 2 StR 576/15, Urt. v. 3.5.2017 = StV 2018, 8.

241 BGH 5 StR 9/15, Beschl. v. 14.4.2015 = StV 2016, 87, 89; ebenso BGH 1 StR 172/16, Urt. v. 26.10.2016 = NZWiSt 2017, 68, 72; BGH 4 StR 536/16, Beschl. v. 19.7.2017 = wistra 2017, 446, 446.

242 BVerfG, 2 BvR 2628/10 u.a., Urt. v. 19.3.2013 = BVerfGE 133, 168, 216 (Rn. 85): Die Mitteilungspflicht greife ein, „sobald bei im Vorfeld oder neben der Hauptverhandlung geführten Gesprächen ausdrücklich oder konkludent die Möglichkeit oder Umstände (…) einer Verständigung im Raum stehen. Dies (sei) jedenfalls dann der Fall, wenn Fragen des prozessualen Verhaltens in Konnex zum Verfahrensergebnis gebracht werden und damit die Frage nach oder die Äußerung zu einer Straferwartung naheliegt.“

243 BGH 1 StR 242/14, Beschl. v. 18.12.2014 = NStZ 2015, 352, 352.

244 Exemplarisch BGH 3 StR 470/14, Urt. v. 23.7.2015 = StV 2016, 81, 82, der eine Verständigungserörterung für den Fall annahm, dass auf die Frage der Erörterungsbereitschaft die Nennung einer Strafobergrenze folgt; weiter auch BGH 3 StR 511/16, Beschl. v. 18.5.2017 = StV 2018, 1, 2.

245 BGH 5 StR 20/15, Urt. v. 14.4.2015 = NStZ 2015, 537, 538 (nicht abgedruckt in StV 2016, 97).

überschritten werden muss, um eine Verständigungserörterung annehmen zu können, zeigt ein weiteres Urteil des *Fünften Strafsenats*, wonach Äußerungen des Vorsitzenden, die im konkreten Fall aus Sicht der Verteidigung sehr vage geblieben waren, noch keine Verständigungserörterung darstellen sollen. Es handle sich dabei vielmehr um einen Akt kommunikativer Verfahrensführung.[246] Im Ergebnis fehlt es hiermit nicht nur an einer klaren Rechtsprechungslinie, sondern die Differenzen innerhalb der Rechtsprechung zur Beurteilungsgrundlage des Verständigungsbezugs sind sehr groß.

Des Weiteren missversteht die Revisionsrechtsprechung zum Teil das Kriterium des synallagmatischen Konnexes. Für die Möglichkeit einer Verständigung ist maßgeblich – so das *BVerfG* im Verständigungsurteil – ob eine Verknüpfung von Verhaltensweisen des Angeklagten mit dem weiteren Fortgang oder dem Ergebnis des Verfahrens stattfindet.[247] Das *KG Berlin* entschied in dem Zusammenhang jedoch, dass die Möglichkeit einer Verständigung eine „Verknüpfung der (…) Erörterungen (…) mit einem bestimmten Verfahrensausgang“[248] voraussetze. Auch der *Erste Strafsenat* hielt einen Konnex des Erörterungsinhaltes mit dem Verfahrensergebnis für maßgeblich.[249] Die vorstehenden Entscheidungen verkennen, dass es für die Möglichkeit einer Verständigung nicht darauf ankommt, Inhalte zu erörtern, die das Verfahrensergebnis betreffen, sondern darauf, dass Verhaltensweisen des Angeklagten in einen – synallagmatischen – Konnex zum Verfahrensergebnis gestellt werden.[250] Dass Erörterungsinhalte das Verfahrensergebnis betreffen, sagt an sich noch nichts über die Möglichkeit einer Verständigung aus.

---

246 BGH 5 StR 9/15, Beschl. v. 14.4.2015 = StV 2016, 87, 89.

247 BVerfG, 2 BvR 2628/10 u.a., Urt. v. 19.3.2013 = BVerfGE 133, 168, 216 (Rn. 85).

248 KG Berlin, (4) 161 Ss 129/13, Beschl. v. 26.8.2013 = StV 2014, 78, 78, wobei das KG im Wege eines Klammerzusatzes klarstellt, dass mit dem Begriff der Erörterung wohl das angestrebte Verhalten des Angeklagten – die Berufungsbeschränkung – gemeint ist.

249 BGH 1 StR 149/15, Beschl. v. 23.7.2015 = StV 2016, 95, 96: „Erörterungen über Strafmaßvorstellungen verleihen einem Rechtsgespräch im Sinne der §§ 202a, 212 StPO ganz besonderes Gewicht. Sie weisen nicht nur einen Konnex zum Verfahrensergebnis auf, sondern betreffen dieses unmittelbar. Eine Mitteilung über Erörterungen im Sinne des § 243 Abs. 4 StPO, welche auf thematisierte Erwartungen zur Strafhöhe nicht im Einzelnen hinweist, ist alleine aus diesem Grunde rechtsfehlerhaft.“

250 Dies verkennt auch BGH 2 StR 262/20, Beschl. v. 6.10.2020 = StV 2021, 3, da die geäußerten Zielvorstellungen der Verteidigung – soweit in der Beschlussbegründung erkennbar – nicht im Konnex zu Verhaltensweisen des Angeklagten standen.

Die Rechtsprechung hat damit vor dem Hintergrund der Vorgaben des *BVerfG* keine klaren Kriterien entwickelt, welche eine verlässliche Aussage darüber zuließen, ob eine Erörterung – inhaltlich – den Mitteilungspflichten unterfällt, § 243 Abs. 4 StPO.[251] Zudem entschied der *Fünfte Strafsenat*, dass die bloße Möglichkeit ausreiche, die Gespräche als Erörterung einer Verständigung zu verstehen. „(J)edes ausdrückliche oder konkludente Bemühen um eine Verständigung in Gesprächen, die (…) als Vorbereitung einer Verständigung verstanden werden *können*"[252] sei mitteilungspflichtig. Ebenso entschieden der *Zweite Strafsenat*[253], der *Dritte Strafsenat*[254] und das *OLG Hamm*[255]. Für die Tatgerichte ist es deswegen nahezu unmöglich, einzuschätzen, „ob (…) (sie) sich noch auf rechtlich abgesichertem Boden befinde(n)."[256] Weiter ist es „(i)n Unkenntnis des beim Revisionssenat herrschenden ‚Verständnisses' "[257] über die Abgrenzungskriterien sogar dem Zufall überlassen, ob sich das Verständnis des Tatgerichts mit dem des Revisionsgerichts deckt. Der Bestand der (tat-)gerichtlichen Entscheidung hängt damit regelmäßig vom Zufall ab.

Zudem führt dieser weite Ansatz, wonach es nur möglich sein muss, die Erörterung in einen Verständigungsbezug zu setzen, zu einer starken Abstrahierung der Kriterien für einen Verständigungsbezug. Mitteilungspflichtig sind dann alle Gespräche, deren Gegenstand aus objektiv-unbeteiligter Sicht des Revisionsgerichtes möglicherweise die Möglichkeit einer Verständigung gewesen ist. Im Ergebnis ist es damit kaum noch maßgeblich, ob die Gespräche des Tatgerichtes tatsächlich auf eine Verständigung abzielten. Für die Tatrichter bedeutet dies, dass sie sich nun immer fragen müssen, ob objektiv – und fernab ihres eigenen Verständnisses von der Erörterung – die Möglichkeit besteht, die Erörterung in einen Verständigungsbezug zu stellen.

---

251 So auch das Ergebnis von *Bittmann*, in: NStZ 2019, 686, 686.

252 BGH 5 StR 9/15, Beschl. v. 14.4.2015 = StV 2016, 87, 88.

253 BGH 2 StR 121/15, Urt. v. 23.3.2016 = NStZ 2016, 688, 689: „zumindest als Vorbereitung einer Verständigung verstanden werden können."

254 BGH 3 StR 153/16, Urt. v. 28.7.2016 = StV 2016, 772, 774; „Es lag daher nicht fern, die Äußerung des Vorsitzenden so zu verstehen, dass er damit – jedenfalls durch schlüssiges Verhalten – das von der Verteidigung angestrebte Verfahrensergebnis in einen synallagmatischen Zusammenhang mit einem prozessualen Verhalten – dem Geständnis des Angeklagten – brachte".

255 OLG Hamm, 2 RVs 47/15, Beschl. v. 29.12.2015 = StV 2016, 791, 792 f.: Der Hinweis des Vorsitzenden sei „bei verständiger Würdigung" nur im Sinne einer Initiierung von Verständigungsgesprächen zu verstehen.

256 *Pfister*, in: NStZ 2016, 690, 690.

257 Ebd.

Aus der Perspektive des *BVerfG*[258] und vor dem Hintergrund des massiven Normvollzugsdefizites[259] überzeugt die Weite der Mitteilungspflichten zwar, die sich aus der Rechtsprechung ergibt. Denn nur so lässt sich bereits jeder Versuch der Verfahrensbeteiligten, sich informell zu verständigen, als mitteilungspflichtige Erörterung der Möglichkeit einer Verständigung verstehen. Darüber hinaus verwundert es angesichts dessen auch nicht, dass die Revisionsrechtsprechung nicht in der Lage ist, klare Vorgaben zu machen, wenn schon die Möglichkeit ausreichen soll, dass die Gespräche die Möglichkeit einer Verständigung zum Gegenstand hatten. Auch dass die Auslegung zum Teil dazu führt, dass Gespräche der Mitteilungspflicht unterfallen, die nicht der Vorbereitung einer Verständigung dienen, ist unter der Maßgabe, dass in Zweifelsfällen eine Mitteilung erfolgen muss, folgerichtig und sachgerecht.

Doch bewegt sich die Rechtsprechung auch hier an der Grenze des Gesetzeswortlauts. Denn indem sie § 243 Abs. 4 StPO, der vorgibt, dass Erörterungen zur Möglichkeit einer Verständigung mitteilungspflichtig sind, so versteht, dass die Erörterungen nur möglicherweise die Möglichkeit einer Verständigung zum Gegenstand haben müssen, um die Mitteilungspflichten zu begründen, ergänzt sie den Tatbestand faktisch um ein weiteres bedeutungsoffenes Kriterium, welches das Gesetz nicht vorgibt.

bb) Resümee

Teilweise hat die Rechtsprechung die Verständigungsmöglichkeit mit der Weite der Gegenstände gleichgesetzt, über die man sich gemäß § 257c Abs. 1, 2 StPO verständigen darf. Ein anderer Teil ist davon ausgegangen, dass die Möglichkeit einer Verständigung immer dann besteht, wenn Erörterungen einen Bezug zum Verfahrensergebnis aufweisen. Diesen beiden Ansätzen ist nicht zu folgen. In beiden Fällen ergäbe sich ein Verständnis, das mit der Konzeption des Verständigungsgesetzes unvereinbar wäre.

Für die Möglichkeit einer Verständigung als Erörterungsgegenstand ist maßgebend, ob eine Erörterung darauf abzielt, eine Verständigung vorzubereiten. Entscheidend ist der Wille der Verfahrensbeteiligten, sich zu verständigen. Die Abgrenzung der mitteilungspflichtigen Erörterungen zu den nicht mitteilungspflichtigen Erörterungen begründet so eine Parallele zur generellen

---

258 Gemeint sind die Wertungen des BVerfG im Verständigungsurteil, s. oben Kap. 1 unter C.II. und unter C.IV.

259 s. oben Kap. 1 unter C.I.

Abgrenzung der Erörterung zur Verständigung: In beiden Fällen maßgeblich ist das Ziel der Gespräche.

Ob eine Erörterung darauf abzielt, eine Verständigung vorzubereiten, ist anhand objektiver Kriterien im Einzelfall zu ermitteln. Für die Beurteilungsgrundlage fehlt es in der Rechtsprechung jedoch an klaren Anforderungen. Die Konturlosigkeit, die sich aus den fehlenden Vorgaben ergibt, führt dazu, dass eine eindeutige Aussage darüber, ob bei Erörterungen die Möglichkeit einer Verständigung im Raum steht, nicht möglich ist.

Allerdings führt die Konturlosigkeit auch dazu, dass jeder Versuch einer Absprache im Einzelfall nach § 243 Abs. 4 StPO mitzuteilen ist. Zudem dürfte es auf Grundlage der Zweifelsregelung des *BVerfG* gar nicht möglich sein, strikte Vorgaben zu machen. Die Offenheit der Auslegung ist damit vielmehr sogar notwendig, um den Vorgaben des *BVerfG* Geltung zu verschaffen.

cc) Sonderfall: Erörterungen mit dem Ziel einer Verfahrenseinstellung

Erörterungen, deren Gegenstand die Möglichkeit einer Verfahrenseinstellung ist, begründen auf Grund ihrer praktischen Nähe zu Verständigungserörterungen einen Sonderfall der Mitteilungspflichten nach § 243 Abs. 4 StPO.[260] Für die sachgerechte Abgrenzung von mitteilungspflichtigen zu nicht mitteilungspflichtigen Einstellungserörterungen bedarf es deshalb eines zusätzlichen Kriteriums.

(1) Zur Möglichkeit einer vollständigen Verfahrenseinstellung

(a) Rechtsprechung

Das *KG Berlin* entschied bereits sehr früh, dass die Erörterung einer vollständigen Verfahrenseinstellung keine Erörterung im Sinne des § 257c StPO[261] sei, weswegen es in diesen Fällen auch keiner Mitteilung nach § 243 Abs. 4 StPO bedürfe.[262] Es präzisierte, Gegenstand dieser Gespräche sei explizit kein

260 *Göttgen*, in: Alternativen zur Verständigung, S. 160, spricht davon, dass die Verknüpfung beider Rechtsinstitute problembehaftet sei.

261 Die Mitteilungspflichtigkeit derartiger Erörterungen ist von der hier nicht besprochenen Frage zu trennen, inwieweit vollständige Verfahrenseinstellungen überhaupt Gegenstand einer Verständigung im Sinne des § 257c StPO sein können, vgl. zu den möglichen Gegenständen einer Verständigung *Velten*, in: SK-StPO, 257c Rn. 10 ff.

262 KG Berlin, (2) 161 Ss 132/13, Beschl. v. 10.1.2014 = StV 2014, 522, 522; ebenso entschied das Hanseatische OLG in einem nicht veröffentlichten Beschluss: „Denn diese Entscheidung [über die Einstellung nach § 153a StPO] hatten nicht die Möglichkeit einer Verständigung gemäß § 257c StPO zum Gegenstand. (…) Die vollständige Einstellung eines Strafverfahrens gegen die Zahlung einer Geldauflage

Urteil.[263] Zudem führte es aus, dass das Gebot umfassender Transparenz ausschließlich verständigungsbasierte Urteile betreffe und Einstellungen jederzeit auch außerhalb der öffentlichen Hauptverhandlung möglich seien, ohne dass dies einen Anlass böte, an der Verfassungsmäßigkeit zu zweifeln.[264] Eine Mitteilung sei darüber hinaus auch deswegen nicht erforderlich, weil die gesetzlichen Schutzmechanismen ausreichend seien oder es an einer Schutzbedürftigkeit fehle.[265]

Demgegenüber entschied das *OLG Hamburg*, dass auch Gespräche über eine Totaleinstellung des Verfahrens (§§ 153, 153a StPO) grundsätzlich Gegenstand mitteilungspflichtiger Erörterungen nach § 243 Abs. 4 S. 1 StPO sein können.[266] Als Verständigungsgegenstand kommen auch sonstige verfahrensbezogene Maßnahmen im zugrundeliegenden Erkenntnisverfahren, also auch Einstellungsentscheidungen in Betracht, soweit dem Gericht ein Beurteilungs- oder Ermessensspielraum eingeräumt sei.[267] Auch das *BVerfG* äußerte sich in einer Entscheidung – am Rande – dazu, dass zulässiger Gegenstand einer Verständigung nach § 257c Abs. 2 StPO eine vollständige Verfahrenseinstellung sein könne.[268] Zuletzt führte der *Erste Strafsenat*[269] – anknüpfend an den Beschluss des *BVerfG* – aus, dass Gespräche über eine vollständige Verfahrenseinstellung gemäß § 153 a StPO mitteilungsbedürftig nach § 243 Abs. 4 StPO seien.[270]

(b) Kritische Würdigung

Obgleich die vollständige Verfahrenseinstellung eine verfahrensbezogene Maßnahme darstellt, und Erörterungen zu den §§ 153, 153a StPO darüber hinaus mit einem Verhandeln der Verfahrensbeteiligten über die Kosten oder etwaige Auflagen und Weisungen einhergehen, was prototypisch der Verständigungskonzeption ähnelt und eine synallagmatische Verknüpfung von

---

gemäß § 153a StPO stellt nicht nur kein Urteil, sondern auch keine einem Urteil in seiner Tragweite vergleichbare Entscheidung dar, die den besonderen Schutz umfassender Mitteilungspflichten erfordern würde.“, OLG Hamburg, 3 Rev 8/14, Beschl. v. 7.2.2014.

263 KG Berlin, (2) 161 Ss 132/13, Beschl. v. 10.1.2014 = StV 2014, 522, 522.

264 KG Berlin, (2) 161 Ss 132/13, Beschl. v. 10.1.2014 = StV 2014, 522, 522 f.

265 KG Berlin, (2) 161 Ss 132/13, Beschl. v. 10.1.2014 = StV 2014, 522, 523.

266 OLG Hamburg, 1 RB 58/14, Beschl. v. 27.3.2015 = NStZ 2015, 661, 662.

267 Ebd.

268 BVerfG, 2 BvR 1422/15, Beschl. v. 21.4.2016 = StV 2016, 409, 411: „Dabei spielt es keine Rolle, ob das Verfahren ganz oder nur zum Teil eingestellt wird.“

269 BGH 1 StR 571/15, Beschl. v. 10.5.2016 = NStZ 2016, 743, 744.

270 Ebd.

Handlungsbeiträgen zulässt, unterfallen Erörterungen, die eine vollständige Verfahrenseinstellung zum Gegenstand haben, in aller Regel nicht den Mitteilungspflichten nach § 243 Abs. 4 StPO.

Denn die Entscheidung des Gerichts, von einer Strafe abzusehen und das Verfahren vollständig einzustellen, unterfällt als urteils*vertretende* Entscheidung nicht der Verständigungskonzeption.[271] Das *KG Berlin* entschied deshalb zu Recht, dass der Verständigungsbezug einer Erörterung abzulehnen sei, wenn Gespräche „kein Urteil zum Gegenstand haben."[272]

Die Rechtsprechung, die darlegt, dass vollständige Verfahrenseinstellungen als verfahrensbezogene Maßnahmen Gegenstand einer Verständigung nach § 257c StPO sein können, führt im Hinblick auf die Mitteilungspflichten nach § 243 Abs. 4 StPO zu einem Trugschluss. Sie verkennt, dass nur urteilsbeeinflussende Maßnahmen – und nicht urteilsersetzende Entscheidungen – im Sinne der Konzeption des Verständigungsgesetzes Gegenstand einer Verständigung und diesbezüglicher Erörterungen sein können.[273]

Dass es einer Differenzierung danach bedarf, ob die Verfahrensbeteiligten eine urteilsvertretende oder eine -beeinflussende Entscheidung des Gerichts anstreben, bestätigt die Konzeption der Dokumentationspflichten des Verständigungsgesetzes. Denn die Dokumentationspflichten nach § 273 Abs. 1a StPO, die unmittelbar mit den Mitteilungspflichten nach § 243 Abs. 4 StPO einhergehen, und welche dazu dienen, die Revision zu ermöglichen, ergeben für urteilsvertretende Entscheidungen nach den §§ 153 ff. StPO schlichtweg keinen Sinn, weil die Einstellungsbeschlüsse – als urteilsvertretende Entscheidung – gar nicht anfechtbar sind, §§ 153 Abs. 2 S. 4, 153a Abs. 2 S. 3 StPO.

Weiter begründet die Erörterung einer vollständigen Verfahrenseinstellung, bei welcher entweder die Kostenfrage oder die Auflagen und Weisungen durch die Verfahrensbeteiligten ausgehandelt werden, auch keine „Verständigung unter dem Deckmantel einer Einstellung", welche das Gericht nach § 243 Abs. 4 StPO mitteilen muss. Das *KG Berlin* entschied zutreffend, dass eine

---

271 „Die vollständige Einstellung eines Strafverfahrens gegen die Zahlung einer Geldauflage gemäß § 153a StPO stellt nicht nur kein Urteil, sondern auch keine einem Urteil in seiner Tragweite vergleichbare Entscheidung dar, die den besonderen Schutz umfassender Mitteilungspflichten erfordern würde.", OLG Hamburg, 3 Rev 8/14, Beschl. v. 7. 2.2014; *Bittmann*, in: NStZ 2016, 744, 745.

272 KG Berlin, (2) 161 Ss 132/13, Beschl. v. 10.1.2014 = StV 2014, 522, 522.

273 *Bittmann*, in: NStZ 2016, 744, 745, spricht mit Blick auf die Differenzierung von einer „sachgerechte(n) und auch der inneren Logik des VerStG entsprechende(n) Differenzierung".

Mitteilung bei Erörterungen, welche die §§ 153, 153a StPO betreffen, deshalb nicht notwendig sei, weil der Angeklagte nicht schutzwürdig[274] oder jedenfalls durch sein Zustimmungserfordernis ausreichend geschützt[275] sei.[276] Jede andere Sichtweise würde die transparenzrechtliche Diskussion, die alleine das Verständigungsgesetz betrifft, auf die Konzeption der §§ 153 ff. StPO übertragen. Im Zusammenhang mit § 243 Abs. 4 StPO ist aber nicht fraglich, ob die Transparenzanforderungen der Verfahrenseinstellungsentscheidungen nach §§ 153 ff. StPO ausreichend sind, sondern es geht allein darum, in welchen Konstellationen sich die Anwendungsbereiche der Einstellungsentscheidungen nach § 153 ff. mit dem des Verständigungsgesetzes in einer Art und Weise überschneiden, dass die Möglichkeit einer Verständigung nach § 257c StPO im Raum steht.

Die vollständige Verfahrenseinstellung durch das Gericht stellt vor diesem Hintergrund nur dann eine urteilsbeeinflussende Entscheidung dar, deren Erörterung das Gericht – unter Beachtung der allgemeinen Voraussetzungen der Mitteilungspflicht – nach § 243 Abs. 4 StPO mitteilen muss, wenn eine „verfahrensübergreifende Verständigung“ stattfindet. Die Erörterung einer solchen Gesamtlösung, bei der die Einstellung eines Verfahrens von einem prozessrelevanten Verhalten des Angeklagten in einem anderen Verfahren abhängig gemacht wird, zielt nicht nur auf eine urteils*vertretende* Entscheidung ab: Sie bezweckt darüber hinaus auch eine Urteils*beeinflussung*. Weiterhin wäre bei diesem Erörterungsinhalt ein synallagmatischer Konnex zwischen einem Prozessverhalten des Angeklagten und dem Verfahrensfortgang gegeben. Zwar ist diese Form der „Gesamtlösung“ unzulässig.[277] Das Gericht darf sich nur hinsichtlich solcher Sachverhalte verständigen, die Gegenstand der Anklage und damit Gegenstand des Verfahrens sind. Auch aus dem Wortlaut des § 257c Abs. 2 StPO folgt, dass sich das Gericht nur über „verfahrensbezogene Maßnahmen im zugrundeliegenden Erkenntnisverfahren“ verständigen darf.[278]

---

274 Bei § 154 StPO.

275 Bei §§ 153, 153a StPO.

276 KG Berlin, (2) 161 Ss 132/13, Beschl. v. 10.1.2014 = StV 2014, 522, 523; ebenso OLG Hamburg, 3 Rev 8/14, Beschl. v. 7. 2.2014.

277 Eingehend hierzu *Bittmann*, in: NStZ 2015, 545, 551; siehe auch *Schmitt*, in: Meyer-Goßner/Schmitt, § 257c Rn. 13, der darlegt, dass derartige Gesamtlösungen durchaus zulässig sind, wenn diese außerhalb des Verständigungsverfahrens als Vereinbarung mit der Staatsanwaltschaft stattfinden.

278 Des Weiteren steht einer derartigen Gesamtlösung mit dem Gericht das Akkusationsprinzip im Weg.

Dennoch kommen derartige Gesamtlösungen regelmäßig in der Praxis vor.[279] Daher geböte auch der Sinn und Zweck von § 243 Abs. 4 StPO eine Mitteilung, da die Illegalität des Vorgehens mit einem Informationsinteresse der Öffentlichkeit einherginge und auch die Verteidigungsposition des Angeklagten infolge der Absprache betroffen wäre.

(2) Zur Möglichkeit einer Teileinstellung
Erörterungen zur Möglichkeit einer Teileinstellung nach § 154 StPO oder Beschränkung des Verfahrens nach § 154a StPO sind mitzuteilen, wenn die Entscheidung nach §§ 154, 154a StPO als möglicher Inhalt einer möglichen Verständigung erörtert wird, diese Entscheidung also im Konnex mit einem Verhalten des Angeklagten steht.[280] Der Gesetzentwurf des Bundesrats, nach welchem die §§ 154, 154a StPO von einer Verständigung „unberührt"[281] bleiben sollten, hat sich nicht durchsetzen können.[282] Sowohl die Teileinstellung als auch die Verfahrensbeschränkung stellen eine urteilsbeeinflussende Entscheidung des Gerichts dar.[283] Sie tangieren damit nicht nur den Fortgang und das Ergebnis des Verfahrens, sondern sie sind auch synallagmatisch mit einem verfahrensrelevanten Verhalten des Angeklagten verknüpft. Denn für die Möglichkeit einer Verständigung als Erörterungsgegenstand kommt es nur darauf an, ob die Verfahrensbeteiligten die Entscheidung, das Verfahren teilweise einzustellen oder dieses zu beschränken, von einem Prozessverhalten des Angeklagten abhängig machen.[284] Die Differenzierung unterliegt damit den gleichen

---

279 *Altenhain/Jahn/Kinzig*, in: Die Praxis der Verständigung im Strafprozess, S. 515: „Als eines der wiederkehrenden Problemfelder stellte sich die sogenannte Gesamtlösung dar, bei der Sachverhalte in die Verständigung einbezogen werden, die ihrerseits nicht Teil der Anklage sind."

280 KG Berlin, (2) 161 Ss 132/13, Beschl. v. 10.1.2014 = StV 2014, 522, 523: „ Etwas anders gilt allerdings dann, wenn Teileinstellungen Gegenstand der Erörterungen sind, denn diese können selbstverständlich Einfluss auf Schuld- und Strafausspruch des im Übrigen ergehenden Urt. haben (...)."; OLG Hamburg, 1 RB 58/14, Beschl. v. 27.3.2015 = NStZ 2015, 661, 662; BGH 2 StR 139/14, Urt. v. 17.6.2015 = StV 2016, 92; BVerfG, 2 BvR 1422/15, Beschl. v. 21.4.2016 = StV 2016, 409, 411; wohl auch BGH 4 StR 343/16, Beschl. v. 6.12.2016 = StV 2018, 10; BGH 2 StR 576/15, Urt. v. 3.5.2017 = StV 2018, 8; BGH 4 StR 536/16, Beschl. v. 19.7.2017 = wistra 2017, 446.

281 Gesetzesentwurf des BRats, BT-Drucks. 16/4197, S. 5.

282 BGH 2 StR 139/14, Urt. v. 17.6.2015 = StV 2016, 92, 93.

283 s. auch die Differenzierung *Bittmanns*, in: NStZ 2016, 744, 745.

284 BGH 1 StR 2/19, Beschl. v. 23.7.2019 = StV 2021, 4; BVerfG, 2 BvR 1422/15, Beschl. v. 21.4.2016 = StV 2016, 409, 410 f.: „Leistung und Gegenleistung", „synallagmatische Verknüpfung", „wechselseitige Verknüpfung"; BGH 4 StR 343/16, Beschl.

Kriterien wie bei der Abgrenzung von mitteilungspflichtigen zu nicht mitteilungspflichtigen Erörterungen im Allgemeinen.[285]

(3) Resümee

Die Revisions- und Verfassungsrechtsprechung lässt keine eindeutige Antwort auf die Frage zu, ob Erörterungen zur Möglichkeit einer vollständigen Verfahrenseinstellung nach den §§ 153, 153a StPO nach § 243 Abs. 4 StPO mitzuteilen sind. Die praktische Nähe von Einstellungs- zu Verständigungserörterungen, die sich daraus ergibt, dass insbesondere die Einstellung nach § 153a StPO wie eine Verständigung typischerweise mit einem Verhandeln der Verfahrensbeteiligten einhergeht, führt zu Unsicherheiten, die sich bezüglich der Erörterungen zur Möglichkeit einer vollständigen Verfahrenseinstellungen in der Rechtsprechung abzeichnen.

Dabei ist es – mit dem *KG Berlin* – vor dem Hintergrund der Mitteilungspflichten nach § 243 Abs. 4 StPO sachgerecht, zur Abgrenzung darauf abzustellen, ob die Erörterungen eine urteilsersetzende oder urteilsbeeinflussende Entscheidung des Gerichts zum Gegenstand haben. Nur urteilsbeeinflussende Entscheidungen des Gerichts können Gegenstand einer Verständigung sein.[286] Erörterungen, welche die Möglichkeit einer vollständigen Verfahrenseinstellung thematisieren, sind weder nach der gesetzlichen Konzeption der Verständigung (§ 257c StPO) noch im Sinne des herrschenden Verständnisses über die Reichweite der Mitteilungspflichten mitteilungspflichtig.

Zielt die Erörterung hingegen auf eine Teileinstellung oder eine Beschränkung des Verfahrens ab, §§ 154, 154a StPO, ist die Erörterung nur dann mitteilungspflichtig, wenn die Entscheidung hierüber von einem Prozessverhalten des Angeklagten abhängig gemacht werden soll, mithin ein Konnex zum Prozessverhalten des Angeklagten besteht. Andernfalls handelt es sich zwar um eine Erörterung nach den §§ 202a, 212 StPO. Jedoch fehlt es dann an dem Verständigungsbezug.[287]

---

v. 6.12.2016 = StV 2018, 10 „(e)ine für eine Verständigung (…) typische Verknüpfung von Handlungsbeiträgen der Verfahrensbeteiligten unter Einschluss des Angeklagten".

285 Vgl. zum Zusammenspiel von Verständigungen und Einstellungen nach § 154 StPO *Eckstein*, in: NStZ 2017, 609, passim; ebenso *Göttgen*, in: Alternativen zur Verständigung, passim.

286 *Bittmann*, in: NStZ 2016, 744, 745: „sachgerechte und auch der inneren Logik des VerStG entsprechende Differenzierung".

287 So BGH 1 StR 2/19, Beschl. v. 23.7.2019 = StV 2021, 4, zu einem Verfahren, in dem die Verfahrensbeteiligten in einem Rechtsgespräch zu dem bisherigen Ergebnis der Beweisaufnahme sowohl Strafmaßvorstellungen als auch die Möglichkeit einer

d) Kritische Gesamtanalyse zu den Auslösern der Mitteilungspflicht – Zugleich: Resümee

Die Analyse hat gezeigt, dass die Rechtsprechung zu der Frage, ob Erörterungen nach § 243 Abs. 4 StPO mitteilungspflichtig sind, uneinheitlich ist. Dieser Zustand dürfte darauf beruhen, dass sich die gesamte Abgrenzungsdebatte um das bedeutungsoffene Kriterium der Möglichkeit dreht. Für den Tatbestand von § 243 Abs. 4 StPO bedeutet dies, dass eine mitteilungspflichtige Erörterung schon dann anzunehmen ist, wenn eine *mögliche* Erörterung *möglicherweise* die *Möglichkeit* einer Verständigung zum Gegenstand hatte.[288] Die Auslegung der Rechtsprechung ist damit nicht nur konturlos. Sie geht auch deutlich über das hinaus, was das Gesetz vorgibt.

Die Rechtsprechung will mit dieser weiten Auslegung der defizitären Absprachepraxis[289] entgegenwirken, was angesichts der Wertungen und den Vorgaben des Verständigungsurteils[290] nachvollziehbar und sachgerecht ist. Die Revisionsrechtsprechung hält die Abgrenzung, wann Erörterungen mitteilungspflichtig sind und wann nicht – so wie ursprünglich der Gesetzgeber[291] und dann auch das *BVerfG* – bewusst offen, um allen Formen informellen Handelns entgegenwirken zu können.

Die Aussage *Bittmanns*, die Weite der Mitteilungspflichten führe zu einem Bedeutungsverlust, weil der Angeklagte, „der (mit) der Fülle von Informationen nichts anzufangen weiß"[292], die Mitteilung nicht mehr ernst nehmen würde, ist überzogen. Denn die Gefahr, dass das Gericht bei den Mitteilungen „in Routine erstarrt"[293], und dass der Angeklagte „die Einsicht gewinnt, wie wenig solche Mitteilungen sein Verteidigungsverhalten zu beeinflussen in der Lage sind"[294] ist weniger hoch als angenommen. Vielmehr wird der Angeklagte, der über Gespräche informiert wird, deren Gegenstand nur möglicherweise die Möglichkeit einer Verständigung gewesen ist, dafür sensibilisiert, dass die Verfahrensbeteiligten außerhalb der Hauptverhandlung miteinander kommunizieren. Diese Sensibilisierung führt dazu, dass sich der Angeklagte gegenüber

---

Teileinstellung nach § 154 StPO erörtert haben; diese Entscheidung lobend *Bittmann*, in: NStZ 2019, 686: „Die tatrichterliche Praxis kann aufatmen!".

288 s. oben Kap. 2 unter B.II.2.d).

289 s. oben Kap. 1 unter C.I.

290 s. oben Kap. 1 unter C.II. und C.IV.

291 s. oben Kap. 2 die Einleitung unter B.

292 *Bittmann*, in: NStZ 2016, 744, 745.

293 Ebd.

294 Ebd.

den Gesprächen, die außerhalb der Hauptverhandlung ohne ihn stattfinden, aufmerksamer verhält. Die tatbestandliche Reichweite der Mitteilungspflichten steigert damit die Schutzwirkung der Mitteilungspflichten sogar.

Allerdings darf die weite Auslegung des Tatbestands von § 243 Abs. 4 StPO nicht zum Anlass genommen werden, schlicht die gesamte Kommunikation, die außerhalb der Hauptverhandlung stattfindet, den Mitteilungspflichten zu unterwerfen. Denn es bedarf weiterhin eines Raumes für eine offene, kommunikative Vorgehensweise, die nicht zugleich der Verständigungskonzeption unterfällt.[295]

Der Verständigungsbezug muss daher stets besonders sorgfältig geprüft werden. Die sorgfältige Prüfung ist vor allem dann erforderlich, wenn bloß eine einseitige Kommunikation stattgefunden hat. Einseitige Hinweise sowie eine „schlichte ‚Fühlungsaufnahme'"[296] können im Einzelfall der Mitteilungspflicht unterfallen. Das ist immer dann der Fall, wenn eine einseitige Kommunikation in den Zusammenhang mit der Möglichkeit einer Verständigung gestellt werden kann und das Gericht eine Verständigung oder die Erörterung der Möglichkeit einer Verständigung nicht unmissverständlich[297] ablehnt. Damit begründen vor allem die Initiierungsversuche des Verteidigers, welche das Gericht unmittelbar und unmissverständlich ablehnt, keine mitteilungspflichtige Erörterung.[298] Lehnt das Gericht die Möglichkeit einer Verständigung allerdings nicht unmittelbar ab, muss die Erörterung nach § 243 Abs. 4 StPO mitgeteilt werden. Denn dann stehen Umstände im Raum, welche das Verteidigungsverhalten das Angeklagten sowie das Interesse der Verfahrensöffentlichkeit tangieren. Unternimmt indes das Gericht den Versuch, eine Verständigung zu initiieren, ist dies als einseitige Kommunikation stets mitteilungspflichtig, weil das Gericht mit dem Initiierungsversuch – jedenfalls auch – seine Haltung zu dem Tatvorwurf zeigt, was das Verteidigungsverhalten das Angeklagten unmittelbar betrifft.[299] Darüber hinaus muss das

295 Hierzu *Bittmann*, in: NStZ 2019, 686, 688, der die offene kommunikative Verhandlungsführung ohne Verständigungsbezug als eine der drei grundlegenden Verfahrensformen anerkennt.

296 OLG Hamburg, 1 RB 58/14, Beschl. v. 27.3.2015 = NStZ 2015, 661, 662.

297 So nun auch *Schmitt*, in: Meyer-Goßner/Schmitt, § 243 Rn. 18a, mit Verweis auf BGH 1 StR 564/17, Beschl. v. 24.1.2018 = StV 2019, 378: „Die Mitteilungspflicht soll nach der Rspr. (…) auch dann ausgelöst werden, wenn sich das Gericht passiv verhält und nicht positioniert."

298 Vgl. hierzu die bildliche Darstellung von *Bittmann*, in: NStZ 2019, 686, 687: „Versuch ist halt nicht Vollendung!"

299 Vgl. hierzu auch BGH 5 StR 249/20, Beschl. v. 16.9.20 = StV 2021, 7.

Gericht – bei Kenntniserlangung – über solche Erörterungen berichten, welche die Staatsanwaltschaft mit der Verteidigung zur Möglichkeit einer Verfahrensverständigung führt. Denn obgleich das Gericht an den Erörterungen nicht beteiligt war, schaffen derartige Gespräche – bei Übereinstimmung der Staatsanwaltschaft und der Verteidigung – das Fundament einer Verständigung. So ist die Wahrscheinlichkeit, dass es zu einer Verständigung kommt, in diesem Fall wesentlich höher, weil die – gegenläufigen – Interessen des Angeklagten beziehungsweise dessen Verteidigung und der Staatsanwaltschaft bereits abgesprochen sind, wodurch das Gericht einen bereits ausgehandelten Vorschlag übernehmen kann.[300]

Allerdings verkehren „Übertreibungen (...) selbst Gutes in ihr Gegenteil", wie *Bittmann* zutreffend kommentiert. [301] Dies betrifft insbesondere die Auslegung der Rechtsprechung, wonach Erörterungen, die eine vollstände Verfahrenseinstellung nach den §§ 153, 153a StPO thematisieren, mitteilungspflichtig sein sollen. Die Rechtsprechung vermengt hierdurch die beiden Regelungskonzeptionen der Verfahrenseinstellung und der Verständigung in einer Art und Weise, wie es das Gesetz selbst nicht zulässt.[302] Die Möglichkeit einer Verständigung, und damit eine mitteilungspflichtige Erörterung, steht bei urteilsvertretenden Entscheidungen nur dann im Raum, wenn eine verfahrensübergreifende – unzulässige – Verständigung stattfindet, mithin die Einstellung eines Verfahren von einem Verhalten des Angeklagten in einem anderen Verfahren abhängig gemacht wird. Nur dann liegt eine Verständigung im Gewand einer Einstellung vor. Für Erörterungen, welche eine teilweise Einstellung oder eine Beschränkung des Verfahrens thematisieren, gelten die allgemeinen Abgrenzungskriterien.[303]

Der Tatbestand des § 243 Abs. 4 StPO ist im Ergebnis daher nicht nur zu eng, sondern darüber hinaus auch zu wenig differenziert gefasst.

III. Zur Frage des Umfangs der Mitteilung, § 243 Abs. 4 S. 1, 2 StPO

Zum Umfang der Mitteilungspflichten gibt der Gesetzestext nur vor, dass der wesentliche Inhalt der Erörterungen, die auf eine Verständigung abzielen, mitzuteilen ist, § 243 Abs. 4 StPO. Was als wesentlicher Inhalt zu verstehen ist, konkretisiert weder das Gesetz noch der Gesetzgeber in seiner

300 s. oben Kap. 2 unter B.II.2.b)bb).
301 *Bittmann*, in: NStZ 2016, 744, 745.
302 s. oben Kap. 2 unter B.II.2.c)cc).
303 s. oben Kap. 2 unter B.II.2.c)bb).

Gesetzesbegründung.[304] Der *BGH* entschied bereits vor dem Verständigungsurteil des *BVerfG*, dass die Erörterungen „umfassend (…) unter Darlegung der Standpunkte aller beim Gespräch anwesenden Verfahrensbeteiligten“[305] mitgeteilt werden müssen. Das *BVerfG* ergänzte dies im Verständigungsurteil über den Wortlaut des Gesetzes[306] hinaus um Aspekte des Erörterungs*ablaufs*: „Zum mitzuteilenden (wesentlichen) Inhalt (…) gehört, welche Standpunkte von den einzelnen Gesprächsteilnehmern vertreten wurden, von welcher Seite die Frage einer Verständigung aufgeworfen wurde und ob sie bei anderen Gesprächsteilnehmern auf Zustimmung oder Ablehnung gestoßen ist (…).“[307] Die sich hieran anschließende Debatte bezüglich des Umfangs der Mitteilungspflichten befasste sich daher – weit überwiegend[308] – mit der Frage, welche Aspekte des Ablaufs der geführten Erörterungen als Teil des wesentlichen Inhalts zu verstehen sind.

1. Zur Mitteilung erstmals geführter Erörterungen, § 243 Abs. 4 S. 1, 2 StPO

Unzweifelhaft mitteilungspflichtig sind Verständigungsvorschläge sowie die Reaktionen der Erörterungsbeteiligten.[309] Das gilt auch dann, wenn die Gespräche über die Möglichkeit einer Verständigung gescheitert sind. Eine Mitteilung darüber, dass Gespräche stattgefunden haben, diese jedoch gescheitert sind, reicht nach überzeugender allgemeiner Ansicht nicht aus. Insbesondere für den Angeklagten, der eine Verständigung nicht generell ablehnt, ist von Relevanz, weshalb die Gespräche gescheitert sind.[310] Verhält sich ein

304 Gesetzesentwurf der BReg., BT-Drs. 16/12310, S. 12.

305 BGH 3 StR 287/10, Beschl. v. 5.10.2010 = StV 2011, 72, 73.

306 Vgl. hierzu den Wortlaut von § 273 Abs. 1, 1a StPO, der anders als § 243 Abs. 4 StPO den Ablauf einer Verständigung zu protokollieren vorgibt.

307 BVerfG, 2 BvR 2628/10 u.a., Urt. v. 19.3.2013 = BVerfGE 133, 168, 217 (Rn. 85) m. w. N.; ebenso BVerfG, 2 BvR 878/14, Beschl. v. 15.1.2015 = NStZ 2015, 170, 172: „Zwar hat sich der Vorsitzende nicht zum genauen Ablauf und Inhalt der in der Verhandlungspause geführten Verständigungsgespräche geäußert, was eine Verletzung der Mitteilungspflicht darstellt.“

308 Bereits zur inhaltlich umfassenden Wiedergabe kritisch *Ziegler*, in: FS von-Heintschel-Heinegg, 521, 529.

309 So jüngst etwa BGH 5 StR 36/20, Beschl. v. 3.3.20 = StV 2021, 3.

310 BGH 5 StR 411/13, Beschl. v. 23.10.2013 = StV 2014, 66; BGH 5 StR 169/14, Beschl. v. 15.7.2014 = NStZ-RR 2014, 315; BGH 1 StR 200/13, Beschl. v. 29.11.2013 = StV 2014, 651, 652; BGH 1 StR 612/13, Beschl. v. 9.4.2014 = StV 2014, 516, 517; BGH 2 StR 381/13, Urt. v. 5.6.2014 = BGHSt 59, 252, 255 f.; BGH 5 StR 217/14, Beschl. v. 14.7.2014 = StV

Erörterungsbeteiligter hingegen nicht zu einem Vorschlag, führt dies nicht zu einer Verpflichtung, dieses Schweigen mitteilen zu müssen.[311]

Der *Fünfte Strafsenat* erwägt, die Mitteilung allein auf den Verständigungsvorschlag und die darauffolgenden Reaktionen zu beschränken.[312] Dem ist nicht zu folgen. Vielmehr überzeugt[313] das *BVerfG* mit seiner umfassenden Informationspflicht, die über den Inhalt im engeren Sinne auch die wesentlichen Standpunkte der Erörterungsbeteiligten erfasst und offenbart, von wem die Verständigung initiiert wurde.[314] Darin liegen auch keine „‚(…) revisionsverfahrensrechtlich fremdelnde(n)' (…) Erwägungen (…)"[315]. Denn für den Angeklagten kann die Frage, von wem die Initiative zur Verständigung ausgegangen ist und welche Standpunkte die Erörterungsbeteiligten im Rahmen der Erörterung vertreten haben, von erheblicher Relevanz sein. So lassen sich manche Erörterungsinhalte erst im Kontext der gesamten Kommunikation verstehen. Sowohl die Initiierung der Verständigung als auch die übrigen Standpunkte der Erörterungsbeteiligten können den Gesprächsinhalt in einer Art und Weise prägen, dass sie selber zum mitteilungsbedürftigen wesentlichen Inhalt werden.[316] Schon alleine deswegen trägt der Einwand nicht, dass das Gesetz in den §§ 243 Abs. 4, 273 Abs. 1, 1a StPO zwischen dem wesentlichen Inhalt und dem wesentlichen Ablauf differenziere und deswegen der Ablauf nicht mitzuteilen sei.[317] Denn der Ablauf wird – soweit er das Verständnis der Inhalte fördert – selber zum mitteilungspflichtigen Inhalt.

2014, 657, 658; BGH 4 StR 126/14, Beschl. v. 29.7.2014 = StV 2015, 149, 149; OLG Dresden, 2 OLG 23 Ss 469/14, Beschl. v. 25.11.2014; BGH 1 StR 422/14, Beschl. v. 2.12.2014 = NStZ 2015, 293, 293; BGH 1 StR 242/14, Beschl. v. 18.12.2014 = NStZ 2015, 352, 352; BVerfG, 2 BvR 878/14, Beschl. v. 15.1.2015 = NStZ 2015, 170, 172; BGH 2 StR 367/16, Beschl. v. 12.10.2016 = NStZ 2017, 244, 245; BGH 3 StR 216/16, Beschl. 10.1.2017 = NStZ 2017, 363, 364; BGH 3 StR 511/16, Beschl. v. 18.5.2017 = StV 2018, 1, 2; BGH 1 StR 564/17, Beschl. v. 24.1.2018 = StV 2019, 378, 379, 488; BGH 2 StR 417/18, Beschl. v. 23.10.2018 = StV 2019, 377.

311 BGH 1 StR 210/14, Beschl. v. 22.7.2014 = StV 2015, 81, 81.

312 BGH 5 StR 411/13, Beschl. v. 23.10.2013 = StV 2014, 66; so wohl auch BGH 5 StR 217/14, Beschl. v. 14.7.2014 = StV 2014, 657. 658.

313 So auch *Mosbacher*, in: NStZ 2013, 722, 723.

314 BVerfG, 2 BvR 2628/10 u.a., Urt. v. 19.3.2013 = BVerfGE 133, 168, 217 (Rn. 85).

315 So die Ansicht des Generalbundesanwalts, mitgeteilt in den Entscheidungsgründen bei, BGH 5 StR 411/13, Beschl. v. 23.10.2013 = StV 2014, 66.

316 *Mosbacher*, in: NStZ 2013, 722, 723.

317 a.A. *Bittmann*, in: NStZ 2017, 365, 366: „Dass dazu gehören soll, wer die Frage einer Verständigung aufgeworfen hat, leuchtet (…) nicht ein, weil dies den im

Des Weiteren lässt § 243 Abs. 4 StPO keine Differenzierung zu, „dass über den Ablauf (...) (verständigungsbezogener) Gespräche nur bei zustande gekommener Verständigung zu informieren"[318] ist. Denn zum einen prägt der Kommunikationskontext die mitzuteilenden Verständigungserörterungen völlig unabhängig davon, ob es zu einer Verständigung kommt. Zum anderen überzeugt die Differenzierung des *Fünften Strafsenates* auch deshalb nicht, weil der Wortlaut von § 243 Abs. 4 StPO in seiner Rechtsfolge keine differenzierende Betrachtung zulässt, sondern verlangt, dass immer dann, wenn eine Mitteilungspflicht besteht, der wesentliche Inhalt mitgeteilt werden muss.

Die Auffassung *Schneiders*, die Mitteilung des wesentlichen Ablaufs sei auf Erörterungen nach § 243 Abs. 4 S. 2 StPO beschränkt und der Ablauf müsse auch nur dann mitgeteilt werden, wenn die Erörterungen in einer Verständigung münden[319], führt zu einer sachwidrigen Aufwertung der Erörterungen nach § 243 Abs. 4 S. 2 StPO. Es ist nicht ersichtlich, weshalb *Schneider* meint, die Mitteilung des wesentlichen Ablaufs sei auf Erörterungen nach S. 2 beschränkt, die in einer Verständigung münden, während dies bei Gesprächen nach S. 1 nicht der Fall sein soll. § 243 Abs. 4 S. 2 StPO dient der Fortführung der Mitteilungspflicht nach § 243 Abs. 4 S. 1 StPO.[320] Das Gesetz bezieht sich in S. 2 mit der Formulierung „Diese Pflicht gilt" ausdrücklich auf den S. 1. Es kann deshalb bezüglich der Rechtsfolge keinen Unterschied machen, ob es sich um Erörterungen im Sinne des S. 1 oder im Sinne des S. 2 handelt.

Doch verlangt auch das *BVerfG*[321] keine allumfassende Mitteilung darüber, wie Erörterungen abgelaufen sind[322] und welche Inhalte besprochen wurden. Die Mitteilung beschränkt sich nach Ansicht des *BVerfG* auf die wesentlichen Inhalte und die Abläufe, soweit die Abläufe den Inhalt beziehungsweise dessen Verständnis prägen.

Gegensatz zu Erörterungen in der Hauptverhandlung, § 273 Abs. 1 S. 2 StPO, nicht dokumentations- und damit auch nicht mitteilungspflichtigen Ablauf betrifft (...)."

318 So aber BGH 5 StR 411/13, Beschl. v. 23.10.2013 = StV 2014, 66.

319 *Schneider*, in: NStZ 2014, 192, 201.

320 Vgl. dazu den Gesetzesentwurf der BReg., BT-Drs. 16/12310, S. 12: „Die Mitteilungspflicht gilt auch für diesbezügliche Erörterungen, die nach Beginn, aber außerhalb der Hauptverhandlung, stattgefunden haben."

321 BVerfG, 2 BvR 878/14, Beschl. v. 15.1.2015 = NStZ 2015, 170, 172: „Zwar hat sich der Vorsitzende nicht zum genauen Ablauf und Inhalt der in der Verhandlungspause geführten Verständigungsgespräche geäußert, was eine Verletzung der Mitteilungspflicht darstellt."

322 *Mosbacher*, in: NStZ 2013, 722, 723: „Auch das BVerfG verlangt inhaltlich bei § 243 IV 1 StPO deshalb keine konkrete Ablaufmitteilung."

Der *Erste Strafsenat* führt deswegen zu Recht aus, dass „die Frage, von wem die Initiative zu dem Gespräch ausgegangen ist, in dem (...) über die Möglichkeit einer Verständigung gesprochen wurde, nicht zu dem (...) mitzuteilenden wesentlichen Inhalt des Gesprächs"[323] gehört.[324] Denn während die Frage, von wem die Initiative zur Verständigung ausging, zum Verständnis des Erörterungsinhaltes – und damit der Verständigung selbst – beitragen kann, trägt der Umstand, von wem die Initiative zu dem Erörterungsgespräch ausging, jedenfalls dann nichts zu dem Verständnis der Verständigung selbst bei, wenn die Initiative zu den Erörterungen nicht zugleich auch die Initiative zu den Verständigungsgesprächen darstellt.[325] Beschränkt sich die Initiative also auf die Frage, ob es möglich sei, ein Rechtsgespräch zu führen, ist dies nicht mitzuteilen. Wird die Initiative indes unmittelbar mit Umständen verknüpft, die erkennbar darauf abzielen, dass Gegenstand der Erörterung die Möglichkeit einer Verständigung sein soll, stellt dies bereits die Initiative zur Verständigung dar, was sodann mitzuteilen ist. Soweit *Feldmann* bezweifelt, dass eine solche, „findige Differenzierung"[326] mit den Vorgaben des *BVerfG*[327] im Einklang steht, und weiter darauf verweist, dass die Initiative zu den Erörterungsgesprächen sowohl die Interessen des Angeklagten als auch die Kontrollinteressen der Öffentlichkeit tangiere[328], ist diese Behauptung unzutreffend. Denn nur dann, wenn die Gesprächsinitiative erkennbar bereits mit Umständen verknüpft wird, die darauf abzielen, eine Verständigung vorzubereiten, sind die vorstehenden Interessen tatsächlich betroffen.

Ebenso wenig bedarf es einer „bis in die Einzelheiten der Argumentation (...) reichende"[329] Mitteilung der Standpunkte aller Erörterungsbeteiligten. Denn „(k)einer der beiden Zwecke[330] (der Mitteilungspflicht nach § 243 Abs. 4 StPO) erfordert Mitteilungen über die Argumentation (...) in Details."[331]

---

323 BGH 1 StR 422/14, Beschl. v. 2.12.2014 = NStZ 2015, 293, 293.

324 Demgegenüber empfiehlt *Walther*, in: Sinn/Schößling, S. 148 Rn. 66, den Umstand weiterhin mitzuteilen, da es abzuwarten gilt, ob sich die übrigen Senate der Linie des *Ersten Strafsenates* anschließen werden; ebenso *Feldmann*, in: NStZ 2015, 474, 474, die es für „ratsam" hält, auch die Initiative zu den Gesprächen mitzuteilen.

325 BGH 1 StR 422/14, Beschl. v. 2.12.2014 = NStZ 2015, 293, 294.

326 *Feldmann*, in: NStZ 2015, 474, 474.

327 BVerfG, 2 BvR 878/14, Beschl. v. 15.1.2015 = NStZ 2015, 170.

328 *Feldmann*, in: NStZ 2015, 474, 474 f.

329 BGH 1 StR 335/14, Beschl. v. 11.2.2015 = NStZ 2015, 416, 417.

330 s. oben Kap. 1 unter C.III.

331 BGH 1 StR 335/14, Beschl. v. 11.2.2015 = NStZ 2015, 416, 417, ebenso BGH 3 StR 336/19, Beschl. v. 26.11.2019 = StV 2020, 362.

Daher ist *Ziegler* zwar darin zuzustimmen, wenn er den Umfang der Mitteilung nach § 243 Abs. 4 StPO mit dem Hinweis kritisiert, dass es „schlichtweg nicht möglich (sei), alles wiederzugeben, was kommuniziert wurde“[332]. Seine Ansicht beruht jedoch auf der irrigen Annahme, „dass nach dem Geist der verfassungsgerichtlichen Vorgaben auch Tonfall, Gesten, Mimik und Interjektionen mitgeteilt werden müssten“ um die Kommunikation „möglichst wirklichkeitsnah“ zu vermitteln.[333] Eine derart umfangreiche und praktisch auch unmögliche Mitteilung ist hingegen gar nicht erforderlich, weil das Gesetz nur verlangt, das Wesentliche, nicht hingegen das, was unmöglich ist, mitzuteilen.

2. *Zur Mitteilung fortgeführter Erörterungen, § 243 Abs. 4 S. 1, 2 StPO*

Die Mitteilungen zu Erörterungen, welche inhaltlich an bereits zuvor geführte Erörterungen anknüpfen, können sich nach dem Gesetzeswortlaut des § 243 Abs. 4 S. 2 StPO auf „Änderungen beschränken.

Allerdings reicht es nicht aus, dass der Vorsitzende darauf hinweist, dass nochmals und ausgehend von einem früheren Vorgespräch Erörterungen geführt wurden, deren Inhalte jedoch nicht mitteilt.[334] Denn dem „Erklärungsinhalt ist (…) (so weder) zu entnehmen, dass die Erörterungen (…) den gleichen Inhalt“[335] hatten, noch, inwieweit sich die Inhalte voneinander unterschieden haben.

Das Gericht muss die inhaltlichen Veränderungen in der Mitteilung nach § 243 Abs. 4 S. 2 StPO darlegen.[336] *Bittmann* spricht in dem Zusammenhang von jeder kleinsten Nuancierung.[337] Für den Fall, dass die Erörterungen denselben

---

332 *Ziegler*, in: FS-von-Heintschel-Heinegg, 521, 529.

333 Ebd.

334 BGH 1 StR 622/16, Beschl. v. 21.3.2017 = StV 2018, 3; kritisch zu den Feinheiten der Formulierung *Bittmann*, in: NStZ 2017, 484, 485: „Hätte der Vorsitzende in seiner Mitteilung nicht von „ausgehend“ gesprochen, sondern von „gleichem Inhalt“ (…) – alles wäre in Ordnung gewesen. Warum der *BGH* der Mitteilung diese inhaltliche Bedeutung nicht beimaß und ob er Anhaltspunkte dafür besaß, dass doch neue Aspekte erörtert worden wären, ist nicht ersichtlich. Man kann nur hoffen, dass die Bejahung eines Verfahrensfehlers nicht allein der Ausdrucksweise des Vorsitzenden (oder der Protokollkraft) geschuldet ist.“

335 BGH 1 StR 622/16, Beschl. v. 21.3.2017 = StV 2018, 3, 4.

336 Zum Begriff der „Änderung“ im Sinne von § 243 Abs. 4 S. 2 StPO, *Bittmann*, in: NStZ 2017, 57, 59.

337 *Bittmann*, in: NStZ 2017, 57, 59.

Inhalt hatten, reicht es aber, darauf hinzuweisen und zu ergänzen, „dass sich hinsichtlich der von den Verfahrensbeteiligten eingenommenen Standpunkte keine Veränderung ergeben habe.“[338]

3. *Resümee*

Die obergerichtliche Rechtsprechung hält sich an die Vorgaben des *BVerfG.*[339] Sie bestätigt damit die verfassungsgerichtliche Vorgabe einer extensiv-präzisierenden Auslegung der Transparenz- und Dokumentationspflichten des Verständigungsgesetzes. Zum mitzuteilenden wesentlichen Inhalt von Erörterungen nach § 243 Abs. 4 StPO gehören unabhängig davon, ob es sich um Gespräche im Sinne des S. 1 oder des S. 2 handelt, etwaige Verständigungsvorschläge, ein Hinweis darauf, von welcher Seite die Frage der Verständigung aufgeworfen wurde, die Reaktionen der Erörterungsbeteiligten dazu und etwaige andere Standpunkte, soweit diese einen Einfluss auf das Verständnis über den Gesprächsinhalt haben können.[340]

IV. Zur Frage des Zeitpunktes der Mitteilung, § 243 Abs. 4 S. 1, 2 StPO

Der Zeitpunkt der Mitteilungspflichten nach § 243 Abs. 4 S. 1 StPO ist bereits gesetzlich eindeutig. Die Mitteilung muss am Anfang der Hauptverhandlung, nach der Verlesung des Anklagesatzes erfolgen. Die Mitteilungspflichten nach § 243 Abs. 4 S. 2 StPO müssen – unstrittig – „unverzüglich“[341] befolgt werden, mithin zu Beginn des nächsten Termins der Hauptverhandlung.[342]

---

338 BGH 1 StR 622/16, Beschl. v. 21.3.2017 = StV 2018, 3, 4.

339 So auch *Walther*, in: Sinn/Schößling, S. 147, Rn. 64.

340 *Walther*, in: Sinn/Schößling, S. 149 Rn. 71, schlägt vor, den Umfang der Mitteilung anhand folgender Fragen zu ermitteln: (1) Wer hat die Gespräche angeregt?, (2) Welcher Verfahrensbeteiligte hat welche Aussage getroffen?, (3) Von welchem Sachverhalt bzw. Verfahrensstand sind die Beteiligten ausgegangen?, (4) Wer hat welche Vorstellung, Erwartung oder Bedingung geäußert?, (5) Wie haben die anderen Verfahrensbeteiligten darauf reagiert?, (6) Zu welchem Ergebnis haben die Erörterungen geführt?

341 *Schlothauer*, in: N/Sch/W, Teil B, § 243 Abs. 4 Rn. 13.

342 BGH 1 StR 590/14, Beschl. v. 11.6.2015 = NStZ-RR 2015, 379, 379: „Auch wenn § 243 IV 2 StPO nach seinem Wortlaut keinen Zeitpunkt für die Mitteilung vorschreibt, ist in der Regel eine umgehende Information nach dem Verständigungsgespräch geboten; dies gilt auch dann, wenn die Erörterungen ergebnislos geblieben oder

Soweit *Schlothauer* aus systematischen und teleologischen Gründen erwägt, die Mitteilungspflicht darüber hinaus – in Form einer „(erneute(n)) Negativmitteilung"[343] – auf den Zeitraum unmittelbar vor der Urteilsverkündung zu erweitern[344], ist dies de lege lata abzulehnen. Denn das Gesetz in diesem Punkt eindeutig.[345] Die Auslegung von *Schlothauer* würde über das Gesetz hinausgehen.

C. Zur Protokollierungspflicht nach § 273 Abs. 1a StPO

Der Gesetzgeber führte die Protokollierungspflichten nach § 273 Abs. 1a StPO „in einer gut gemeinten Absicht"[346] ein: Das Ziel sei es, „mit höchst möglicher Gewissheit und auch in der Revision überprüfbar die Geschehnisse (...) zu dokumentieren und auszuschließen, dass „stillschweigend" ohne Beachtung der gesetzlichen Förmlichkeiten (...) (Verständigungen) stattgefunden haben."[347] § 273 Abs. 1a StPO sei „ein wichtiger Baustein zur Regelung der Verständigung im Strafverfahren."[348]

Obgleich der Schwerpunkt der Debatte um § 273 Abs. 1a StPO im Revisionsrecht liegt – worauf später einzugehen sein wird[349] –, führt die Norm „mit ihrer Verpflichtung sowohl das Vorliegen wie auch das Nichtvorliegen einer Absprache im Protokoll zu vermerken, (...) (bereits vorher) zu einer Vielzahl an Problemen"[350] und Widersprüchlichkeiten.

---

noch nicht abgeschlossen sind, *Frister*, in: SK-StPO, § 243 Rn. 46; denn es ist kein Gesichtspunkt ersichtlich, der eine (vorläufige) Geheimhaltung rechtfertige, *Sommer*, in: AnwK-StPO, § 243 Rn. 25.

343 *Frister*, in: SK-StPO, § 243 Fn. 152.

344 *Schlothauer*, in: N/Sch/W, Teil B, § 243 Abs. 4 Rn. 14.

345 So auch *Bittmann*, in: NStZ 2017, 57, 59, angesichts des Anwendungsbereichs von § 243 Abs. 4 S. 2 StPO.

346 *Kühne*, in: FS-Kerner, 747, 747.

347 Gesetzesentwurf der BReg., BT-Drs. 16/12310, S. 15.

348 Ebd.

349 s. unten Kap. 3 unter B.II.3.

350 *Kühne*, in: FS-Kerner, 747, 757.

I. Zur Protokollierung einer Verständigung, § 273 Abs. 1a S. 1 StPO

1. Die Regelungsreichweite von § 273 Abs. 1a S. 1 StPO

Das Protokoll der Hauptverhandlung muss den wesentlichen Ablauf und Inhalt sowie das Ergebnis einer Verständigung wiedergeben, § 273 Abs. 1a S. 1 StPO. Die Protokollierung beschränkt sich hierbei nicht auf erfolgreich zustande gekommene Verständigungen. Ihr unterfallen alle Verfahrensvorgänge des Sich-Verständigens. Damit erfasst § 273 Abs. 1a S. 1 StPO auch erfolglose Versuche, eine Verständigung zu erreichen.[351]

Hierbei ist fraglich, ob der Verständigungsbegriff, der gesetzlich zunächst eindeutig vorgegeben zu sein scheint,[352] ausschließlich die Verständigung in der öffentlichen Hauptverhandlung meint oder ob § 273 Abs. 1a S. 1 StPO ebenso die Protokollierung von informellen Absprachen vorgibt, die außerhalb der Hauptverhandlung stattfinden.

a) Literatur und Rechtsprechung

Die wohl h. M. in der Literatur beschränkt den Verständigungsbegriff des § 273 Abs. 1a S. 1 StPO auf die Vorgänge in der öffentlichen Hauptverhandlung.[353]

---

351 Zur Protokollierung eines Verständigungsvorschlags und dessen Ablehnung, OLG Nürnberg, 1 OLG 8 Ss 1/15, Beschl. v. 25.2.2015 = StV 2015, 282, 283; *Niemöller*, in: N/Sch/W, Teil B, § 273 Rn. 9, 10, 13 f., führt aus, dass der gerichtliche Vorschlag als Entscheidung des Gerichts bereits der Protokollierung nach § 273 Abs. 1 StPO unterfalle, sodass sich auch daraus schließen lasse, dass das Verständigungsverfahren unabhängig des Ergebnisses protokolliert werden muss; *Pauly*, in: Radkte-Hohmann-StPO, § 273, Rn. 20, spricht von der Protokollierung etwaiger Zustimmungserklärungen; a.A. *Bittmann*, in: wistra 2009, 414, 416, der das Negativattest nach § 273 Abs. 1a S. 3 StPO aus systematischen Erwägungen auf gescheiterte Verständigungsversuche beschränkt versteht; *Frister*, in: SK-StPO, § 273 Rn. 17, 19: § 273 Abs. 1a S. 1 StPO „(…) regelt die Protokollierung einer gem. § 257c StPO erfolgreich abgeschlossenen Verständigung", weiter sei „zu beurkunden, dass (…) der Angeklagte(r) sowie die Staatsanwaltschaft dem Vorschlag des Gerichts gem. § 257c Abs. 3 Satz 4 zugestimmt haben."; ebenso *Güntge*, in: SSW-StPO, § 273 Rn. 12: „Die Vorschrift dient dazu, (…) die getroffene Verständigung transparent und überprüfbar zu machen."

352 *Ladiges*, in: JR 2012, 371, 371; *Niemöller*, in: FS-Rissing-van Saan, 393, 394.

353 *Deiters*, in: ZJS 2014, 583, 586; *Frister*, in: SK-StPO, § 273 Rn. 17, 22; *Güntge*, in: SSW-StPO, § 273 Rn. 12; *Knauer*, in: NStZ 2013, 433, 435; *Ladiges*, in: JR 2012, 371, 371 f.; *Niemöller*, in: N/Sch/W, Teil B, § 273 Rn. 13, 16; *ders.*, in: FS-Rissing-van Saan, 393, 395 ff.; *ders., in:* GA 2014, 179, 183 f.; *Pauly*, in: Radkte-Hohmann-StPO, § 273,

Das Gesetz regle nur die Verständigung in der Hauptverhandlung nach § 257c StPO. Zum Begriff der informellen Verständigung äußere sich das Gesetz nicht. Vielmehr schließe es informelle Absprachen in beredt-schweigender Form aus.[354] Die Protokollierung nach § 273 Abs. 1a S. 1 StPO enthält damit nur Informationen darüber, ob ein formelles Verständigungsverfahren in der öffentlichen Hauptverhandlung stattgefunden hat. Zu informellen Absprachen, die außerhalb der Hauptverhandlung stattfinden, führt das Protokoll der Hauptverhandlung nichts aus.

Aus Sicht des *BVerfG* betrifft die Protokollierung nach § 273 Abs. 1a StPO sowohl formelle Verständigungen in der Hauptverhandlung als auch informelle Absprachen, die außerhalb der Hauptverhandlung stattfinden.[355] Zur Begründung betont das *BVerfG*, dass das Verständigungsgesetz abschließend sei.[356] Soweit „in der Literatur Stellungnahmen anzutreffen s(eien), die dahin verstanden werden können, dass die gesetzliche Regelung nicht abschließend sei und die Schutzmechanismen des § 273 Abs. 1a (…) nicht für ›informelle‹ Vorgehensweisen außerhalb der Vorgaben des § 257c StPO gälten“[357] seien diese abzulehnen. Denn hätte die Regelungskonzeption keinen abschließenden Charakter, führe dies dazu, dass die Transparenz- und Dokumentationspflichten „die ihnen (…) zugedachte Funktion von vornherein nicht wirksam erfüllen (könnten).“[358]

b) Kritische Würdigung

Zwar führt die verfassungsgerichtliche Auslegung von § 273 Abs. 1a StPO vor dem Hintergrund des Vollzugsdefizites[359] jedenfalls in der Theorie dazu, dass das Protokoll der Hauptverhandlung ausdrücklich den Ablauf, die Inhalte und das Ergebnis von formellen Verständigungen und informellen Absprachen ausweist. Allerdings widerspricht diese extensive Auslegung von § 273

Rn. 20, 23; *Rabe*, in: Das Verständigungsurteil, S. 450; *Schmitt*, in: Meyer-Goßner/Schmitt, § 273 Rn. 12a, 12c, 19; *Walther*, in: Sinn/Schößling, S. 155, Rn. 90; differenzierend und mit a.A. bzgl. des S. 3 *Jahn/Müller*, in: NJW 2009, 2625, 2630.

354 *Niemöller*, in: GA 2014, 179, 181 f.

355 So auch *Valerius*, in: MüKo-StPO, § 273 Rn. 34, 37, unter Verweis auf die Entscheidung des BVerfG.

356 BVerfG, 2 BvR 2628/10 u.a., Urt. v. 19.3.2013 = BVerfGE 133, 168, 204 (Rn. 65), 212 (Rn. 75), 212 (Rn. 76), 213 (Rn. 76), 234 (Rn. 119).

357 BVerfG, 2 BvR 2628/10 u.a., Urt. v. 19.3.2013 = BVerfGE 133, 168, 234 f. (Rn. 119).

358 BVerfG, 2 BvR 2628/10 u.a., Urt. v. 19.3.2013 = BVerfGE 133, 168, 213 (Rn. 76).

359 s. oben Kap. 1 unter C.I.

Abs. 1a StPO der Regelungskonzeption des Verständigungsgesetzes, wonach informelle Absprachen untersagt sind.[360] Schon alleine deshalb verbietet sich eine Gleichstellung von formellen und informellen Absprachen unter dem Begriff der Verständigung. Darüber hinaus widerspricht sich das *BVerfG* auf eine merkwürdige Art selbst, indem es einerseits informelle Absprachen für verfassungswidrig hält, andererseits aber eine Protokollierungspflicht für diese nichtigen informellen Absprachen statuieren will.[361]

Auch die Gesetzgebungsmaterialien bestätigen dies. Soweit die Materialien zu Gesprächen außerhalb der Hauptverhandlung ausführen, bezieht sich dies auf Erörterungen nach den §§ 202a, 212 StPO. Die Materialien äußern sich damit vor dem Hintergrund der Protokollierung gemäß §§ 273 Abs. 1a S. 1 StPO nicht zu informellen Absprachen.[362]

Des Weiteren verdeutlicht dies die Gesetzesterminologie. Immer dann, wenn das Gesetz den Begriff der Verständigung verwendet, meint es die Absprache in der öffentlichen Hauptverhandlung.[363] Etwas anderes ergibt sich auch nicht daraus, dass das Gesetz den Begriff der Verständigung nur zum Teil mit dem

---

360 BVerfG, 2 BvR 2628/10 u.a., Urt. v. 19.3.2013 = BVerfGE 133, 168, 169 (Leitsatz 4), 212 (Rn. 75); 232 f. (Rn. 115): „Intransparente, unkontrollierbare „Deals" sind im Strafprozess wegen der mit ihnen verbundenen Gefährdung des Schuldprinzips, der darin verankerten Wahrheitserforschungspflicht und des dem Rechtsstaatsprinzip innewohnenden Prinzips des fairen Verfahrens bereits von Verfassungs wegen untersagt, und der Gesetzgeber hat derartige Vorgehensweisen in unmissverständlicher Weise verworfen."; hierzu auch *Niemöller, in:* GA 2014, 179, passim; ausführlich hierzu *Rabe*, in: Das Verständigungsurteil, S. 448 ff.

361 Vgl. hierzu auch *Niemöller, in:* GA 2014, 179, 182, der ausführt, dass das Gesetz zwar Rechtsnormen kenne, die an nichtige Absprachen anknüpfen, diese Rechtsnormen – wie etwa solche im Kartellrecht – jedoch stets auf Sanktionen oder die Rückabwicklung derartiger Absprachen gerichtet seien. Im Verständigungsgesetz führe die Ausweitung der Vorschriften auf informelle Absprachen hingegen dazu, dass die sich informell absprechenden Personen „in der Genuss jener »Schutzmechanismen«" kämen, die das Gesetz für Verständigung vorsieht.

362 *Rabe*, in: Das Verständigungsurteil, S. 449, liegt es nahe, dass der Gesetzgeber die Problematik informeller Absprachen, die außerhalb der Hauptverhandlung stattfinden, durch die Mitteilungspflichten „als ‚erledigt' betrachtete."

363 *Niemöller*, in: FS-Rissing-van Saan, 393, 396; entgegen *Niemöller* ergibt sich dies jedoch nicht (auch) aus der Überschrift des § 273 StPO – „Beurkundung der Hauptverhandlung" –, da es sich hierbei um eine nicht-amtliche Überschrift handelt, vgl. hierzu *Ladiges*, in: JR 2012, 371, 372.

Zusatz „(§ 257c StPO)“ versieht.[364] Vielmehr ist der Inhalt des Verständigungsbegriffes unabhängig von dem Verweis auf § 257c StPO eindeutig.[365] Es liegt deshalb fern, dem Begriff der Verständigung im Rahmen der Schutzpflichten des Verständigungsgesetzes einen anderen Inhalt zuzusprechen, ohne dass das Gesetz dies andeutet.

Obendrein bleibt fraglich, wie die Protokollierung von informellen Absprachen nach § 273 Abs. 1a S. 1 StPO umgesetzt werden soll. Der Protokollführer kann nur diejenigen Umstände wahrnehmen und protokollieren, die in der Hauptverhandlung stattfinden.[366] Die Wahrnehmung durch den Protokollführer ist erforderlich, da er mit seiner Ausfertigung bezeugt, dass sich die Verfahrenstatsachen, so wie sie das Protokoll ausweist, in der Hauptverhandlung ereignet haben. Soweit das Protokoll Umstände erfasst, die außerhalb der Hauptverhandlung stattfinden, beruht der Protokollvermerk darauf, dass die Umstände vorab in die Hauptverhandlung eingeführt wurden.[367]

Es stellt sich daher die Frage, ob Absprachen, die außerhalb der Hauptverhandlung stattfinden, in der Hauptverhandlung mitzuteilen sind. Dies lässt sich durch einen Blick auf den Regelungsinhalt der Mitteilungspflichten nach § 243 Abs. 4 StPO beantworten. Informelle Absprachen, die außerhalb der Hauptverhandlung stattfinden, sind Erörterungen nach den §§ 202a, 212 StPO, deren Gegenstand die Möglichkeit einer Verständigung ist, und welche deshalb zu offenbaren sind, § 243 Abs. 4 StPO.[368] Eine Protokollierung dieser Erörterungen findet dann allerdings nach § 273 Abs. 1a S. 2 StPO statt und protokolliert wird vielmehr die Mitteilung in der Hauptverhandlung, nicht die Absprache

364 *Niemöller*, in: FS-Rissing-van Saan, 393, 395 f.; *ders.*, in: N/Sch/W, Teil B, § 273 Rn. 16.

365 *Niemöller*, in: N/Sch/W, Teil B, § 273 Rn. 16, vermutet, dass das Gesetz an den Stellen, wo es auf den Zusatz „(§ 257c StPO“) verzichtet, der besseren Lesbarkeit des Gesetzes zu dienen beabsichtigt.

366 *Knauer*, in: NStZ 2013, 433, 435; *Mosbacher*, in: NZWiSt 2013, 201, 205; *Niemöller*, in: FS-Rissing-van Saan, 393, 396; *ders., in:* GA 2014, 179, 183 f.; *Stuckenberg*, in: LR-StPO, § 273 Rn. 35; *Walther*, in: Sinn/Schößling, S. 155, Rn. 90.

367 So bspw. die Vorgespräche nach §§ 202a, 212 StPO, deren Gegenstand die Möglichkeit einer Verständigung gewesen ist, und die deswegen über § 243 Abs. 4 StPO in die Hauptverhandlung eingeführt und nach § 273 Abs. 1a S. 2 StPO protokolliert werden müssen.

368 s. oben Kap. 2 die Einleitung zu B.II.2.c).; a.A. *Niemöller*, in: GA 2014, 179, 185 f., der ausführt, dass die Möglichkeit einer Verständigung bei Erörterungen, die auf eine informelle Absprache abzielen, gerade nicht anzunehmen sei.

selber.[369] Die Protokollierung dieser Gespräche als informelle Verständigung sieht das Gesetz nicht vor, § 273 Abs. 1a S. 1 StPO.

Auch der Einwand der *Verfassungsrichter*, dass die Transparenz- und Dokumentationspflichten „die ihnen (…) zugedachte Funktion von vornherein nicht wirksam erfüllen“[370] könnten, wenn die Konzeption und damit der Verständigungsbegriff nicht auch informelle Absprachen erfassen, greift daher nicht durch. Denn eine Pflicht, Absprachen zu offenbaren, und die Offenbarung zu protokollieren, besteht unabhängig von der tatbestandlichen Ausweitung auf informelle Absprachen nach §§ 243 Abs. 4, 273 Abs. 1a S. 2 StPO. Eine Regelungslücke liegt insoweit also gar nicht vor.[371]

Dass sich die Protokollierung nach § 273 Abs. 1a S. 1 StPO gerade nicht auf informelle Absprachen außerhalb der Hauptverhandlung erstreckt, bestätigt letztlich auch die revisionsgerichtliche Rechtsprechung. Denn soweit die revisionsgerichtlichen Verfahrensrügen – informelle – Vorgehensweisen außerhalb der Hauptverhandlung betreffen, geht es immer nur um die Frage, ob die Entscheidungen auf einer Verletzung der §§ 243 Abs. 4 S. 2, 273 Abs. 1a S. 2 StPO beruhen.[372] Eine Debatte um eine Protokollierungsnotwendigkeit nach § 273 Abs. 1a S. 1 StPO findet hingegen nicht statt.

---

369 s. unten Kap. 2 unter C.III.

370 BVerfG, 2 BvR 2628/10 u.a., Urt. v. 19.3.2013 = BVerfGE 133, 168, 213 (Rn. 76).

371 Dazu, dass das Gesetz, indem es nur formelle Absprachen regelt, keine Regelungslücke begründet, *Niemöller*, in: GA 2014, 179, 181 f.; *ders.*, in: in: FS-Rissing-van Saan, 393, 396 f., vermutet, dass der Gesetzgeber dem Negativattest zwar eine weiterreichende Aussagekraft verleihen wollte, dies jedoch wegen der begrenzten Reichweite des Protokolls nicht zu erreichen war.

372 BGH 2 StR 195/12, Urt. v. 10.7.2013 = BGHSt 58, 310, 313: „Das Gesetz will erreichen, dass derartige Erörterungen stets in der öffentlichen Hauptverhandlung zur Sprache kommen und dies auch inhaltlich dokumentiert wird. Gespräche außerhalb der Hauptverhandlung dürfen kein informelles und unkontrollierbares Verfahren eröffnen“; BGH 4 StR 272/13, Beschl. v. 8.10.2013 = StV 2014, 67; BGH 2 StR 410/13, Beschl. v. 3.12.2013 = StV 2014, 515; BGH 5 StR 601/14, Beschl. v. 28.1.2015 = NStZ 2015, 178: „Mit dieser Vorgehensweise hat das Landgericht gegen die ihm obliegenden Mitteilungs- und Dokumentationspflichten von außerhalb der Hauptverhandlung geführten Rechtsgesprächen (§ 243 Abs. 4 Satz 1 und 2, § 273 Abs. 1a Satz 2 StPO) verstoßen. Nach dem Regelungskonzept des Verständigungsgesetzes wird durch diese Schutzmechanismen das Ziel verfolgt, eine wirksame vollumfängliche revisionsgerichtliche Kontrolle verständigungsbasierter Urteile zu ermöglichen und sogenannte informelle Absprachen zu verhindern“; BGH 4 StR 470/14, Beschl. v. 25.2.2015 = StV 2016, 91; BGH 2 StR 75/14, Urt. v. 21.7.2015 = StV 2016, 94; BGH 1 StR 149/15, Beschl. v. 23.7.2015 = StV 2016, 95; OLG Bremen, 1 Ss 60/15, Beschl.

c) Zur konkludenten Verständigung

Zu einer weiteren Auseinandersetzung mit der Regelungsreichweite von § 273 Abs. 1a S. 1 StPO zwingt der Begriff der konkludenten Verständigung. Als konkludente Verständigung gelten sämtliche Formen der Kommunikation, deren Ergebnis zwar eine Verfahrensabsprache ist, in deren Folge es allerdings zu keiner ausdrücklichen Vereinbarung der Verfahrensbeteiligten kommt. Stattdessen wird das in § 257c Abs. 3 StPO vorgesehene Verständigungsverfahren durch ein konkludentes und damit informelles, allseitiges Einverständnis ersetzt – eine Verfahrensweise, die von Landau treffend als „Verständigungspantomime“[373] beschrieben wurde – „(m)an kennt sich, man vertraut einander.“[374]

aa) Die Erscheinungsformen einer konkludenten Verständigung

Die Revisionsrechtsprechung kennt zwei Formen von konkludenten Verständigungen. Die erste Form einer konkludenten Verständigung verdeutlicht eine frühe Entscheidung des *Zweiten Strafsenats*[375]: Erörtern die Staatsanwaltschaft und die Verteidigung außerhalb der Hauptverhandlung im Beisein des Gerichts Anträge zur Strafart und Strafhöhe nach einer Teileinstellung des Verfahrens und einer Ablegung eines Geständnisses, und verhalten sich die Verfahrensbeteiligten in der sich anschließenden Hauptverhandlung verständigungstypisch[376], so liegt in dieser Verfahrensweise auch ohne ausdrückliche Einigung der Beteiligten eine konkludente Verständigung, wenn in der Hauptverhandlung kein Verfahren nach § 257c Abs. 3 StPO stattfindet.[377] Eine konkludente Verständigung sei regelmäßig selbst dann anzunehmen, wenn das Gericht bei der Erörterung des Vorgehens geschwiegen oder erklärt hat, es stimme der Vorgehensweise nicht zu, sofern das Verhalten des Gerichts „für die Beteiligten

---

v. 6.1.2015 = StV 2016, 790; BGH 1 StR 315/15, Beschl. v. 18.7.2016 = StV 2018, 6; BGH 3 StR 153/16, Urt. v. 28.7.2016 = StV 2016, 772.

373 *Landau*, in: NStZ 2014, 425, 429 und *Norouzi*, in: NJW 2014, 874 – beide in Bezug auf BGH 2 StR 267/13, Beschl. v. 24.9.2013 = StV 2014, 201.

374 *Norouzi*, in: NJW 2014, 874.

375 BGH 2 StR 267/13, Beschl. v. 24.9.2013 = StV 2014, 201.

376 Formalgeständnis bei gleichzeitigem Verzicht auf eine Beweisaufnahme sowie die Erklärung des Rechtsmittelverzichts, so in BGH 2 StR 267/13, Beschl. v. 24.9.2013 = StV 2014, 201.

377 BGH 2 StR 267/13, Beschl. v. 24.9.2013 = StV 2014, 201; zustimmend *Jäger*, in: JA 2014, 394, 396; *Knauer*, in: NStZ 2014, 115, 116.

erkennbar nur den Sinn haben sollte, die formalen Anforderungen an eine Absprache gemäß § 257c StPO und deren Rechtsfolgen zu umgehen".[378]

Als konkludente – informelle – Verständigung ist danach – erstens – jede nicht ausdrückliche Absprache außerhalb der Hauptverhandlung zu verstehen, die in der Hauptverhandlung ohne Verfahren nach § 257c Abs. 3 StPO umgesetzt wird.

Die zweite Form einer konkludenten Verständigung verdeutlicht ein Beschluss des *OLG Hamm*[379]: Erklärt der Vorsitzende ohne vorangehende Erörterungen nach § 243 Abs. 4 StPO zu Protokoll, dass dem Angeklagten noch einmal Bewährung eingeräumt werden könne, wenn dieser das Rechtsmittel beschränke und dadurch Einsicht dokumentiere, und verhält sich der Angeklagte dem gerichtlichen Vorschlag entsprechend, stellt dies jedenfalls dann eine konkludente Verständigung dar, wenn der Angeklagte die Äußerung des Gerichts „bei verständiger Würdigung als Verständigungsvorschlag iSd § 257c Abs. 3 S. 1 StPO oder jedenfalls als Anregung einer Verständigung mit dem aufgezeigten Inhalt (habe) verstehen"[380] dürfen.[381]

Als konkludente Verständigung ist damit – zweitens – jede nicht ausdrückliche Einigung innerhalb der Hauptverhandlung zu verstehen, die sodann ohne Verfahren nach § 257c Abs. 3 StPO umgesetzt wird.

bb) Einigsein oder Einigung – Die Abgrenzung der kommunikativen Verfahrensführung zu einer konkludenten Verständigung

Dabei drängt sich angesichts der vorstehenden Entscheidungen zunächst die Frage auf, ob es neben der konkludenten Verständigung nach wie vor Platz für die allgemeine kommunikative Verfahrensführung des Gerichts gibt. Für die Abgrenzung dieser Kommunikationsformen zueinander ist maßgebend, wie

378 BGH 2 StR 267/13, Beschl. v. 24.9.2013 = StV 2014, 201.

379 OLG Hamm, 2 RVs 47/15, Beschl. v. 29.12.2015 = StV 2016, 79.

380 OLG Hamm, 2 RVs 47/15, Beschl. v. 29.12.2015 = StV 2016, 791, 792; a.A. *Bittmann*, in: NStZ 2016, 567.

381 Als wesentliches Indiz für das Vorliegen einer Verständigung führte das OLG Hamm an, dass der Vorsitzende dem Angeklagten nach der Verkündung des Urteils einer qualifizierte Belehrung nach § 35 S. 3 StPO erteilte, die gesetzlich nur dann vorgeschrieben ist, wenn eine Verständigung stattgefunden hat: „Der Kammervorsitzende ging demnach offenbar selbst von einer dem Urteil zugrundeliegenden Verständigung iSv § 257c StPO aus, die allerdings entgegen §§ 257c Abs. 3, (…), 273 Abs. 1a S. 1 StPO nicht im Protokoll dokumentiert wurde", OLG Hamm, 2 RVs 47/15, Beschl. v. 29.12.2015 = StV 2016, 791, 792.

im Zusammenhang mit konkludenten Verständigungen der Begriff der Verständigung zu verstehen ist.

Nach *Bittmann* ist eine Verständigung „das Ergebnis eines Prozesses der Angleichung von zuvor nicht bestehender Übereinstimmung“[382]. Auch nach *Niemöller* ist zwischen einem gleichgerichteten Prozessverhalten im Sinne eines Einigseins und einer Einigung im Wege einer Verständigung zu differenzieren.[383] Darüber hinaus verlangen beide eine bindende Übereinkunft mit dem Gericht, woraus folge, dass „Alles, was unverbindlich bleibt, (…) keine strafprozessuale Verständigung“[384] sei – auch nicht konkludent.[385]

Diese Abgrenzung stellt die Revisionsgerichte jedoch vor erhebliche Schwierigkeiten.[386] Denn eine trennscharfe Differenzierung zwischen einem vorherigen Einigsein der Beteiligten und einer Einigung im Wege einer Verständigung ist ex post kaum möglich. *Bittmann* verweist zutreffend auf die Schwierigkeiten bei der gerichtlichen Überzeugungsbildung.[387] Des Weiteren sei mit Blick auf die Verbindlichkeit einer Abrede als Abgrenzungskriterium darauf verwiesen, dass es eine wirklich unverbindliche Konversation im Strafprozess nicht gibt. Eine „(k)ommunikative Verhandlungsführung ergibt nur dort einen Sinn, wo sich die Beteiligten auf ihre Verbindlichkeit jedenfalls vorläufig (…) verlassen können.“[388] Damit führt auch das Kriterium der Verbindlichkeit nicht weiter, weil – im Zweifel – allen Gesprächen eine gewisse Verbindlichkeit zukommt.

Die Abgrenzung der kommunikativen Verfahrensführung zu einer konkludenten Verständigung muss sich deswegen an der Zweifelsregelung des *BVerfG* orientieren. Das *BVerfG* gab im Verständigungsurteil vor, dass Erörterungen nach § 243 Abs. 4 StPO im Zweifel mitzuteilen seien.[389] Diese Zweifelsregelung, mit der das *BVerfG* bezweckt, informelle Absprachen zu verhindern, muss in gleicher Weise für die Abgrenzung der kommunikativen Verfahrensführung zu konkludenten Verständigungen gelten, weil auch im Rahmen dieser

382 *Bittmann*, in: NStZ 2016, 567, 568.

383 *Niemöller*, in: JR 2014, 216, 220.

384 *Bittmann*, in: NStZ 2016, 567, 568.

385 *Niemöller*, in: JR 2014, 216, 220, mit dem Hinweis darauf, dass dem Schweigen des Gerichts zu Unrecht die Bedeutung einer Zustimmung zukomme, was den elementaren Grundsätzen des Vertragsrechts zuwiderlaufe.

386 *Bittmann*, in: NStZ 2016, 567, 568, spricht zu Recht von einem schmalen Grat, den die Abgrenzung bildet.

387 *Bittmann*, in: NStZ 2016, 567, 568.

388 *König/Harrendorf*, in: AnwBl 2013, 321, 322.

389 BVerfG, 2 BvR 2628/10 u.a., Urt. v. 19.3.2013 = BVerfGE 133, 168, 216 f. (Rn. 85).

Abgrenzung die Verhinderung von informellen Absprachen als primäres Ziel des Verständigungsurteils Beachtung finden muss. Die Gerichte müssen also – auch hier – Farbe bekennen, ob sie eine Verständigung wollen, ob eine Absprache stattgefunden hat oder ob dies nicht der Fall ist. *Norouzi* bezeichnet dies zutreffend als eine vom *BVerfG* intendierte „Veränderung der Kommunikationskultur“[390] bei Gericht.

Eine konkludente Verständigung ist deswegen – im Zweifel – jede konkludente Einigung über ein dem Regelungsinhalt des § 257c StPO vergleichbares Vorgehen der Verfahrensbeteiligten[391], bei welchem das Gericht nicht ausdrücklich und unter Berücksichtigung des Verfahrensablaufs widerspruchsfrei darlegt, dass keine Verständigung stattgefunden hat.[392] Unterhalb dieser Schwelle ist die allgemeine kommunikative Verfahrensführung als „selbstverständliche Anforderung an eine sachgerechte Prozessleitung“[393] trotz der Rechtsprechung zu konkludenten Verständigungen weiterhin möglich.

cc) Die Protokollierung einer konkludenten Verständigung

Bezüglich der Protokollierungsanforderungen bei konkludenten Verständigungen muss differenziert werden.

Eine konkludente Verständigung, bei der die Einigung konkludent außerhalb der Hauptverhandlung stattfindet, ist nicht nach § 273 Abs. 1a S. 1 StPO zu protokollieren. Denn im Gegensatz zu einer protokollierungspflichtigen Verständigung im Sinne des § 273 Abs. 1a S. 1 StPO findet bei diesen informellen Absprachen die konkludente Einigung außerhalb der Hauptverhandlung statt. Die konkludente Einigung ist – wie auch die ausdrückliche informelle Einigung außerhalb der Hauptverhandlung[394] – als Erörterung nach § 243 Abs. 4 StPO mitzuteilen und die Mitteilung ist nach § 273 Abs. 1a S. 2 StPO zu protokollieren.[395] Der Vollzug einer solchen – konkludenten – Vereinbarung,

---

390 *Norouzi*, in: NJW 2014, 874.

391 *Fleischmann*, in: NJ 2014, 172, 173.

392 Nach *Jäger*, in: JA 2014, 394, 396, kann insbesondere dem Schweigen des Gerichts aus dem Gesamtzusammenhang des Verfahrensführung ein Erklärungswert abgeleitet werden; *Norouzi*, in: NJW 2014, 874, spricht von dem Anschein einer konkludenten Verstrickung, den das Gericht nicht aufkommen lassen darf; siehe hierzu auch BGH 1 StR 545/18, Beschl. v. 9.10.19 = StV 2021, 15, m. krit. Anm. *Bittmann*, in: NStZ 2020, 238.

393 BVerfG, 2 BvR 2628/10 u.a., Urt. v. 19.3.2013 = BVerfGE 133, 168, 228 (Rn. 106).

394 s. oben Kap. 2 unter C.I.1.

395 Hierzu oben Kap. 2 unter C.I.1.b); zum Umfang der Protokollierung nach § 273 Abs. 1a S. 2 unten Kap. 2 unter C.III.

die das Verfahren nach § 257c Abs. 3 StPO umgeht, ist wegen des Verstoßes gegen § 257c StPO zwar rechtswidrig, jedoch nicht als Verständigung im Protokoll der Hauptverhandlung nach § 273 Abs. 1a S. 1 StPO auszuweisen.[396]

Eine konkludente Verständigung innerhalb der Hauptverhandlung ist hingegen – jedenfalls theoretisch – gemäß § 273 Abs. 1a S. 1 StPO auszuweisen, weil hier die Einigung – so wie es § 257c Abs. 3 StPO grundsätzlich vorsieht – innerhalb der Hauptverhandlung stattfindet.[397] Jede andere Sichtweise verkennt, dass Absprachen auch dann, wenn sie öffentlich in der Hauptverhandlung stattfinden, fernab des gesetzlich vorgeschriebenen Ablaufs nach § 257c Abs. 3 StPO stattfinden können. Die Protokollierungspflichten dienen gerade der Absicherung des gesetzlichen Ablaufs.[398] Das Kontrollbedürfnis wird deshalb sogar umso größer sein, wenn Absprachen vorliegen, die das Verständigungsverfahren in der Hauptverhandlung missachten. Auch die Regelungskonzeption und die Terminologie des Gesetzes führen zu einem solchen Verständnis. Denn es handelt sich trotz des konkludenten Charakters der Einigung weiter um eine Einigung innerhalb der öffentlichen Hauptverhandlung. Die konkludente Verfahrensweise führt nicht dazu, dass die Verständigung ihren Charakter als solche verliert.

Allerdings ist die Protokollierung von konkludenten Verständigungen, die innerhalb der Hauptverhandlung stattfinden, eine bloß theoretische Pflicht, die in der Praxis so nicht umgesetzt werden wird, weil sich konkludente Verständigungen und die Einhaltung der Protokollierungspflichten ausschließen. Das Gericht müsste neben dem Inhalt und dem Ergebnis der Verständigung verschriftlichen, dass es sich verständigt hat, ohne den gesetzlich vorgeschriebenen Ablauf nach § 257c Abs. 3 StPO beachtet zu haben. Hierdurch müsste das Gericht seinen eigenen Gesetzesverstoß zu Protokoll geben.

---

396 So i.E. auch der BGH, der bei seinen Ausführungen im Urteil die nicht vollständige Mitteilung und deren Protokollierung nach §§ 243 Abs. 4, 273 Abs. 1a S. 2 StPO sowie den Verstoß gegen § 257c StPO feststellt; zustimmend *Fleischmann*, in: NJ 2014, 172, 173: „Protokoll insoweit zutreffend".

397 OLG Hamm, 2 RVs 47/15, Beschl. v. 29.12.2015 = StV 2016, 791, 792: „Der Kammervorsitzende ging demnach offenbar selbst von einer dem Urteil zugrunde liegenden Verständigung iSv § 257 c StPO aus, die allerdings entgegen § 257 c Abs. 3, § 243 Abs. 4 S. 2, § 273 Abs. 1 a S. 1 StPO nicht im Protokoll dokumentiert wurde."

398 Gesetzesentwurf der BReg., BT-Drs. 16/12310, S. 15.

2. *Zum Umfang der Protokollierung nach § 273 Abs. 1a S. 1 StPO*

Findet in der Hauptverhandlung eine Verständigung statt, muss das Protokoll nach § 273 Abs. 1a S. 1 StPO den wesentlichen Ablauf und Inhalt sowie das Ergebnis der Verständigung wiedergeben. Nach dem *BVerfG* gehört zum mitteilungspflichtigen Inhalt auch „wer die Anregung zu den (Verständigungs-) Gesprächen gab und welchen Inhalt die einzelnen ‚Diskussionsbeiträge' aller Verfahrensbeteiligten sowie der Richter hatten, insbesondere von welchem Sachverhalt sie hierbei ausgingen und welche Ergebnisvorstellungen sie äußerten"[399].

Allerdings zählen weder die Sachverhaltsvorstellungen noch die einzelnen Diskussionsbeiträge der Verfahrensbeteiligten zu den wesentlichen Förmlichkeiten des Verfahrens. Sie sind deswegen auch nicht nach § 273 Abs. 1a S. 1 StPO zu protokollieren.[400] Als wesentliche Förmlichkeit des Strafverfahrens gelten nur diejenigen Umstände und Abläufe, die für die Gesetzmäßigkeit des Verfahrens von Bedeutung sein können.[401]

§ 257c Abs. 4 S. 1 StPO zeigt, dass es für die Rechtmäßigkeit einer Verständigung alleine auf die Sachverhaltsvorstellungen des Gerichts ankommt und diese nur dann von Bedeutung sind, wenn das Gericht zu der Überzeugung gelangt, dass der in Aussicht gestellte Strafrahmen deshalb nicht mehr tat- und schuldangemessen ist. Beabsichtigt das Gericht von der Verständigung abzuweichen, weil es von einem anderen Sachverhalt ausgegangen ist, muss es sich hierzu in der Hauptverhandlung erklären, § 257c Abs. 4 S. 4 StPO. Diese Erklärung, welche die abweichenden Sachverhaltsvorstellungen des Gerichts umfasst, ist mit ihrem wesentlichen Inhalt allerdings schon gemäß § 273 Abs. 1a S. 2 StPO zu protokollieren.[402] Einer zusätzlichen Protokollierung nach § 273 Abs. 1a S. 1 StPO bedarf es daher nicht.

---

399 BVerfG, 2 BvR 2628/10 u.a., Urt. v. 19.3.2013 = BVerfGE 133, 168, 217 (Rn. 86).

400 Der Gesetzgeber spricht bei der Begründung des Verständigungsgesetzes von der Protokollierung der wesentlichen Förmlichkeiten des Verfahrens, Gesetzesentwurf der BReg., BT-Drs. 16/12310, S. 15

401 *Schmitt*, in: Meyer-Goßner/Schmitt, § 273 Rn. 6; genauer *Kahlo*, in: FS-Meyer-Goßner, 447, 466: Die wesentlichen Förmlichkeiten i.S.d. § 273 StPO sind „diejenigen gesetzlich vorgeschriebenen Verlaufsstrukturen der Hauptverhandlung eines Strafprozesses, die deren Fortgang eine den Grundsätzen eines rechtsstaatlichen Strafverfahrens entsprechende Form geben und es dem Angeklagten ermöglichen, diesem Gang bei verständiger Beurteilung zuzustimmen."

402 s. unten Kap. 2 unter C.III.

Auch die einzelnen Diskussionsbeiträge der Verfahrensbeteiligten zählen nicht zu den wesentlichen Förmlichkeiten des Strafverfahrens. Mit den Diskussionsbeiträgen dürften neben den gerichtlichen Hinweisen, die möglicherweise über den Verständigungsvorschlag hinaus geäußert werden, vor allem die Stellungnahmen nach § 257c Abs. 3 S. 3 StPO gemeint sein.[403] Dass das Verständigungskonzept diese Stellungnahmen ausdrücklich regelt, ist Ausdruck der allgemeinen Pflicht des Gerichts gemäß § 33 StPO, den Verfahrensbeteiligten Gelegenheit zu geben, sich vor einer gerichtlichen Entscheidung dazu zu äußern.[404] Im Rahmen des § 33 StPO genügt es jedoch, wenn sich aus der Sitzungsniederschrift ergibt, dass die Verfahrensbeteiligten erkennbar Gelegenheit zur Äußerung hatten.[405] Eine inhaltliche Niederschrift ist bei den Stellungnahmen nach § 33 StPO nicht erforderlich.

Dies muss auch im Rahmen des § 273 Abs. 1a S. 1 StPO gelten. Dass der Gesetzgeber abweichend von diesem Konzept eine Ausweitung der Protokollierung von Stellungnahmen beabsichtigt hat, ohne dies im Wortlaut von § 273 Abs. 1a S. 1 StPO explizit auszuführen, liegt fern.[406] Vielmehr ist davon auszugehen, dass sich die Protokollierungsanforderungen bei § 273 Abs. 1a S. 1 StPO mit denen bei § 33 StPO decken, weil die Protokollierung in beiden Fällen darlegen soll, dass es die Möglichkeit zur Stellungnahme gegeben hat. Für die Rechtmäßigkeit des Verfahrens kommt es alleine auf die Möglichkeit zur Stellungnahme nach § 257c Abs. 3 S. 3 StPO an. Diese ist nach § 273 Abs. 1a S. 1 StPO zu protokollieren. Die Inhalte von etwaigen Stellungnahmen müssen für die Rechtmäßigkeit des Verfahrens nicht protokolliert werden.

Darüber hinaus verstößt jedenfalls die Auslegung, die Sachverhaltsvorstellungen seien protokollierungspflichtig, gegen den Wortlaut von § 273 Abs. 1a S. 1 StPO. Dieser gibt ausschließlich vor, den wesentlichen Ablauf und Inhalt sowie das Ergebnis einer Verständigung zu protokollieren, nicht jedoch den Hintergrund oder die Beweggründe der Verständigung.[407]

---

403 Siehe hierzu auch *Rabe*, in: Das Verständigungsurteil, S. 344.

404 Ebd.

405 *Maul*, in: KK-StPO, § 33, Rn. 7; *Valerius*, in: MüKo-StPO, § 33 Rn. 16; ebenso *Weßlau/Weißer*, in: SK-StPO, § 33, Rn. 11; ungenau in der Formulierung *Schmitt*, in: Meyer-Goßner/Schmitt, § 33 Rn. 8; a.A. *Claus*, in: SSW-StPO, § 33 Rn. 8: „Der Grundsatz des rechtlichen Gehörs beherrscht die ganze Hauptverhandlung (…). Die Anhörung [nach § 33 StPO] (…) stellt deshalb grundsätzlich auch keine protokollpflichtige wesentliche Förmlichkeit im Sinne der §§ 273, 274 dar".

406 *Rabe*, in: Das Verständigungsurteil, S. 344.

407 *Rabe*, in: Das Verständigungsurteil, S. 339 f.

Es besteht daher im Ergebnis kein rechtliches Bedürfnis, die Umstände eines in der Hauptverhandlung erfolgten Verständigungsvorgangs in dem Maße zu protokollieren, wie es das *BVerfG* fordert.[408] Die Protokollierung von Verständigungen sollte sich deshalb – wie auch sonst – auf die wesentlichen Förmlichkeiten im allgemeinen Sinne beschränken. Für die Gesetzmäßigkeit einer Verständigung sind nur der Inhalt und das Ergebnis des gerichtlichen Verständigungsvorschlages relevant, sowie die Frage danach, ob das Verständigungsverfahren nach § 257c Abs. 3 StPO eingehalten wurde. Das Gesetz versteht unter dem „Inhalt" der Verständigung allerdings nicht die Inhalte der Erörterungen, sondern allein die Beschreibung der Verständigung selbst. Die Vorgaben des *BVerfG*, die darüber hinausgehen, und so zum Teil sogar Aspekte aufgreifen, die dem Anwendungsbereich der Protokollierung nach § 273 Abs. 1a S. 2 StPO unterfallen, sind abzulehnen.[409]

Die Revisionsrechtsprechung enthält keine Aussage zu dem Umfang der Protokollierung nach § 273 Abs. 1a S. 1 StPO. Der Protokollierungsumfang von Verständigungen ist damit ein eher theoretisches Problem im Rahmen der Dokumentationspflichten, was nicht weiter überrascht, weil die bloß unvollständige Protokollierung einer Verständigung, die das Gericht im Protokoll festgehalten hat, in keinem unmittelbaren Zusammenhang mit einer informellen, illegalen Verständigung steht. Auch bleibt fraglich, was Gegenstand der Rüge sein soll, weil Rügen, die alleine ein fehlerhaftes Protokoll bemängeln, im Allgemeinen unzulässig sind.[410] Eine Aussage darüber, ob und inwieweit die Vorgaben des *BVerfG* zum Umfang der Protokollierung in der Praxis umgesetzt werden oder nicht, ist daher nicht möglich.

---

408 *Ziegler*, in: FS-von-Heintschel-Heinegg, 521, 529, der aufgrund des Umfangs der Protokollierung ausführt, dass es sich um eine Leistung handle, „die kaum fehlerfrei erbracht werden kann" und darüber hinaus aufzuzeigen versucht, dass „eine effektive Kontrolle durch den Protokollierungszwang nicht zu erreichen" sei.

409 *Ziegler*, in: FS-von-Heintschel-Heinegg, 521, 528 f.; die Sinnhaftigkeit einer umfassenden Protokollierungspflicht bezweifelt auch *Bittmann*, in: NStZ 2016, 119, 120; ebenso skeptisch *Walther*, in: Sinn/Schößling, S. 161, Rn. 131; a.A. *Schneider*, in: NStZ 2014, 252, 254; *Stuckenberg*, in: LR-StPO, § 273 Rn. 32, der den Protokollierungsumfang bereits vor dem Urteil des BVerfG sehr weit ausgelegt hat; *Valerius*, in: MüKo-StPO, § 273 Rn. 35; ähnlich *Mosbacher*, in: NStZ 2013, 722, 723, der von einer „umfassend(en)" Protokollierung spricht.

410 *Schmitt*, in: Meyer-Goßner/Schmitt, § 273 Rn. 36; näher zu den Besonderheiten der Protokollrüge im Verständigungsrecht Kap. 3 unter B.III.1.

II. § 273 Abs. 1a S. 3 StPO – Das Negativattest

Nach § 273 Abs. 1a S. 3 StPO besteht die Pflicht zu einem Vermerk im Protokoll der Hauptverhandlung selbst dann, wenn keine Verständigung stattgefunden hat. Das Negativattest steht damit im Widerspruch zu der negativen Beweiskraft des Hauptverhandlungsprotokolls, weil gemäß § 274 StPO bereits aus dem Fehlen einer Protokollierung über eine Verständigung im Sinne des § 273 Abs. 1a S. 1 StPO folgt, dass es keine Verständigung gab.[411]

1. Zum Regelungszweck des Negativattestes

Um der Regelung einen Anwendungsbereich zu geben, versteht sie die h. M. als eine Ausnahme von der negativen Beweiskraft des Hauptverhandlungsprotokolls.[412] § 273 Abs. 1a S. 3 StPO soll nach der Gesetzesbegründung dazu dienen, die Geschehnisse in der Hauptverhandlung „mit höchst möglicher Gewissheit" zu dokumentieren.[413] Das Protokoll soll verlässlich und eindeutig sein und eine Verständigung ohne die Notwendigkeit von Interpretationen oder Rückschlüssen ausweisen oder ausschließen.[414]

2. Zum Beweiswert des Negativattestes

Aus der Pflicht, eine Verständigung sowohl positiv als auch negativ zu protokollieren, folgt, dass die Frage, ob eine Verständigung stattgefunden hat oder nicht, von zwei Seiten her beantwortet wird.[415] Für sich genommen stellt dies noch kein Problem dar. Denn wenn sich die Aussagen im Protokoll darüber, ob eine Verständigung stattgefunden hat oder nicht, decken[416], führt dies lediglich

---

411 Vgl. hierzu *Roxin/Schünemann*, in: Strafverfahrensrecht, § 51, Rn. 7: „als nicht geschehen gilt, was im Protokoll nicht behandelt ist"; nähere Ausführungen zur negativen Beweiskraft des Protokolls der Hauptverhandlung unten Kap. 2 unter C.II.3.

412 BGH 2 StR 371/10, Beschl. v. 29.9.2010 = BGH 2 StR 371/10, Beschl. v. 29.9.2010 = BGHSt 56, 3, 5 f; *Frister*, in: SK-StPO, § 273 Rn. 21; *Kühne*, in: FS-Kerner, 747, 749; *Ladiges*, in: JR 2012, 371, 372; *Momsen*, in: FS-Roxin II, 1403, 1406; *Niemöller*, in: FS-Rissing-van Saan, 393, 397 ff.; *ders.*, in: N/Sch/W, Teil B, § 273 Rn. 27 ff.; *Schmitt*, in: Meyer-Goßner/Schmitt, § 273 Rn. 12c; *Stuckenberg*, in: LR-StPO, § 273, Rn. 36.

413 Gesetzesentwurf der BReg., BT-Drs. 16/12310, S. 15.

414 *Kühne*, in: FS-Kerner, 747, 749.

415 *Niemöller*, in: FS-Rissing-van Saan, 393, 397 ff.; *ders.*, in: N/Sch/W, Teil B, § 273 Rn. 27 ff.

416 Eine solche Übereinstimmung liegt in zwei Konstellationen vor: 1) Das Protokoll weist (mit positiver Beweiskraft) aus, dass eine Verständigung stattgefunden hat,

zu einer unproblematischen Beweisverdopplung.[417] Dies ließe sich sogar im Sinne der gesetzgeberischen Intention „höchst mögliche(r) Gewissheit“[418] verstehen. Dennoch ist das Negativattest dann redundant. Über die gewonnene Sicherheit in Form der Beweisverdopplung hinaus ergibt sich durch die Verpflichtung zum Negativattest kein Mehrwert.[419]

Bevor auf die Rechtsfolgen eingegangen werden kann, die eintreten, wenn sich die Aussagen im Protokoll über eine Verständigung nicht decken, ist zunächst zu klären, welche Aussage das Negativattest im Protokoll der Hauptverhandlung trifft.

a) Zur Regelungsreichweite des Negativattestes

aa) Informelle Verfahrensabsprachen

Fall 1: Das Gericht, die Staatsanwaltschaft und der Verteidiger des Angeklagten sprechen sich informell außerhalb der Hauptverhandlung ab. Die Verfahrensbeteiligten verfahren in der Hauptverhandlung wie besprochen. Das Protokoll der Hauptverhandlung bezeugt, dass eine Verständigung nicht stattgefunden hat, § 273 Abs. 1a S. 3 StPO.

Nach dem Gesetzesentwurf der Bundesregierung dient das Negativattest dazu „in der Revision überprüfbar die Geschehnisse in der Hauptverhandlung zu dokumentieren und auszuschließen, dass ‚stillschweigend‘ ohne Beachtung der gesetzlichen Förmlichkeiten solche Verhaltensweisen stattgefunden haben.“[420] Eine Auslegung, die informelle Absprachen außerhalb der Hauptverhandlung ebenso erfasst wie formelle Verständigungen nach § 257c StPO, wäre

---

S. 1. Zugleich beinhaltet das Protokoll kein Negativattest, S. 3, wodurch es (mit negativer Beweiskraft) ebenfalls das Stattfinden einer Verständigung bezeugt.

2) Das Protokoll weist in Form des Negativattestes (mit positiver Beweiskraft) aus, dass keine Verständigung stattgefunden hat, während dies das Hauptverhandlungsprotokoll im Übrigen dadurch (und mit negativer Beweiskraft) bezeugt, dass es keine Verständigung ausweist, S. 1.

417 *Niemöller*, in: FS-Rissing-van Saan, 393, 398 f.; *ders.*, in: N/Sch/W, Teil B, § 273 Rn. 29.

418 Gesetzesentwurf der BReg., BT-Drs. 16/12310, S. 15.

419 *Niemöller*, in: N/Sch/W, Teil B, § 273 Rn. 29: „Ein doppelter Beweis macht aber keinen Sinn – auch im Revisionsrecht braucht man ihn nicht.“

420 Gesetzesentwurf der BReg., BT-Drs. 16/12310, S. 15.

vor diesen Hintergrund nur sachgerecht.[421] Das Negativattest wäre in Fall 1 dann falsch. Die Gerichte stünden – ähnlich wie bei der Negativmitteilung[422] – in einer Art Bringschuld, sich – auch – in der Frage der Existenz informeller Absprachen zu offenbaren. Darüber hinaus ließe sich durch die weite Auslegung der Protokollierung die Drohkulisse der Falschbeurkundung im Amt gemäß § 348 StGB zu Nutzen machen.[423]

Ein solches Verständnis wäre auch mit den Ausführungen im Verständigungsurteil vereinbar. Das *BVerfG* führte aus, die Negativattestierung sei „falsch", wenn sich die Parteien „unter Verstoß gegen die gesetzlichen Vorschriften" „zum Inhalt, *zum Zustandekommen* [Hervorhebung durch den *Verf.*], und zu den Folgen" verständigen.[424] Das Negativattest erfasst danach alle Absprachen, die zu irgendeinem Zeitpunkt im Verfahren unter Verstoß gegen die Vorschriften zum Zustandekommen einer Verständigung stattfinden. An einer anderen Stelle des Urteils verweist das *BVerfG* dagegen auf die Argumentation der Bundesregierung im Gesetzgebungsverfahren und betont, dass das Negativattest nach § 273 Abs. 1a S. 3 StPO, dazu diene, „das Geschehen *in der Hauptverhandlung* [Hervorhebung durch den *Verf.*] zu dokumentieren"[425]. Nach dieser zweiten Aussage erfasst das Negativattest informelle Absprachen, die außerhalb der Hauptverhandlung stattfinden, gerade nicht.[426] Eine eindeutige Aussage zur Reichweite der Protokollierung nach § 273 Abs. 1a S. 3 StPO trifft das *BVerfG* im Verständigungsurteil daher nicht.

Die Regelungsreichweite muss sich allerdings ohnehin maßgebend aus der gesetzlichen Konzeption ergeben und diese ist, wie sich bereits bei der Protokollierung nach § 273 Abs. 1a S. 1 StPO gezeigt hat, eindeutig.[427] Soweit das Gesetz den Begriff der Verständigung verwendet, meint es die Verständigung nach

421 So etwa *Jahn/Müller*, in: NJW 2009, 2625, 2630: Das Negativattest diene dazu, „dem Verdacht nicht öffentlich gemachter Absprachen entgegenzuwirken"; *Valerius*, in: MüKo-StPO, § 273 Rn. 37.

422 s. oben Kap. 2 unter B.I.4.b).

423 *Rabe*, in: Das Verständigungsurteil, S. 450.

424 BVerfG, 2 BvR 2628/10 u.a., Urt. v. 19.3.2013 = BVerfGE 133, 168, 213 f. (Rn. 78).

425 BVerfG, 2 BvR 2628/10 u.a., Urt. v. 19.3.2013 = BVerfGE 133, 168, 213 (Rn. 76).

426 *Niemöller*, in: GA 2014, 179, 186 ff., legt darüber hinaus überzeugend dar, dass die „Annahme, dass sich die Geltung von Regelungen des VerstG auch auf »informelle« Urteilsabsprachen erstrecke, (…) nicht zu den tragenden Gründen der Entscheidung gerechnet werden kann", weswegen „diese Auffassung die Gerichte (ohnehin) nicht binde(t)".

427 s. oben Kap. 2 unter C.I.1.b)

§ 257c StPO in der öffentlichen Hauptverhandlung. Dass das Gesetz mit § 273 Abs. 1a S. 3 StPO, wenn es an den Begriff der Verständigung anknüpft, entgegen der allgemeinen Bedeutung des Begriffes informelle Absprachen meint, ist weder mit dem Wortlaut noch mit der Systematik des Gesetzes vereinbar. Maßgebend ist auch hier, dass der Protokollführer nur diejenigen Umstände protokollieren kann, die in der Hauptverhandlung stattfinden oder ausbleiben, da er mit seiner Ausfertigung bezeugt, dass die Umstände auch wirklich so stattgefunden haben, wie sie das Protokoll ausweist.[428] Der *Dritte Strafsenat* des *BGH* geht deshalb zutreffend davon aus, dass „(n)icht in der Hauptverhandlung offen gelegte informelle Verständigungen (…) von der Protokollierungspflicht nach § 273 Abs. 1a S. 3 StPO nicht erfasst“[429] werden.[430]

bb) Verständigungserörterungen und gescheiterte Verständigungen

Fall 2: Das Gericht, die Staatsanwaltschaft und der Verteidiger des Angeklagten erörtern sowohl außerhalb als auch während der Hauptverhandlung die Möglichkeiten einer Verständigung. Im Anschluss daran gibt das Gericht nach § 257c Abs. 3 S. 1 StPO bekannt, welchen Inhalt die Verständigung haben könnte. Der nach § 257c Abs. 5 StPO belehrte Angeklagte lehnt die Verständigung ab. Das Protokoll der Hauptverhandlung gibt den Inhalt und den Ablauf der Erörterungen sowie der Verständigung gemäß §§ 273 Abs. 1 S. 2, Abs. 1a S. 1, 2 StPO wieder und bekundet im Übrigen, dass eine Verständigung nicht stattgefunden hat, § 273 Abs. 1a S. 3 StPO.

Auch hier ist das Negativattest im Protokoll richtig. Das Negativattest trifft keine Aussage über etwaige Verhandlungen auf dem Weg hin zu einer Verständigung.[431] Es besagt weder etwas über Erörterungen zur Möglichkeit einer Verständigung nach §§ 202a, 212, 257b StPO, noch darüber, ob es zu einem erfolglosen Versuch einer Verständigung im Sinne des § 257c Abs. 3 StPO kam.

---

428 s. hierzu m. w. N. schon Kap. 2 unter C.I.1.b).

429 BGH 3 StR 153/16, Urt. v. 28.7.2016 = StV 2016, 772, 772, m. w. N.

430 So auch *Frister*, in: SK-StPO, § 273 Rn. 22; *Güntge*, in: SSW-StPO, § 273 Rn. 12; *Ladiges*, in: JR 2012, 371, 372; *Schmitt*, in: Meyer-Goßner/Schmitt, § 273 Rn. 12c; *Stuckenberg*, in: LR-StPO, § 273, Rn. 35; a.A. *Valerius*, in: MüKo-StPO, § 273 Rn. 37; so wohl auch Bayerisches Oberstes Landesgericht, 202 StRR 105/20, Beschl. v. 2.12.20 = NStZ 2021, 230.

431 *Niemöller*, in: FS-Rissing-van Saan, 393, 395; *Ladiges*, in: JR 2012, 371, 372; a.A. *Brand/Petermann*, in: NJW 2010, 268, 270; etwas unklar, jedoch vermutlich a.A. Bayerisches Oberstes Landesgericht, 202 StRR 105/20, Beschl. v. 2.12.20 = NStZ 2021, 230.

Bereits die Terminologie des Gesetzes zeigt, dass das Negativattest keine Aussage über Verhandlungen zur Möglichkeit einer Verständigung trifft.[432] Das Gesetz meint fast ausnahmslos[433] dort, wo es von einer Verständigung spricht, das – erfolgreiche – Ergebnis des Einigungsprozesses in der öffentlichen Hauptverhandlung. Deutlich macht dies insbesondere die zentrale Norm des Verständigungsgesetzes, § 257c StPO.[434]

Die Ansicht *Brands/Petermanns*, welche meinen, das Gesetz treffe in § 273 Abs. 1a S. 3 StPO auch eine Aussage über Verhandlungen, die zu einer Verständigung hinführen, weil es im Gesetz nicht „ist eine Verständigung nicht zu Stande gekommen", sondern „hat eine Verständigung nicht stattgefunden" heiße[435], ist abzulehnen. Denn aus der Differenzierung, ob eine Verständigung *stattgefunden hat* oder eine Verständigung *zustande gekommen ist*, folgt keine jeweils andere Bedeutung für den Begriff der Verständigung.[436]

Angesichts des Regelungszweckes von § 273 Abs. 1a S. 3 StPO ergibt sich auch keine Notwendigkeit, zu verdeutlichen, dass es zu keinen Verständigungsverhandlungen (d.h. Erörterungen) gekommen ist. Denn aus den bloßen Verhandlungen resultieren noch keine Folgen für die Entscheidung des Gerichts.[437] Das

---

432 *Niemöller*, in: FS-Rissing-van Saan, 393, 395; a.A. *Brand/Petermann*, in: NJW 2010, 268, 270, die ausführen, dass der Wortlaut „eindeutig" ihre weite Ansicht bestätige und auch die Verhandlungen, die zu einer Verständigung hinführen, erfasse.

433 Anders ist dies nur i. R. v. § 273 Abs. 1a S. 1 StPO, da die Norm das gesamte Verständigungsverfahren zu protokollieren beabsichtigt, damit nicht nur das Ergebnis, sondern auch der Weg hin zu einer Verständigung im Protokoll vermerkt wird; vgl. dazu *Niemöller*, in: N/Sch/W, Teil B, § 273 Rn. 13: „Das Gesetz verwendet hier den Begriff der Verständigung nicht im Sinne des erzielten Einverständnisses, sondern im Sinne des Verfahrensvorgangs, der hierzu geführt hat."

434 „Wenn in § 257c StPO die Rede ist vom ‚Gegenstand dieser' und ‚Bestandteil jeder Verständigung' (Abs. 2 Sätze 1 – 3), von deren ‚Inhalt' (Abs. 3 Satz 1), vom Zustandekommen der ‚Verständigung' (Abs. 3 Satz 4) und von der ‚Bindung des Gerichts an eine Verständigung' (Abs. 4 Satz 1), so schließt der damit gebrauchte Begriff der Verständigung die vorangegangenen Verhandlungen gerade nicht mit ein, sondern bezeichnet allein deren Resultat, die Absprache über das Verfahrensergebnis.", *Niemöller*, in: FS-Rissing-van Saan, 393, 395.

435 *Brand/Petermann*, in: NJW 2010, 268, 270.

436 *Niemöller*, in: FS-Rissing-van Saan, 393, 395; ähnlich *Ladiges*, in: JR 2012, 371, 371, der zwischen Verständigung und Verständigungs*gespräch* differenziert.

437 Der BGH entschied in vergleichbarer Weise zu der Reichweite von § 267 Abs. 3 S. 5 StPO: „Die Beschränkung des Anwendungsbereichs der Norm [§ 267 Abs. 3 S. 5 StPO] auf Fälle tatsächlich zustande gekommener Verständigungen kann auch nicht als planwidrige Regelungslücke angesehen werden, weil einem

Ziel höchst möglicher Gewissheit, ob das Urteil auf einer Verständigung beruht oder nicht, so wie es der Gesetzgeber vorgibt[438], gilt nur bezüglich getroffener Verständigungen und der Frage, ob sie der Regelungskonzeption entsprechen oder „‚stillschweigend' ohne Beachtung der gesetzlichen Förmlichkeiten (...) stattgefunden haben."[439] Der Aussageinhalt des Negativattestes beschränkt sich deswegen auf getroffene Verständigungen in der Hauptverhandlung. Erörterungen zu der Möglichkeit einer Verständigung oder gescheiterte Versuche des Gerichts, eine Verständigung zu erreichen, sind daher ausschließlich positiv auszuweisen, §§ 273 Abs. 1 S. 2, Abs. 1a S. 1, 2 StPO.

b) Offene und verdeckte Dissense im Protokoll der Hauptverhandlung

Bezeugt das Negativattest danach also nur, ob es in der Hauptverhandlung erfolgreich zu einer – gegebenenfalls konkludenten – Verständigung[440] gekommen ist oder nicht, folgt hieraus, dass das Protokoll der Hauptverhandlung auch nur in dieser Hinsicht widersprüchlich sein kann.

aa) Der offene Dissens

Fall 3: Im Protokoll der Hauptverhandlung befinden sich sowohl ein Negativattest als auch ein Vermerk, dass eine Verständigung stattgefunden hat.

Beide Aussagen entfalten, indem sie positiv vermerkt sind, positive Beweiskraft. Das Protokoll erweist sich als widersprüchlich, weil es sowohl ein Stattfinden als auch ein Ausbleiben einer Verständigung bezeugt. Es verliert seine Beweiskraft.[441]

In der Praxis dürfte dieser Fall kaum vorkommen.[442] Es ist praktisch ausgeschlossen, dass es Fälle gibt, in denen das Gericht eine Verständigung

---

Verständigungsversuch (...) regelmäßig nicht die gleiche Bedeutung zukommt wie einer zustande gekommenen Verständigung, die zumeist Grundlage des Prozessverhaltens der Beteiligten und der verhängten Rechtsfolge ist.", BGH 5 StR 423/12, Beschl. v. 6.3.2013 = BGHSt 58, 184, 188, m. Anm. *Deutscher*, in: StRR 2013, 184.

438 Gesetzesentwurf der BReg., BT-Drs. 16/12310, S. 15.

439 Zwar spricht der Gesetzgeber in der Passage über das Negativattest nur ungenau von „solche Verhaltensweisen", allerdings bezieht sich dies – wie sich aus den Erläuterungen zu den Sätzen 1 und 2 ergibt – auf Verständigungen und damit erzielte Übereinkünfte, Gesetzesentwurf der BReg., BT-Drs. 16/12310, S. 15.

440 s. zum Verständnis des Begriffs der Verständigung oben Kap. 2 unter C.I.1.b) sowie C.I.1.c).

441 *Niemöller*, in: FS-Rissing-van Saan, 393, 399.

442 Ebd.

umfassend protokolliert, obwohl keine Verständigung stattgefunden hat. Aus dem Umfang der Protokollierung nach § 273 Abs. 1a S. 1 StPO ergibt sich zudem eine Vermutung für die Richtigkeit dieses Vermerks.[443] Schon alleine daraus würde folgen, dass das Negativattest fehlerhaft ist. Die Berichtigung des Protokolls findet in diesen Fällen dadurch statt, dass das Negativattest gelöscht wird. Der offene Dissens führt damit zwar zu einem Widerspruch – dieser lässt sich aber leicht und schlüssig auflösen.

Konstellationen offener Dissense kommen in der revisionsgerichtlichen Rechtsprechung nicht vor. Es handelt sich daher um einen Fehler im Protokoll, der – sollte er tatsächlich doch einmal vorkommen – leicht behebbar ist und keine nachhaltigen Auswirkungen auf die Beweiskraft des Protokolls hat.

Klarstellend sei in dem Zusammenhang darauf verwiesen, dass schon gar kein Dissens im Protokoll vorliegt, wenn sich die Protokollierung nach § 273 Abs. 1a S. 1 StPO in diesen Fällen darauf beschränkt, einen ergebnislosen Verständigungsversuch auszuweisen, weil das Negativattest nach § 273 Abs. 1a S. 3 StPO hierzu keine Aussage trifft.[444]

bb) Der versteckte Dissens

Fall 4: Im Protokoll der Hauptverhandlung befinden sich weder ein Negativattest noch ein Hinweis darauf, dass eine Verständigung stattgefunden hat.

Die Beweiskraft, die dem Fehlen des Negativattestes zukommt, tritt in Widerspruch dazu, dass das Protokoll keine Verständigung ausweist. Auch hier erweist sich das Protokoll als widersprüchlich. Es verliert seine Beweiskraft.[445] Der Angeklagte, der sich mit einer Revision gegen das Urteil wendet, wird rügen, dass es entgegen der Aussage des Hauptverhandlungsprotokolls zu einer Verständigung mit dem Gericht gekommen sei. Die Rüge, es habe keine Verständigung stattgefunden, was das Protokoll jedoch nicht ausweise, liegt fern, weil dies auch nach den strengen Vorgaben des *BVerfG* zum Beruhen nicht dazu führt, dass das Urteil aufzuheben ist.[446]

Anders als in den Fällen des offenen Dissens, in denen das Protokoll widersprüchliche Aussagen dazu trifft, ob eine Verständigung stattgefunden hat, ist in den Fällen, in denen das Protokoll lückenhaft ist und schweigt, der Widerspruch weniger leicht zu beheben. Das Protokoll bedarf in diesen Fällen einer

---

443 a.a.O., dort Fn. 15.

444 s. oben Kap. 2 unter C.II.2.a)bb).

445 So bereits BGH 2 StR 371/10, Beschl. v. 29.9.2010 = BGHSt 56, 3, 3 (Leitsatz 1).

446 s. unten Kap. 3 unter B.II.3.,dort insbesondere unter b).

Ergänzung.[447] Dies führt zu Problemen: Denn hat eine Verständigung stattgefunden, ist nicht zu erwarten, dass sich sowohl das Tatgericht als auch der Urkundsbeamte stets sicher an den Ablauf, den Inhalt und das Ergebnis der Verständigung erinnern.[448] So ist es kaum leistbar, eine Verständigung in der Art und Weise zu rekonstruieren, wie dies für eine ordnungsgemäße Dokumentation im Protokoll der Hauptverhandlung notwendig ist.[449] Deshalb ließe sich in aller Regel nur das Negativattest nachträglich ergänzen, weil dieses keiner inhaltlichen Rekonstruktion bedarf. Gelingt die Ergänzung des Protokolls, resultieren aus dem verdeckten Dissens keine weiteren Rechtsfolgen. Der Mangel im Protokoll wirkt sich dann nicht aus.

Momsen erkennt in der Möglichkeit, das Protokoll, nachträglich um ein Negativattest zu ergänzen, eine Gefahr für die materielle Gerechtigkeit des Urteils. Das Negativattest erleichtere den „(Irr-) Weg zur systemwidrigen Einflussnahme" auf prozessordnungswidrige Urteile, welche „subjektiv gleichwohl als ‚gerecht' " empfunden werden. Dadurch, dass das Protokoll nachträglich – negativ – „berichtigt" werden könne, entfallen wesentliche Angriffspunkte gegen ein Urteil, welches auf einer prozessordnungswidrigen Absprache beruht.[450]

Diese Gefahr ist jedoch nicht so groß wie angenommen. Denn die Gefahr, im Wege der Protokollberichtigung im Nachhinein eine Absprache zu verschleiern, ist nicht größer als die allgemeine Gefahr der Geheimhaltung einer Verständigung durch das Gericht, indem es – wahrheitswidrig – von Anfang an ein Negativattest in das Protokoll aufnimmt. Zudem müsste auch der Urkundsbeamte der Geschäftsstelle der Protokollberichtigung zustimmen, was für das Gericht sicherlich schwieriger zu erreichen sein wird, als ein unzutreffendes Negativattest ins Protokoll aufzunehmen.[451] Da das Negativattest auch nur solche Absprachen erfasst, die in der öffentlichen Hauptverhandlung stattfinden[452], betrifft die These *Momsens* auch nur solche Absprachen, die informell innerhalb der öffentlichen Hauptverhandlung getroffen werden[453], was

447 Zu der Zulässigkeit der nachträglichen Protokollberichtigung *Stuckenberg*, in: LR-StPO, § 271, Rn. 39 ff.

448 *Niemöller*, in: FS-Rissing-van Saan, 393, 400.

449 s. oben Kap. 2 unter C.I.2.

450 Zum Ganzen *Momsen*, in: FS-Roxin II, 1403, 1412.

451 BGH GSSt 1/06, Beschl. v. 23.4.2007 = BGHSt 51, 298, 316 Rn. 62): Die Berichtigung setze eine „sichere Erinnerung bei den Urkundspersonen voraus."

452 s. oben Kap. 2 unter C.I.1.b).

453 Vgl. zu konkludenten Absprachen in der Hauptverhandlung die Ausführungen oben Kap. 2 unter C.I.1.c).

sicherlich einen Ausnahmefall darstellt. Informelle Absprachen finden vielmehr überwiegend außerhalb der Hauptverhandlung statt. Zudem ergibt sich aus der Möglichkeit das Protokoll, welches zu einem Stattfinden oder Ausbleiben einer Verständigung schweigt, nachträglich um ein Negativattest zu ergänzen, keine Gefahr für die materielle Gerechtigkeit des Urteils. Denn der Rüge, dem Verfahren liege eine Absprache zugrunde, was das Protokoll nicht ausweise, wird mit einer etwaigen Korrektur im Wege eines Negativattests gerade nicht der Boden entzogen. Eine Situation der sogenannten Rügeverkümmerung liegt damit gar nicht vor.[454] Hinzu kommt, dass dem berichtigten Teil des Protokolls nicht die formelle Beweiskraft des § 274 StPO zukommt[455], sodass es dem Revisionsgericht unabhängig einer (Negativ-)Korrektur weiter möglich ist, das Vorliegen von Verfahrensabsprachen freibeweislich klären zu können.

Findet keine Ergänzung im Protokoll statt und kommt es im Revisionsverfahren darauf an, ob eine Verständigung stattgefunden hat oder nicht[456], ist dies im Freibeweisverfahren zu klären.[457] Die Frage danach, *ob* es zu einer Verständigung in der Hauptverhandlung gekommen ist, ist in aller Regel auch freibeweislich gut aufklärbar. Der Mangel im Protokoll wirkt sich daher nicht nachhaltig aus, wenn das Revisionsgericht zu der Überzeugung gelangt, dass keine Verständigung in der Hauptverhandlung stattgefunden hat.

Anders verhält es sich nur, wenn der Angeklagte behauptet, eine konkludente Absprache habe stattgefunden. Denn schon die abstrakte Abgrenzung einer Erörterung nach § 257b StPO zu einer konkludenten Absprache in der Hauptverhandlung bereitet große Schwierigkeiten.[458] Eine sichere Antwort auf diese Frage wird im Freibeweisverfahren daher kaum gelingen. Dieses Problem resultiert aber nicht aus dem Verstoß gegen § 273 Abs. 1a S. 3 StPO, sondern aus den Unklarheiten bei der Bestimmung dessen, was als konkludente Verständigung zu verstehen ist.

Darüber hinaus wird es im Freibeweisverfahren zu inhaltlichen Abweichungen und Darstellungsunterschieden kommen, wenn es in der Revision darauf

---

454 Zu der grundsätzlichen Zulässigkeit der Rügeverkümmerung BGH GSSt 1/06, Beschl. v. 23.4.2007 = BGHSt 51, 298; eine eingehende Analyse der Rügeverkümmerung im Bereich konsensualer Verfahrensabsprachen, *Momsen*, in: FS-Müller, 457 ff.; fortgeführt durch *dens.*, in: in: FS-Roxin II, 1403 ff.

455 BGH GSSt 1/06, Beschl. v. 23.4.2007 = BGHSt 51, 298, 317 (Rn. 65).

456 s. unten Kap. 3 unter B.II.3., dort insbesondere unter b).

457 Vgl. zu den Nachweisanforderungen im Freibeweisverfahren *Ladiges*, in: JR 2012, 371, 373.

458 s. oben Kap. 2 unter C.I.1.c).

ankommt, den Inhalt, den Ablauf und das Ergebnis einer Verständigung zu rekonstruieren.[459] In diesen Fällen liegt der Verstoß allerdings nicht darin, dass ein Negativattest fehlt, sondern der Mangel im Protokoll ergibt sich daraus, dass das Protokoll den Ablauf, den Inhalt das Ergebnis der Verständigung nach § 273 Abs. 1a S. 1 StPO nicht wiedergibt.

Aus den vorstehenden Erwägungen folgt, dass das eigentliche Problem nur scheinbar das Negativattest ist, wenn es auf Grund eines versteckten Dissenses im Protokoll zu Beweisproblemen kommt. Denn wenn das Protokoll keine Aussage dazu trifft, ob eine Verständigung stattgefunden hat, ist dies nur dann problematisch, wenn das Urteil tatsächlich auf einer Verständigung beruht. Das Fehlen des Negativattests ist in diesen Fällen nur ein Hinweis auf die Fehlerhaftigkeit des Protokolls im Übrigen. Vor diesem Hintergrund alleine das Negativattest für etwaige Probleme bei der Protokollierung einer Verständigung verantwortlich zu machen und dieses als schädlich zu bezeichnen, ist somit zu kurz gedacht.

3. *Kritische Würdigung – Resümee*

Die Gesetzesbegründung spricht dem Negativattest zwei Zwecke zu: Es soll eine effektive, sichere Kontrolle durch die Revisionsgerichte ermöglichen und zugleich Sorge dafür tragen, rechtswidrige Verhaltensweisen zu verhindern. Keinen dieser Zwecke erreicht das Negativattest. Die Regelungswirkung beschränkt sich auf ein Minimum.

Rechtswidrige Verfahrensabsprachen, so wie sie die Norm zu verhindern beabsichtigt, erfasst das Negativattest nur in dem Ausmaß, wie sie in der öffentlichen Hauptverhandlung stattfinden.[460] Das Negativattest bezeugt damit nur etwas über – gegebenenfalls konkludente[461] – informelle Absprachen, die unter Verstoß gegen § 257c Abs. 3 StPO in der Hauptverhandlung zustande kommen. Beide Konstellationen kommen in der Praxis aber praktisch nicht vor. Praktisch relevant sind informelle Absprachen, welche außerhalb der Hauptverhandlung stattfinden, die aber vom Negativattest nicht erfasst werden.[462] Der Zweck, informelle Verfahrensabsprachen zu verhindern, wird durch das

---

459 *Niemöller*, in: FS-Rissing-van Saan, 393, 401.

460 s. oben Kap. 2 unter C.II.2.a)aa).

461 Vgl. zum Begriff der konkludenten Verständigung oben Kap. 2 unter C.I.1.c).

462 Die Erkenntnis deckt sich mit dem frühen Vorwurf in der Literatur, dass das Negativattest nicht dazu geeignet sei, informelle Absprachen zu verhindern, m. w. N. *Brand/Petermann*, in: NJW 2010, 268, 269.

Negativattest daher allenfalls dadurch erreicht, dass es die Gerichte daran erinnert, Absprachen grundsätzlich öffentlich zu machen. Die Wirkung des Negativattests ist damit – wenn überhaupt – psychischer Natur.

Des Weiteren verfehlt die gesetzliche Regelung des § 273 Abs. 1a S. 3 StPO auch den Zweck, die Rechtskontrolle zu effektiveren und die Geschehnisse in der Hauptverhandlung „mit höchst möglicher Gewissheit" zu dokumentieren. Denn das Negativattest führt in den Fällen, in denen es ordnungsgemäß protokolliert wird, zu einer – redundanten – Beweisverdopplung[463] und in den anderen Fällen, in denen es nicht oder falsch protokolliert wird, zu Lücken oder Widersprüchen im Protokoll, die eine freibeweisliche Aufklärung im Nachhinein erfordern.[464]

Niemöller erkennt dem Negativattest daher jegliche Beweiskraft ab.[465] Diese Position ist abzulehnen. Denn die teleologische Reduktion auf Null widerspricht der gesetzlichen Konzeption.[466] Der Gesetzgeber hat das Protokoll ausdrücklich um diesen Hinweis erweitert und auch die Wertungen des *BVerfG* stünden dieser „radikalen Ansicht"[467] entgegen. So hat das *BVerfG* mehrfach betont, dass es sich bei den Transparenz- und Dokumentationspflichten gerade nicht um bloße Ordnungsvorschriften handle.[468] Auf nichts anderes liefe die Auslegung *Niemöllers* aber hinaus. Soweit *Niemöller* am Rande[469] erwägt, bezüglich der Beweiskraft des Negativattestes zu differenzieren, mithin dem erteilten Negativattest eine Beweiskraft zuzumessen, seinem Fehlen hingegen nicht, ist auch dies abzulehnen. Denn auch für eine solche Differenzierung gibt es keine Anhaltspunkte im Gesetz. Das Gesetz kennt – wie *Niemöller* selbst zu Recht ablehnend ausführt – keinen „Sonderbereich ‚halber Beweiskraft' "[470].

Das Negativattest stellt daher im Ergebnis zwar ein interessantes Novum dar. Es entpuppt sich jedoch als systemfremd[471] und vermag in der gesetzlich

---

463 s. oben Kap. 2 unter C.II.2.

464 s. oben Kap. 2 unter C.II.2.b).

465 *Niemöller*, in: FS-Rissing-van Saan, 393, 402.

466 *Brand/Petermann*, in: NJW 2010, 268, 269; *Frister*, in: SK-StPO, § 273 Rn. 21.

467 *Niemöller*, in: FS-Rissing-van Saan, 393, 402, dort Fn. 23.

468 BVerfG, 2 BvR 2628/10 u.a., Urt. v. 19.3.2013 = BVerfGE 133, 168, 222 (Rn. 96).

469 *Niemöller*, in: FS-Rissing-van Saan, 393, 402, dort Fn. 22.

470 *Niemöller*, in: FS-Rissing-van Saan, 393, 402.

471 So schon im Gesetzgebungsverfahren eine Stellungnahme des Bundesrates zum Gesetzesentwurf der BReg., BT-Drs. 16/12310, S. 19: „Eine Regelung, welche die Protokollierung einer nicht erfolgten Absprache vorsieht, ist weder zweckmäßig, noch steht sie im Einklang mit der Systematik der Regelungen zum Strafverfahren.

vorgegebenen und hier herausgearbeiteten Regelungsreichweite auch seine Ziele nicht zu erreichen: Es führt weder zu einer bestmöglichen Rechtskontrolle, noch dürfte es nennenswert dem Ziel dienen, informelle Absprachen zu verhindern.

III. § 273 Abs. 1a S. 2 StPO

1. *Zum Regelungsinhalt und den Vorgaben des* BVerfG

Das Protokoll der Hauptverhandlung erfasst neben der Feststellung, ob eine Verständigung stattgefunden hat oder nicht, „die Beachtung der in § 243 Abs. 4, § 257c Abs. 4 S. 4 und Abs. 5 vorgeschriebenen Mitteilungen und Belehrungen."[472] Sowohl der Gesetzeswortlaut, indem er lediglich von der „Beachtung" der Pflichten spricht[473], als auch eine Passage des Verständigungsurteils würden es auch zulassen, die Protokollierung auf einen Vermerk zu beschränken, dass die erforderlichen Hinweise und Belehrungen erfolgt sind: Denn nach den Ausführungen des *BVerfG* im Verständigungsurteil müsse im Protokoll der Hauptverhandlung ein „*Hinweis* [Hervorhebung durch den *Verf.*] auf eine Mitteilung nach § 243 Abs. 4 StPO"[474] erfolgen.

Das *BVerfG* führt im Verständigungsurteil allerdings auch aus, dass das Gesetz für Verständigungserörterungen, die außerhalb der Hauptverhandlung stattfinden, eine Mitteilung ihres wesentlichen Inhalts verlange und „*(d)iese Mitteilung* [Hervorhebung durch den *Verf.*] gemäß § 273 Abs. 1a Satz 2 StPO zu protokollieren"[475] sei.[476] Die Protokollierung nach § 273 Abs. 1a S. 2 StPO erfasst danach auch den Inhalt der Mitteilung in der Hauptverhandlung.

(…) Vielmehr greift hier die negative Beweiskraft des Protokolls, wenn sich dieses nicht zu einer Verständigung verhält."

472 So der Wortlaut von § 273 Abs. 1a S. 2 StPO; *Pfister*, in: StraFo 2016, 187, 193, bezeichnet die gesetzlichen Vorgaben als „ziemlich lapidar."

473 Hierzu *Mosbacher*, in: NStZ 2013, 722, 723 und *Schneider*, in: NStZ 2014, 252, 255, die unter Verweis auf den Wortlaut von § 273 Abs. 1a S. 2 StPO anführen, dass die bloße Beachtung der Pflichten zu protokollieren ist.

474 BVerfG, 2 BvR 2628/10 u.a., Urt. v. 19.3.2013 = BVerfGE 133, 168, 217 (Rn. 85).

475 BVerfG, 2 BvR 2628/10 u.a., Urt. v. 19.3.2013 = BVerfGE 133, 168, 215 (Rn. 82).

476 Bereits vor dem Verständigungsurteil BGH 1 StR 116/11, Beschl. v. 5.5.2011 = StV 2012, 219, 220: „Über diese Gespräche hat der Vors. zu Beginn der Hauptverhandlung auch zu berichten (§ 243 Abs. 4 S. 1 StPO) und dies ins Protokoll aufzunehmen (§ 273 Abs. 1a S. 2 StPO)."

2. Kritische Würdigung

§ 273 Abs. 1a S. 2 StPO ist mit der höchstrichterlichen Rechtsprechung[477] so zu verstehen, dass nicht nur die Beachtung der Mitteilungs- und Belehrungspflichten der § 243 Abs. 4, § 257c Abs. 4 S. 4 und Abs. 5 StPO zu protokollieren ist, sondern das Protokoll vielmehr deren Inhalt auszuweisen hat.[478] Zum einen verlangt der Wortlaut in Bezug auf die Protokollierung nach S. 1 der Norm „(g)leiches", mithin eine Protokollierung des wesentlichen Ablaufs und Inhalts sowie des Ergebnisses.[479] Zum anderen würde ein bloßer Hinweis darauf, dass der Vorsitzende den ihm obliegenden Mitteilungs- und Belehrungspflichten nachgekommen ist, dem Sinn und Zweck der Verfahrensdokumentation zuwiderlaufen, der darin liegt, eine – auch inhaltliche – Rechtskontrolle zu ermöglichen.[480] In diesem Punkt ist die Rechtsprechung eindeutig,[481]sodass es nicht verwundert, dass eine Debatte darüber nur am Rande stattfindet.[482]

477 BVerfG, 2 BvR 2628/10 u.a., Urt. v. 19.3.2013 = BVerfGE 133, 168, 215 (Rn. 82); BGH 2 StR 195/12, Urt. v. 10.7.2013 = BGHSt 58, 310, 313; BGH 4 StR 272/13, Beschl. v. 8.10.2013 = StV 2014, 67, 67; BGH 2 StR 410/13, Beschl. v. 3.12.2013 = StV 2014, 515, 516; BGH 2 StR 381/13, Urt. v. 5.6.2014 = BGHSt 59, 252, 255 f.; OLG Dresden, 2 OLG 23 Ss 469/14, Beschl. v. 25.11.2014; BGH 4 StR 470/14, Beschl. v. 25.2.2015 = StV 2016, 91, 92; BGH 2 StR 75/14, Urt. v. 21.7.2015 = StV 2016, 94, 95. BGH 1 StR 149/15, Beschl. v. 23.7.2015 = StV 2016, 95, 96; OVG Bautzen, 6 A 41/14.D, Urt. v. 7.9.2015 = BeckRS 2016, 41188; OLG Hamm, 2 RVs 47/15, Beschl. v. 29.12.2015 = StV 2016, 791, 793; OLG Bremen, 1 Ss 60/15, Beschl. v. 6.1.2015 = StV 2016, 790, 790; BGH 2 StR 121/15, Urt. v. 23.3.2016 = NStZ 2016, 688, 689; BGH 1 StR 315/15, Beschl. v. 18.7.2016 = StV 2018, 6, 6 f.

478 *Fromm*, in: NJ 2015, 96, 99; *Pauly*, in: FS-Rissing-van Saan, 425, 431, der weiter aber kritisiert, dass die Protokollierung nach Abs. 1a der StPO grundsätzlich fremd sei; *Schmitt*, in: Meyer-Goßner/Schmitt, § 243 Rn. 12b; *Walther*, in: Sinn/Schößling, S. 157, Rn. 98; *dies.*, in: NStZ 2015, 383, 284; *Ziegler*, in: FS-von-Heintschel-Heinegg, 521, 528.

479 Ähnlich *Feldmann*, in: NStZ 2015, 474, 475, die ausführt, dass der Wortlaut dem Ergebnis „jedenfalls nicht entgegen" steht.

480 *Feldmann*, in: NStZ 2015, 474, 475; *Pfister*, in: StraFo 2016, 187, 193.

481 So spricht auch *Schneider*, in: NStZ 2014, 252, 254 f., davon, dass der Umfang der Dokumentation nach § 273 Abs. 1a S. 2 StPO durch den BGH geklärt sei.

482 So bspw. *Ziegler*, in: FS-von-Heintschel-Heinegg, 521, 528, jedoch dem Hinweis, dass die inhaltliche Protokollierungspflicht „noch hingenommen werden" könne. *Ziegler* verweist dazu auf die Rechtsprechung zu § 247 S. 4 StPO, im Rahmen welcher dem Angeklagten ebenso ein inhaltliche Mitteilung gegenüber erfolgt, die Mitteilung jedoch gerade nicht ihrem Inhalt nach in das Protokoll aufzunehmen ist, hierzu *Schmitt*, in: Meyer-Goßner/Schmitt, § 247 Rn. 17; ebenso einschränkend *Mosbacher*,

Die Mitteilungen und Belehrungen sind inhaltlich im Protokoll der Hauptverhandlung so auszuweisen, wie sie in der Hauptverhandlung stattgefunden haben. Bezüglich der Mitteilungspflichten nach § 243 Abs. 4 StPO gilt damit, dass der gesamte wesentliche Inhalt im Sinne des § 243 Abs. 4 StPO in die Niederschrift aufgenommen werden muss.[483] Nur so ist eine Kontrolle möglich, dass die Transparenzregeln des § 243 Abs. 4 eingehalten wurden.[484] Dies gilt entsprechend für die Belehrungen und Mitteilungen nach § 257c Abs. 4 S. 4 und Abs. 5 StPO.

Nach neuerer Rechtsprechung des *Fünften Strafsenats* genügt es bei der Mitteilung nach § 243 Abs. 4 StPO jedoch, dass ein etwaiger „Vermerk [welcher in der Hauptverhandlung verlesen und deshalb zu den Akten genommen wird] durch Angabe der Aktenfundstelle so unverwechselbar bezeichnet wird, dass eine eindeutige Identifizierung des Schriftstücks möglich ist."[485] In diesen Fällen ist es nicht notwendig, den Inhalt in das Protokoll der Hauptverhandlung mit aufzunehmen. Entscheidend sei, „dass sich nicht nur die Tatsache einer Mitteilung, sondern auch deren Inhalt dem Protokoll in Verbindung mit den Akten zuverlässig entnehmen l(asse)."[486]

Des Weiteren begründet die fehlende oder unvollständige Protokollierung nach § 273 Abs. 1a S. 2 StPO keinen selbständig rügefähigen Verfahrensverstoß, wenn das Protokoll der Hauptverhandlung dem tatsächlichen Geschehen entspricht, die Hauptverhandlung jedoch deswegen verfahrensfehlerhaft war, weil die Mitteilungs- und Beehrungspflichten der § 243 Abs. 4, § 257c Abs. 4 S. 4 und Abs. 5 StPO nicht beachtet wurden.[487] Anderenfalls entstünde eine Pflicht, nicht nur das, was in der Hauptverhandlung geschieht, zu protokollieren, sondern

---

in: NStZ 2013, 722, 723 und *Schneider*, in: NStZ 2014, 252, 255, welche unter Verweis auf den Wortlaut von § 273 Abs. 1a S. 2 StPO anführen, dass die bloße Beachtung der Pflichten zu protokollieren ist, nicht deren jeweilige Inhalte; weiter kritisiert auch *Bittmann*, dass dadurch „bereits Aktenkundiges nochmals Aktenbestandteil" würde und „Geschehnisse außerhalb er Hauptverhandlung Gegenstand des Protokolls der Hauptverhandlung w(ü)rden", in: NStZ 2015, 545, 551.

483 *Pfister*, in: StraFo 2016, 187, 193.

484 Ist die Mitteilung zutreffend erfolgt und wurde deren Inhalt unzureichend protokolliert, kann dies im Protokoll nachträglich berichtigt werden, *Mosbacher*, in: NStZ 2013, 722, 723.

485 BGH 5 StR 288/19, Beschl. v. 30.7.2019 = NJW 2019, 3316, 3317.

486 Ebd.

487 BGH 3 StR 89/14, Beschl. v. 15.4.2014 = NStZ 2014, 418, 418, nicht abgedruckt in StV 2014, 650; BGH 1 StR 235/14, Beschl. v. 29.4.15, nicht abgedruckt in NStZ-RR 2015, 278; BGH 1 StR 315/14, Beschl. v. 15.1.2015 = StV 2015, 271, 272, nicht abgedruckt,

auch darzulegen, was richtigerweise hätte vorgenommen werden müssen. Den Urkundsbeamten würden dadurch revisionsrechtliche Prüfungspflichten auferlegt, was systemwidrig wäre. Ein solches Verständnis ist daher abzulehnen.

IV. Die Protokollierungspflichten im Verständigungsverfahren, § 273 Abs. 1a StPO – Resümee

Es hat sich gezeigt, dass die Annahme des Gesetzgebers, mit der umfangreichen Protokollierung „höchst mögliche(n) Gewissheit"[488] über Absprachen im Strafverfahren erreichen zu können, unzutreffend ist. Denn die Protokollierung nach § 273 Abs. 1a StPO beschränkt sich auf Verständigungen, die in der öffentlichen Hauptverhandlung stattfinden.[489] Soweit der Gesetzgeber mit der Protokollierung – insbesondere nach Abs. 1a S. 3 StPO – bezweckt hat, auch informelle Absprachen einer Offenbarungspflicht zu unterwerfen, hat er übersehen, dass das Hauptverhandlungsprotokoll schon konzeptionell nur Umstände erfassen kann, die in der Hauptverhandlung stattfinden. Das Gesetz ist insoweit eindeutig.

Es ist damit weiterhin möglich, heimliche Absprachen, die außerhalb der Hauptverhandlung stattfinden, durch ein bloßes Schweigen zu verheimlichen.[490] Das Protokoll sagt über informelle Absprachen nichts aus.

Eine Aussage über klandestine Absprachen trifft das Protokoll nur dann, wenn das Gericht diese Gespräche als Erörterung nach § 243 Abs. 4 StPO in der Hauptverhandlung mitteilt und diese Mitteilung nach § 273 Abs. 1a S. 2 StPO protokolliert. Eine solche Vorgehensweise dürfte in der Praxis allerdings kaum vorkommen, weil das Gericht, welches sich unter Verstoß gegen die Regeln des § 257c StPO abspricht, dies im Nachhinein sicher nicht transparent darlegen wird.

So erweist sich insbesondere der die Formalisierung auf die Spitze treibende § 273 Abs. 1a S. 3 StPO als eine Regelung, die überflüssig ist. Zukünftige Reformen sollten die Pflicht zur Negativattestierung daher aus dem Gesetz streichen.

---

in: BGHSt 60, 150; BGH 1 StR 315/15, Beschl. v. 18.7.2016 = StV 2018, 6, 6 f.; *Feldmann*, in: NStZ 2015, 474, 475.

488 Gesetzesentwurf der BReg., BT-Drs. 16/12310, S. 15.

489 *Momsen*, in: FS-Roxin II, 1403, 1408, spricht davon, dass es der Gesetzgeber bezüglich der Bedeutung des Protokolls wohl etwas zu gut gemeint habe.

490 Dies gilt jedenfalls, wenn die Absprache nach dem Beginn des ersten Verhandlungstermins erfolgt, weil dann auch die Negativmitteilung nach § 243 Abs. 4 S. 1 StPO das Gericht zu keiner Aussage mehr zwingen kann.

Bezüglich der Auslegung des protokollierungspflichtigen Umfangs zeigt sich sowohl bei § 273 Abs. 1a S. 1 StPO als auch bei S. 2 das Anliegen des *BVerfG*, die Transparenz- und Dokumentationspflichten extensiv präzisierend auszulegen. Während die Vorgaben des *BVerfG*, die den Umfang der Protokollierung nach S. 2 betreffen, praktisch gut umsetzbar sind, gehen die Vorgaben bezüglich des S. 1 zu weit. Sie gehen über den Wortlaut des Gesetzes hinaus, sodass es ihnen an einer gesetzlichen Legitimation fehlt. Des Weiteren ist die vom *BVerfG* aufgestellte Notwendigkeit, die Sachverhaltsvorstellungen der Verfahrensbeteiligten zu protokollieren, nicht nur schwer umsetzbar. Sie führt darüber hinaus zu einer Überschneidung der Anwendungsbereiche des § 273 Abs. 1a S. 1 StPO mit dessen S. 2. Die Auslegung des *BVerfG* ist deshalb abzulehnen.

3. Kapitel Zur Bedeutung der Transparenz- und Dokumentationspflichten im Revisionsrecht

Der wohl für die Praxis bedeutungsvollste Teil der Neuerungen im Verständigungsurteil des *BVerfG* betrifft das Revisionsrecht. Das *BVerfG* erklärte, dass Verstöße gegen die Transparenz- und Dokumentationspflichten zur Rechtswidrigkeit einer Verständigung führen und ein Beruhen des Urteils auf dem Verstoß regelmäßig nicht auszuschließen sei.[1] Die *Verfassungsrichter* stellten sich hiermit gegen die bisherige Rechtspraxis, die sich vor dem Verständigungsurteil vor allem dadurch auszeichnete, dass Verstöße gegen die Transparenz- und Dokumentationspflichten als nicht revisibel behandelt wurden.[2] An keiner anderen Stelle des Urteils werden die Dimensionen des Verständigungsurteils so deutlich wie hier.[3]

Dabei beruhte die Entscheidung der *Verfassungsrichter* auf einer folgerichtigen und damit nicht überraschenden Überlegung: Denn die Möglichkeit, Verstöße wirksam rügen und sanktionieren zu können, ist für die Durchsetzung eines transparenten Verständigungsverfahrens von entscheidender Bedeutung.[4] So konstatierte der ehemalige Vizepräsident des *BGH Jähnke* bereits im Jahre 2001, dass er sich im Hinblick auf eine gesetzliche Regelung vorstelle, dass Verstöße gegen wesentliche Vorschriften den absoluten Revisionsgründen zugeordnet sein sollten.[5] Die in der Rechtsprechung zunächst vorherrschende Ansicht[6], Urteile beruhten nicht auf Verstößen gegen die §§ 243 Abs. 4, 257c Abs. 5, 273 Abs. 1a StPO, wurde sowohl in der Literatur[7] als auch durch die

---

1 BVerfG, 2 BvR 2628/10 u.a., Urt. v. 19.3.2013 = BVerfGE 133, 168, 223 (Rn. 97).

2 Eine Darstellung dieser Rechtsprechung findet sich bei *Rabe*, in: Das Verständigungsurteil, S. 357 ff.; *Ruhs*, in: Rechtsbehelfe bei Verständigungen, S. 98, spricht von „Irrevisibilität" und führt dazu eine Reihe von Revisionsentscheidungen an.

3 *Mosbacher*, in: NZWiSt 2013, 201, 205; *Stuckenberg*, in: ZIS 2013, 212, 219, spricht in dem Zusammenhang von einem „tiefen Eingriff in das Revisionsrecht"; ebenso *Meyer*, in: NJW 2013, 1850, 1851; *Knauer*, in: NStZ 2013, 433, 436: „wohl einschneidenste(r) Eingriff(e) in das System der Strafprozessordnung".

4 *Henckel*, in: Faires Verständigungsverfahren, S. 201.

5 *Gerhardt*, in: ZRP 2001, 574, 577.

6 Zusammenfassend dazu *Beulke/Stoffer*, in: JZ 2013, 662, 669 m. w. N.

7 *Jahn*, in: StV 2011, 497, 502; *Niemöller*, in: NZWiSt 2012, 290, 296; *Schlothauer*, in: StV 2011, 205, 205; *Schlothauer*, in: StraFo 2011, 487, 491 f.

Bundesrechtsanwaltskammer angeprangert: Verstöße landeten in der „Abfalltonne des Nichtberuhens“[8]; eine „Gesetzesänderung (…) die (…) der Verletzung der Dokumentationspflichten das Gewicht eines absoluten Revisionsgrundes beimessen“[9] würden, wäre zu begrüßen.

A. Der Verstoß gegen die Transparenz- und Dokumentationspflichten als absoluter Revisionsgrund, § 338 StPO

Soweit das Gesetz mit § 338 StPO die absoluten Revisionsgründe abschließend[10] regelt, basiert dies darauf, dass die Einhaltung gewisser Umstände für das Strafverfahren derart wesentlich ist, dass Fehler stets und unbedingt zur Aufhebung des Urteils führen.[11] Das Gesetz fingiert in diesen Fällen den notwendigen (Beruhens-)Zusammenhang.[12] Eine Prüfung im Einzelfall findet nicht statt.[13]

Verstöße gegen die Transparenz- und Dokumentationspflichten des Verständigungsgesetzes hat der Gesetzgeber nicht als absolute Revisionsgründe eingestuft. Eine Ergänzung von § 338 StPO hat er – wohl bewusst[14] – unterlassen.

---

8 *Niemöller*, in: NZWiSt 2012, 290, 296.

9 Stellungnahme der Bundesrechtsanwaltskammer zu den Verfassungsbeschwerden des Herrn R. (2 BvR 2155/11), des Herrn S. (2 BvR 2628/10) und der Herren Sch. und G. (2 BvR 2883/10) mittelbar gegen § 257c StPO, Nr. 41, August 2012, S. 8; ebenso auf S. 17: „Leider ist aus Sicht der BRAK zu konstatieren, dass der BGH dazu neigt, bei Verstößen gegen die formellen Voraussetzungen einer Verständigung, namentlich die Dokumentations-, Mitteilungs- und Belehrungspflichten, ein Beruhen des Urteils auszuschließen.“

10 RG II 46/27, Urt. v. 28.2.1927 = RGSt 61, 217, 219: „§ 338 StPO führt die Fälle erschöpfend aus, in denen eine Urteil stets als auf einer Verletzung des Gesetzes beruhend anzusehen ist.“; *Frisch*, in: SK-StPO, § 338 Rn. 2.

11 *Frisch*, in: SK-StPO, § 338, Rn. 2.

12 *Frisch*, in: SK-StPO, § 338, Rn. 1.

13 Vgl. zur Relativierung der absoluten Revisionsgründe *Knauer/Kudlich*, in: MüKo-StPO § 338 Rn. 5 ff.; ferner *Dahs*, in: GA 1976, 353; zur Relativierung in der Gerichtspraxis des BGH *Effelsberg*, in: Die absoluten Revisionsgründe in der Revisionsrechtsprechung des BGH, 26 ff.

14 BGH 3 StR 470/14, Urt. v. 23.7.2015 = StV 2016, 81, 83: „in Kenntnis der einhelligen langjährigen Rechtspraxis (…) ersichtlich keine Veranlassung gesehen hat“ die Verstöße als absolute Revisionsgründe auszugestalten.; so auch die Schlussfolgerung *Henckels*, in: Faires Verständigungsverfahren, S. 202.

Bei Verstößen gegen die Mitteilungspflichten aus § 243 Abs. 4 StPO, könnte man jedoch daran denken, dass sowohl dem Angeklagten als auch der Öffentlichkeit gegenüber wesentliche Informationen vorenthalten wurden.[15] Diese Situation könnte so gewertet werden, dass ein wesentlicher Verfahrensabschnitt ohne den Angeklagten, § 338 Nr. 5 StPO, oder unter Verstoß gegen die Öffentlichkeit des Verfahrens, § 338 Nr. 6 StPO, stattgefunden hat.[16]

Die derzeitige Fassung von § 338 StPO lässt eine solche Auslegung allerdings nicht zu. § 338 Nr. 5 StPO setzt voraus, dass eine Person vorschriftswidrig während eines wesentlichen Teils der Hauptverhandlung abwesend ist.[17] Erörterungen, die nach § 243 Abs. 4 StPO mitzuteilen sind, finden aber außerhalb der Hauptverhandlung statt. Des Weiteren ist die Anwesenheit des Angeklagten bei den Erörterungen nach den §§ 202a, 212 StPO nicht vorgeschrieben.[18] Die Abwesenheit des Angeklagten während der Erörterungen und auch die fehlerbehaftete Mitteilung hierüber können die Revision daher nach § 338 Nr. 5 StPO nicht begründen.

Auch eine analoge Anwendung der Norm oder eine Auslegung über das Gesetz hinaus kommen aufgrund des abschließenden Charakters von § 338 StPO nicht in Betracht. Daher lässt sich ein Verstoß gegen § 338 StPO auch mit der Überlegung, die unterlassene Mitteilung in der Hauptverhandlung führe faktisch dazu, dass der Angeklagte bei einem wesentlichen Verfahrensabschnitt nicht anwesend war, nicht begründen.

Dass § 338 Nr. 6 StPO nicht einschlägig ist, ergibt sich aus dem Umstand, dass die Öffentlichkeit des Verfahrens, so wie sie die Norm absichert, nur die Saal- und Publikumsöffentlichkeit der Hauptverhandlung erfasst.[19] Diese besteht allerdings völlig unabhängig davon, ob das Gericht den Mitteilungspflichten nachkommt oder nicht.[20]

---

15 Zum Ganzen auch *Henckel*, in: Faires Verständigungsverfahren, S. 201 ff.

16 Zu der Bedeutung der Verletzung der Öffentlichkeit des Verfahrens bei Verstößen gegen § 243 Abs. 4 StPO für ein Beruhen nach § 337 StPO unten Kap. 3 unter B.II.2.a)bb)); vgl. auch BVerfG 2 BvR 900/19, Beschl. v. 4.2.2020 = StV 2020, 357.

17 Hierzu im Überblick *Schmitt*, in: Meyer-Goßner/Schmitt, § 338, Rn. 35 ff.

18 *Schlothauer*, in: N/Sch/W, Teil B, § 202a Rn. 13.

19 Zur Diskussion über den Sinngehalt von § 338 Nr. 6 *Frisch*, in: SK-StPO, § 338, Rn. 126 ff.

20 a.A. *Grube*, in: StraFo 2013, 513, 513 f.; ausführlich und m. w. N. zu § 338 Nr. 6 *Henckel*, in: Faires Verständigungsverfahren, S. 203 f.; auch nach *Ruhs*, in: Rechtsbehelfe bei Verständigungen, S. 108, verbietet sich eine Gleichstellung der Verstöße.

Auch für eine Verletzung der weiteren Transparenz- und Dokumentationspflichten des Verständigungsgesetzes kommt keiner der absoluten Revisionsgründe in Betracht.[21]

B. Der Verstoß gegen die Transparenz- und Dokumentationspflichten als relativer Revisionsgrund, § 337 StPO

Verstöße gegen die Transparenz- und Dokumentationspflichten können daher nur zur Aufhebung des Urteils führen, wenn das Urteil auf dem Gesetzesverstoß beruht, § 337 StPO. Dem *BVerfG* wird vorgeworfen, mit seinen Vorgaben zum Beruhen die gesetzlichen Wertungen des Revisionsrechts zu missachten.[22] Ob dieser Vorwurf zutrifft, soll im Folgenden analysiert werden. Ausgangspunkt ist die Darstellung, welche Anforderungen im Regelfall an ein Beruhen zu stellen sind. Sodann werden die Vorgaben des *BVerfG* und deren Umsetzung in der Rechtsprechung mit Blick auf die jeweiligen Pflichten dargestellt, analysiert und bewertet.

I. Der Begriff des Beruhens, § 337 StPO

Schon nach den Motiven zur StPO ist „(d)ie unrichtige Anwendung einer Rechtsnorm (…) zur Begründung der Revision nicht geeignet, wenn auch bei deren richtiger Anwendung das Gericht zu derselben Entscheidung gelangt sein würde."[23] Das Gesetz verhindert, indem es ein Beruhen verlangt, dass die bloße Verletzung einer Rechtsnorm unmittelbar zur Urteilsaufhebung führt.[24] Der erforderliche Zusammenhang der Gesetzesverletzung mit dem Urteil wird allerdings weder durch das Gesetz noch durch die Motive zur Strafprozessordnung näher bestimmt.

Zur Natur dieses Zusammenhangs stehen sich im Wesentlichen zwei Positionen gegenüber. Die weit überwiegende Ansicht versteht den Zusammenhang

---

21 In Bezug auf Protokollierungsverstöße *Henckel*, in: Faires Verständigungsverfahren, S. 202.; bezüglich § 257c Abs. 5 StPO führt *Ruhs*, in: Rechtsbehelfe bei Verständigungen, S. 100, aus, dass § 338 StPO „offensichtlich" nicht einschlägig sei.

22 Exemplarisch *Stuckenberg*, in: ZIS 2013, 212, 215: „Hier wird der einfachrechtliche Begriff des „Beruhens" entweder missverstanden oder verfassungsrechtlich in problematischer Weise überspielt."

23 *Hahn*, Materialien zur StPO, S. 251.

24 *Frisch*, in: SK-StPO, § 337, Rn. 186.

seit jeher[25] als Frage der Kausalität.[26] Es bedürfe eines ursächlichen Zusammenhangs der Rechtsverletzung mit dem Urteil des Gerichts.[27] Die Ursächlichkeit müsse hierbei aber nicht erwiesen sein. Es reiche aus, dass es bloß möglich beziehungsweise nicht ausgeschlossen ist, dass das Urteil anders ausgefallen wäre, läge ein rechtsfehlerfreies Verfahren vor.[28]

Die Literatur tritt dieser Wertung teilweise entgegen. Die Frage danach, ob die Entscheidung des Gerichts auf der Verletzung des Gesetzes beruhe, sei keine Frage der Kausalität. Erforderlich sei vielmehr ein normativer Zusammenhang unter Berücksichtigung von Schutzweck- und Finalitätserwägungen.[29]

Unabhängig seiner dogmatischen Herleitung beschränkt sich der Begriff des Beruhens jedoch stets auf Konstellationen, bei welchen sich die Gesetzesverletzung möglicherweise auf die Entscheidung ausgewirkt hat. Ein Beruhen setzt damit immer eine Art „kausale(n) Fehler-Urteil-Verknüpfung“[30] voraus. Die normativen Verständnisse wirken somit ergänzend und nicht ersetzend, weswegen der folgenden Analyse ein kausales Verständnis im Sinne der h. M. zu Grunde gelegt werden kann.

II. Zur Revisibilität der Transparenz- und Dokumentationspflichten

1. Zur Revisibilität von Belehrungsfehlern, § 257c Abs. 5 StPO

Nach § 257c Abs. 5 StPO ist der Angeklagte über die Voraussetzungen und Folgen einer Abweichung des Gerichtes von dem in Aussicht gestellten Ergebnis nach Abs. 4 zu belehren.[31] Die Norm zielt darauf ab, dem Angeklagten „eine

---

25 So schon das RG, 494/80, Urt. v. 8.3.1880 = RGSt 1, 254, 255: „Kausalnexus zwischen der Verletzung des Prozeßrechts und dem Inhalte des Urteiles“.

26 *Frisch*, in: SK-StPO, § 337, Rn. 187; *Roxin/Schünemann*, in: Strafverfahrensrecht, S. 479 f., Rn. 34; *Schmitt*, in: Meyer-Goßner/Schmitt, § 337, Rn. 37 f.; so auch *Henckel*, in: Faires Verständigungsverfahren, S. 213 und *Rabe*, in: Das Verständigungsurteil, S. 362.

27 Dass auch die Rspr. keine reine Kausalitätsprüfung vornimmt, legen *Burgmüller*, in: Das Beruhen als Regulativ im Revisionsrecht, S. 158 ff. und *Frisch*, in: FS-Rudolphi, 609, 614 f. dar.

28 *Frisch*, in: SK-StPO, § 337, Rn. 187; *Roxin/Schünemann*, in: Strafverfahrensrecht, S. 479 f., Rn. 34; *Schmitt*, in: Meyer-Goßner/Schmitt, § 337, Rn. 37 f.

29 *Frisch*, in: FS-Rudolphi, 609, 616 ff.; *ders.*, in: SK-StPO, § 337, Rn. 187 f.; *Schlüchter*, in: FS-Krause, 485, passim; *Philipps*, in: FS-Bockelmann, 831, passim.

30 *Niemöller*, in: NStZ 2015, 489, 491.

31 Dazu, dass die Belehrungsvorschrift des§ 257c Abs. 5 StPO der Sache nach zu den Transparenzvorschriften des Verständigungsgesetzes zählt, oben unter Kap. 2, A.

autonome Einschätzung des mit seiner Mitwirkung (an einer Verständigung) verbundenen Risikos“[32] zu ermöglichen. Sie „dien(t), um ein faires Verfahren (…) sicherzustellen, dem Schutz des Angeklagten“[33]. Der Belehrung komme deshalb – so das *BVerfG* – eine „besondere Bedeutung zu, der auch revisionsrechtlich Rechnung zu tragen (sei).“[34]

a) §257c Abs. 5 StPO als quasi-absoluter Revisionsgrund

Das *BVerfG* entschied im Verständigungsurteil, dass Verstöße gegen die Belehrung nach § 257c Abs. 5 StPO regelmäßig dazu führen, „dass das Geständnis und damit auch das Urteil auf dem Unterlassen der Belehrung beruht.“[35] Ebenso entschieden dann die Revisionsgerichte im Anschluss an das Verständigungsurteil. Die Rechtsprechung griff zur Annahme des Beruhens ausnahmslos auf die Begründung des *BVerfG* zurück.[36] Sie schloss sich damit de facto der herrschenden Auffassung in der Literatur an.[37] Die Begründung des *BVerfG* lässt allerdings zwei verschiedene Lesarten zu und zeigt darüber hinaus ein eigenes, neues Verständnis des Beruhens auf.

---

32 Gesetzesentwurf der BReg., BT-Drs. 16/12310, S. 15.

33 Ebd.

34 BVerfG, 2 BvR 2628/10 u.a., Urt. v. 19.3.2013 = BVerfGE 133, 168, 231 (Rn. 112).

35 BVerfG, 2 BvR 2628/10 u.a., Urt. v. 19.3.2013 = BVerfGE 133, 168, 225 (Rn. 99).

36 BGH 1 StR 563/12, Beschl. v. 11.4.2013 = StV 2013, 611; OLG Köln, III RVs 146/13, Beschl. v. 18.7.2013 = StV 2014, 80; BGH 1 StR 234/13, Beschl. v. 24.7.2013 = NStZ 2013, 727; OLG Rostock, 1 Ss 86/12, Beschl. v. 5.8.2013 = StV 2014, 81; BGH 5 StR 253/13, Urt. v. 7.8.2013 = StV 2013, 682 – vgl. hierzu auch die sich daran anschließenden Entscheidung des BVerfG, 2 BvR 2048/13, Beschl. v. 25.8.2014 = StV 2015, 73; OLG München, 4 StRR 174/13, Beschl. v. 28.8.2013 = StV 2014, 79; BGH 1 StR 302/13, Beschl. v. 15.1.2014 = StV 2014, 518; BGH 4 StR 595/14, Beschl. v. 10.2.2015 = NStZ 2015, 358; BGH 5 StR 82/15, Beschl. v. 25.3.2015 = StV 2016, 98; OLG Braunschweig, 1 Ss 69/15, Beschl. v. 2.2.2016 = NStZ 2016, 563; BGH 5 StR 15/17, Beschl. v. 24.1.2017 = NStZ-RR 2017, 120; BGH 5 StR 73/17, Beschl. v. 21.3.2017 = NStZ-RR 2017, 151; BGH 1 StR 71/16, Beschl. v. 11.5.2017 = StV 2018, 11; BGH 4 StR 268/18, Beschl. v. 8.11.2018 = NStZ 2019, 169; BGH 1 StR 295/19, Beschl. v. 8.8.2019 = StV 2021, 15; eher dem allgemeinen Verständnis folgend BGH 2 StR 352/19 = StV 2021, 12.

37 M. w. N. *Beulke/Stoffer*, in: JZ 2013, 662, 670.

aa) Die Regelungskonzeption als untrennbare Regelungseinheit – Beruhen auf rechtswidriger Verständigung

Die erste Lesart der verfassungsgerichtlichen Wertungen basiert darauf, dass die gesetzliche Regelung als untrennbare Einheit „aus Zulassung und (…) Einhegung durch die Mitteilungs-, Belehrungs- und Dokumentationspflichten zu begreifen "[38] sei. Verstößt das Gericht gegen die Belehrungspflicht des § 257c Abs. 5 StPO, sei „ein Beruhen des Urteils auf diesem Gesetzesverstoß regelmäßig schon deshalb nicht auszuschließen (…), weil die Verständigung, auf der das Urteil beruh(e), ihrerseits mit einem Gesetzesverstoß behaftet (sei)."[39] Das *BVerfG* begründet hierdurch ein Beruhen des Urteils auf dem Einzelverstoß mit dem Argument, dass schon der einzelne Verstoß zu einer gesamtrechtswidrigen Verständigung führe, worauf das Urteil sodann beruhe.

bb) Verfassungsrechtlich gebotene, teleologische Reduktion des Beruhens

Des Weiteren kann die Begründung des *BVerfG* als teleologische Reduktion des Beruhenserfordernisses verstanden werden.[40] Indem das *BVerfG* fortlaufend auf die Funktionen der Belehrungspflichten verweist[41] und sich nur dazu äußert, wann ausnahmsweise kein Beruhen anzunehmen ist[42], impliziert dies für alle anderen Konstellationen, dass das Urteil auf dem Verstoß beruht. § 337 StPO wird hierdurch für Verstöße gegen die Transparenz- und Dokumentationspflichten teleologisch so reduziert, dass es der Prüfung des Beruhens kaum noch bedarf. Das *Bayerische Oberste Landesgericht* spricht zutreffend von einer „Regelvermutung", die aus den Vorgaben zum Beruhen folge.[43]

cc) Kritische Würdigung

Das *BVerfG* befreit sich im Verständigungsurteil von der gängigen Beruhensprüfung. Mit der Annahme, ein Beruhen des Urteils auf der Verletzung des § 257c Abs. 5 StPO könne schon deshalb nicht ausgeschlossen werden, weil die Verständigung ohne die Einhaltung der Belehrung bemakelt und rechtswidrig

38 BVerfG, 2 BvR 2628/10 u.a., Urt. v. 19.3.2013 = BVerfGE 133, 168, 222 (Rn. 96).

39 BVerfG, 2 BvR 2628/10 u.a., Urt. v. 19.3.2013 = BVerfGE 133, 168, 222 (Rn. 97).

40 *Beulke/Stoffer*, in: JZ 2013, 662, 669.

41 BVerfG, 2 BvR 2628/10 u.a., Urt. v. 19.3.2013 = BVerfGE 133, 168, 224 f. (Rn. 99); 231 (Rn. 112).

42 BVerfG, 2 BvR 2628/10 u.a., Urt. v. 19.3.2013 = BVerfGE 133, 168, 225 (Rn. 99).

43 Bayerisches Oberstes Landesgericht, 205 StRR 1148/19, Beschl. v. 20.12.2019 = BeckRS 2019, 45917.

sei, beantwortet der *Senat* die Beruhensfrage nicht.[44] Vielmehr begründet dies einen schlichten Zirkelschluss. Das *BVerfG* setzt das, was ermittelt werden soll, als gegeben voraus.[45] Es begründet weder ein Beruhen der Verständigung auf dem Verstoß, noch ein Beruhen des Urteils auf dem Verstoß.[46] Wenn aber schon nicht klar ist, ob die Verständigung auf dem Verstoß beruht, kann es für Beruhen des Urteils auf dem Verstoß nicht darauf ankommen, ob das Urteil auf der Verständigung beruht. Die Literatur kritisiert dies zu Recht als „argumentative Nebelkerze“[47].

Auch kommt es mit dieser Auslegung des Beruhens auf die Folgen des konkreten Verstoßes gegen die Belehrungspflicht für die Entscheidung nicht mehr an. Das *BVerfG* umgeht diese Frage schlicht, indem es die Verständigung als „Bindeglied zwischen Formverstoß und Urteil“[48] schaltet. Die systematisch fragwürdige Annahme einer Untrennbarkeit aller Pflichten der Regelungskonzeption führt dazu, dass die Gerichte nicht über ein Beruhen des konkreten Einzelverstoßes entscheiden. Das Merkmal des Beruhens wird vielmehr abstrakt und vor dem Hintergrund einer allein schon wegen des Einzelverstoßes gesamtrechtswidrigen Verständigung betrachtet.[49] Die Beruhensfrage bezieht sich jedoch auf das unmittelbare Verhältnis zwischen der Gesetzesverletzung und der Entscheidung des Gerichts. Treffend wird es als „Kunstgriff“ bezeichnet, wenn das *BVerfG* jedem Formverstoß eine pauschal durchschlagende Relevanz zuschreibt, ohne dies weiter zu begründen.[50]

---

44 *Kudlich*, in: NStZ 2013, 379, 381, der zu Recht darlegt, dass die Argumentation des *BVerfG* nicht überzeugt, da „jedes fehlerhafte Urteil (...) – und zwar sogar unmittelbar –, mit einem Gesetzesverstoß behaftet‘ (ist), ohne dass dies die Beruhensfrage präjudizieren würde.“

45 *Stuckenberg*, in: ZIS 2013, 212, 215; *Beulke/Stoffer*, in: JZ 2013, 662, 669; ebenso BGH 3 StR 470/14, Urt. v. 23.7.2015 = StV 2016, 81, 84.

46 *Beulke/Stoffer*, in: JZ 2013, 662, 669, sprechen in dem Zusammenhang davon, dass das BVerfG das eigentliche Problem verschleiere.

47 *Beulke/Stoffer*, in: JZ 2013, 662, 669; ähnlich *Stuckenberg*, in: ZIS 2013, 212, 215 und *Ceffinato*, in: Jura 2013, 873, 881: „petitio principii“.

48 *Beulke/Stoffer*, in: JZ 2013, 662, 669.

49 *Mosbacher*, in: NZWiSt 2013, 201, 205; *Stuckenberg*, in: ZIS 2013, 212, 215, wirft dem BVerfG vor, den einfachrechtlichen Begriff des Beruhens entweder misszuverstehen oder in verfassungsrechtlich problematischer Weise zu überspielen.

50 *Mosbacher*, in: NZWiSt 2013, 201, 205; *Ruhs*, in: Rechtsbehelfe bei Verständigungen, S. 107, spricht in dem Zusammenhang von einer normativen Gesamtbetrachtung dahingehend, ob das verständigungsbasierte Geständnis durch die Missachtung des Formverstoßes bemakelt sei.

Versteht man die Methode des *BVerfG* als teleologische Reduktion, wird schlicht die Beruhensprüfung des § 337 StPO außer Kraft gesetzt. Denn dem Beruhenserfordernis verbleibt dann nahezu kein Anwendungsbereich. Eine Prüfung des Beruhens findet hiernach – wenn überhaupt – nur noch im Wege eines Ausschlussverfahrens statt.[51]

Nach beiden Deutungen der Vorgaben im Verständigungsurteil ergibt sich, dass das *BVerfG* ein von der herrschenden Auslegung des Beruhens abweichendes Verständnis konstruiert, das im Gesetz keine Stütze findet.[52]

b) Präzisierung von Inhalt und Funktion der Belehrungspflicht, § 257c Abs. 5 StPO

Ob die regelmäßige Annahme des Beruhens auch ihres Ergebnisses wegen auf eine Sonderauslegung im Sinne eines „quasi-absoluten" Revisionsgrundes hinausläuft, hängt davon ab, ob bei Verstößen gegen § 257c Abs. 5 StPO in aller Regel nicht ebenso auf Grundlage des allgemeinen Verständnisses von § 337 StPO ein Beruhen anzunehmen ist.

Nach § 257c Abs. 5 StPO ist der Angeklagte über die Voraussetzungen und Folgen einer Abweichung des Gerichtes von dem in Aussicht gestellten Ergebnis nach Abs. 4 zu belehren. Das Gericht muss dem Angeklagten erläutern, dass es sich von der Verständigung einseitig lösen kann, wenn es rechtlich oder tatsächlich bedeutsame Umstände übersehen hat oder sich Umstände neu ergeben haben und es deswegen zu der Überzeugung gelangt, dass der in Aussicht gestellte Strafrahmen nicht mehr tat- oder schuldangemessen ist. Weiter muss das Gericht dem Angeklagten verdeutlichen, dass es nicht mehr an die Verständigung gebunden ist, wenn das weitere Prozessverhalten des Angeklagten nicht dem Verhalten entspricht, das der Prognose des Gerichtes zugrunde gelegt worden ist. Zuletzt ist der Angeklagte darauf hinzuweisen, dass das Gericht ihn für den Fall, dass es sich von der Verständigung lösen möchte, darüber informieren muss, und dass dann ein etwaiges Geständnis unverwertbar ist.

Der Gesetzgeber und das *BVerfG* verknüpfen den Regelungsinhalt der Belehrungspflichten nach § 257c Abs. 5 StPO mit der Absicht, die Autonomie des Angeklagten bei seiner Entscheidung, sich auf eine Verständigung einzulassen,

51 s. unten Kap. 3 unter B.II.1.d) zu den Konstellationen, in denen ein Beruhen ausnahmsweise auszuschließen sein soll.

52 *Stuckenberg*, in: ZIS 2013, 212, 215: „Hier wird der einfachrechtliche Begriff des „Beruhens" entweder missverstanden oder verfassungsrechtlich in problematischer Weise überspielt."

sicherzustellen. Dem Angeklagten werde es erst durch die Belehrung ermöglicht, die mit der Mitwirkung an der Verständigung verbundenen Risiken einzuschätzen.[53] Die *Verfassungsrichter* rekurrieren insoweit auf die Begründung des Gesetzgebers.[54]

Über die Gesetzesbegründung hinaus sieht das *BVerfG* die Funktion der Belehrung nach § 257c Abs. 5 StPO darin, der „besonderen Anreiz- und Verlockungssituation“[55] entgegenzuwirken, derer sich der Angeklagte bei einer Verständigung ausgesetzt sehe. Die Belehrung trage der mit einer Verständigung „einhergehenden Gefährdung der Selbstbelastungsfreiheit (…) Rechnung“[56]. Die *Verfassungsrichter* präzisieren hierdurch den Zweck der Belehrungspflichten. Sie rücken die Selbstbelastungsfreiheit des Angeklagten ins Zentrum der Belehrungspflichten.

aa) *Zur Notwendigkeit der Belehrung für die Wahrung der Selbstbelastungsfreiheit*

Die Belehrung nach § 257c Abs. 5 StPO ist nur dann zur Wahrung der Selbstbelastungsfreiheit erforderlich, wenn die Verständigung – erstens – zu einer Verfahrenssituation führt, die mit Gefahren für die Selbstbelastungsfreiheit einher geht, und wenn die Belehrung nach § 257c Abs. 5 StPO – zweitens – dazu geeignet ist, jenen Gefahren für die Selbstbelastungsfreiheit des Angeklagten entgegen zu wirken.

Richtig ist, dass die Verständigung eine Situation begründet, die mit einer allgemeinen Gefahr für die Selbstbelastungsfreiheit einhergeht. Die Selbstbelastungsfreiheit umfasst das Recht zur Aussage- und Entschließungsfreiheit innerhalb des Strafverfahrens. Niemand darf dazu gezwungen werden, aktiv an seiner Überführung mitzuwirken. Der Beschuldigte muss frei von Zwang über seine (Nicht-)Mitwirkung entscheiden können.[57] Mit der Bekanntgabe des Verständigungsvorschlags durch das Gericht, § 257c Abs. 3 S. 1 StPO, und der darauffolgenden Möglichkeit, dem Vorschlag zuzustimmen, § 257c Abs. 3 S. 4 StPO, erlangt der Angeklagte nicht nur die Aussicht darauf, das Strafverfahren zu beschleunigen, sondern auch, es im Ergebnis zu seinen Gunsten

---

53 Gesetzesentwurf der BReg., BT-Drs. 16/12310, S. 15.

54 BVerfG, 2 BvR 2628/10 u.a., Urt. v. 19.3.2013 = BVerfGE 133, 168, 224 f. (Rn. 99).

55 BVerfG, 2 BvR 2628/10 u.a., Urt. v. 19.3.2013 = BVerfGE 133, 168, 225 (Rn. 99).

56 Ebd.

57 Ausführlich zu der Reichweite der Selbstbelastungsfreiheit als Prozessgrundsatz *Gaede*, in: MüKo-StPO, Art. 6 EMRK Rn. 318 ff.; *Meyer*, in: SK-StPO, Art. 6 EMRK Rn. 179 ff.

mitzubestimmen. Die Verständigung setzt hierdurch einen starken Anreiz, aktiv am Strafverfahren mitzuwirken.[58]

Dem Anreiz, sich zu belasten und auszusagen, begegnet in der Hauptverhandlung zunächst die allgemeine Belehrung nach § 243 Abs. 5 S. 1 StPO. Sie informiert den Angeklagten schon zu Beginn der Hauptverhandlung über sein grundsätzliches Schweigerecht.[59] Die Belehrung nach § 243 Abs. 5 S. 1 StPO führt allerdings nicht dazu, dass der Angeklagte über die Möglichkeiten einer Verfahrensverständigung aufgeklärt wird. So wird insbesondere die Anreiz- und Verlockungssituation, mit der der Angeklagte durch das Angebot einer Verständigung konfrontiert wird, durch die Belehrung gemäß § 234 Abs. 5 S. 1 StPO nicht abgemildert.

Ob aber die Belehrung nach § 257c Abs. 5 StPO zu einem Mehrwert für den Schutz der Selbstbelastungsfreiheit führt, ist fraglich. Dies wäre etwa dann der Fall, wenn sie Umstände erfasst, welche die Selbstbelastungsfreiheit über den Inhalt des Hinweises nach § 243 Abs. 5 S. 1 StPO hinaus schützt oder wenn sie zu einer generellen Sensibilisierung führt, die Mitwirkung an dem Verständigungsverfahren zu überdenken.

Der Inhalt der Belehrung nach § 257c Abs. 5 StPO hat zunächst keinerlei direkten Bezug zur Selbstbelastungsfreiheit. Das Gericht belehrt den Angeklagten über die Voraussetzungen, die dazu führen, dass das Gericht nicht mehr an die Verständigung gebunden ist. Diese Umstände sind aber keine, welche die Selbstbelastungsfreiheit tangieren.[60] Denn die Möglichkeit, Verfahrensrisiken abwägen zu können, ist etwas anderes als das sich aus der Selbstbelastungsfreiheit ergebende Verbot des Zwangs zu aktiver Mitwirkung am Strafverfahren.[61]

58 Vgl. zu der Anreizsituation vor allem BVerfG, 2 BvR 2628/10 u.a., Urt. v. 19.3.2013 = BVerfGE 133, 168, 225 (Rn. 99), 231 (Rn. 112), 232 (Rn. 114), 238 (Rn. 126).

59 *Frister*, in: SK-StPO § 243 Rn. 49 ff.

60 Vgl. *Rabe*, in: Das Verständigungsurteil, S. 379, die ausführt, dass die Belehrung „nicht über die Sinnhaftigkeit einer Inanspruchnahme seiner [des Angeklagten] Selbstbelastungsfreiheit informier(e)", und sie – u. a. – deshalb die Selbstbelastungsfreiheit nicht tangiere.; obgleich dies im Ergebnis richtig ist, muss beachtet werden, dass auch §§ 136 Abs. 1 S. 2, 243 Abs. 5 S. 1 StPO nichts zu der Sinnhaftigkeit einer etwaigen Inanspruchnahme ausführen.

61 Dass es sich hierbei um Garantien handelt, zwischen welchen differenziert werden muss, ergibt sich aus BVerfG, 2 BvR 2628/10 u.a., Urt. v. 19.3.2013 = BVerfGE 133, 168, 200 f. (Rn. 59 f.).

Anders wäre dies, wenn das Gericht den Angeklagten etwa darüber belehren würde, dass andere Beweismittel, welche auf Grund des Geständnisses erlangt werden, im Regelfall auch dann verwertbar bleiben, wenn das Gericht von der Verständigung abrückt. Dann beträfe die Belehrung nach § 257c Abs. 5 StPO unmittelbar solche Umstände, die für die Entscheidung, sich freiwillig – mittelbar – belasten zu wollen, von erheblicher Relevanz sind.[62] Eine solche Belehrung sieht das Gesetz jedoch nicht vor.

Vielmehr verstärkt der Belehrungsinhalt sogar den bestehenden Anreiz, sich der Verständigung hinzugeben. Dem Angeklagten wird mittels dieser Belehrung verdeutlicht, dass ihm selbst dann keinerlei Nachteile entstehen können, wenn das Gericht von der Verständigung wieder abrückt.

Auch die strukturelle Ausgestaltung von § 257c Abs. 5 StPO spricht gegen die Annahme, die Belehrung diene dem Schutz der Selbstbelastungsfreiheit.[63] Denn die Regeln zum Schutz der Selbstbelastungsfreiheit benennen ausdrücklich das Recht, das sie schützen. So haben insbesondere die §§ 136 Abs. 1 S. 2, 243 Abs. 5 S. 1 StPO einen appellativen Charakter und sprechen die Selbstbelastungsfreiheit des Angeklagten unmittelbar an. Die Belehrung nach § 257c Abs. 5 StPO erschöpft sich indes darin, den Angeklagten über die Risiken der Verständigung aufzuklären. Darin liegt jedoch kein Appell. Das Gesetz spricht die Möglichkeit zu schweigen oder eine Verständigung abzulehnen nicht an.

Gleichwohl schützt die Belehrung gemäß § 257c Abs. 5 StPO mittelbar auch die Selbstbelastungsfreiheit des Angeklagten, da sie jedenfalls zu einer Aktualisierung des Bewusstseins führt, nicht an der Verständigung mitwirken zu müssen. Hiergegen lässt sich auch nicht einwenden, der Angeklagte müsse nur einmalig zu Beginn der Hauptverhandlung nach § 243 Abs. 5 StPO belehrt werden, da dies zu der Absicherung der Selbstbelastungsfreiheit für die gesamte Zeit der Hauptverhandlung ausreiche.[64] Träfe dieser Einwand zu, wäre eine weitere Sensibilisierung des Angeklagten für seine Rechte schon nicht erforderlich, so dass auch die Belehrung nach § 257c Abs. 5 StPO nicht mehr zum Schutz der Selbstbelastungsfreiheit erforderlich wäre. Jedoch verkennt diese Wertung die Anreiz- und Verlockungssituation, mit der sich der Angeklagte im Falle einer Verständigung konfrontiert sieht. Der Angeklagte, der vor der

62 Hierzu schon *Weider*, in: N/Sch/W, Teil C, Rn. 67; siehe auch *Rabe*, in: Das Verständigungsurteil, S. 380, die eine derartige Pflicht im Recht auf ein faires Verfahren verortet.

63 Ebenso *Rabe*, in: Das Verständigungsurteil, S. 382.

64 So für die Belehrung nach § 243 Abs. 5 StPO *Arnoldi*, in: MüKo-StPO, § 243 Rn. 57; *Frister*, in: SK-StPO, § 243 Rn. 51.

Entscheidung steht, ob er mit dem Gericht kooperiert, wird durch die Darstellung der Bestandsrisiken einer Verständigung dafür sensibilisiert, seine Kooperation zu überdenken. Insofern spricht die Belehrung nach § 257c Abs. 5 StPO zwar nicht appellativ die Selbstbelastungsfreiheit des Angeklagten an. Aber die Belehrung macht auf die Risiken der Verständigung aufmerksam und zwingt daher zum Nachdenken über den Anreiz, der Verständigung zuzustimmen. Gerade demjenigen Angeklagten, der sich schon für eine Verständigung entschieden hat, wird durch die Belehrung eine erneute und bewusste Entscheidung abverlangt, ob er kooperativ an seiner Verurteilung mitwirken möchte.

Die Belehrung gemäß § 257c Abs. 5 StPO dient daher auch dem Schutz der Selbstbelastungsfreiheit, obwohl dieser nicht im Zentrum der Belehrung steht.

bb) Zur Notwendigkeit der Belehrung für eine autonome Entscheidung

Die Belehrung nach § 257c Abs. 5 StPO sichert vor allem auch die Autonomie des Angeklagten bei seiner Entscheidung ab, ob er der Verständigung zustimmt. § 257c Abs. 5 StPO dient damit dem Recht auf ein faires Strafverfahren.[65] Dieses erfordert, dass der Angeklagte seine prozessualen Rechte und Möglichkeiten mit der erforderlichen Sachkunde wahrnehmen kann[66], was ihm erst durch die Belehrung über die Bestandsrisiken einer Verständigung ermöglicht wird.

c) Zum Beruhen auf Verstößen gegen § 257c Abs. 5 StPO unter Berücksichtigung des Sinn und Zwecks der Norm

Verstöße gegen die Belehrungspflicht sind in drei Konstellationen für die Frage des Beruhens von Relevanz.

aa) Beruhen bei erfolgreicher Verständigung

Kommt es zu einer erfolgreichen Verständigung, lässt sich ein Beruhen des Urteils auf dem Verstoß gegen die Belehrungspflicht auch nach dem allgemeinen Verständnis von § 337 StPO kaum ausschließen.[67] Denn wenn infolge des Belehrungsmangels die Autonomie der Entscheidung des Angeklagten,

---

65 *Weider*, in: N/Sch/W, Teil C, Rn. 67.

66 Vgl. zu den Grundsätzen des Rechts auf ein faires Strafverfahren BVerfG, 2 BvR 2628/10 u.a., Urt. v. 19.3.2013 = BVerfGE 133, 168, 200 (Rn. 59).

67 *Beulke/Stoffer*, in: JZ 2013, 662, 670; *Rabe*, in: Das Verständigungsurteil, S. 383, spricht von einer gesetzgeberischen Vermutung, die in der Norm des § 257c Abs. 5 StPO angelegt sei; auch nach *Ruhs*, in: Rechtsbehelfe bei Verständigungen, S. 107, wäre „(e)in derartiger Bruch mit der revisionsrechtlichen Systematik (…) nicht

der Verständigung zuzustimmen, nicht sichergestellt ist, lässt sich auch nicht ausschließen, dass der Angeklagte die Verständigung abgelehnt hätte, wäre er belehrt worden. Das Urteil wäre so möglicherweise anders ausgefallen. Ein Beruhen drängt sich deshalb im Regelfall sogar auf.[68]

bb) Beruhen bei erfolgloser Verständigung

Lehnt der nicht nach § 257c Abs. 5 StPO belehrte Angeklagte einen Verständigungsvorschlag des Gerichts in der Hauptverhandlung ab, beruht das Urteil hingegen nicht auf dem Verstoß gegen die Belehrungspflichten. Das Urteil wäre nicht anders ausgefallen, wäre der Angeklagte belehrt worden.

Ein Beruhen könnte nur dann vorliegen, wenn man unterstellt, der belehrte Angeklagte hätte dem Verständigungsvorschlag zugestimmt, weil dann das vorliegende und von dem Verständigungsvorschlag abweichende Urteil nicht zustande gekommen wäre. Die Belehrung nach § 257c Abs. 5 StPO hemmt jedoch eher die Entscheidung des Angeklagten, der Verständigung zuzustimmen. Der Angeklagte, der vor der Entscheidung steht, ob er mit dem Gericht kooperiert, wird durch die Darstellung der Bestandsrisiken einer Verständigung dafür sensibilisiert, seine Kooperation zu überdenken.[69] Es ist daher kaum denkbar, dass der Angeklagte der Verständigung zugestimmt hätte, wäre er über deren Bestandsrisiken belehrt worden.[70] Vielmehr überschreitet dies die Grenzen des hypothetisch nachvollziehbaren Ablaufs, weswegen das Urteil nicht auf einem Verstoß gegen § 257c Abs. 5 StPO beruht, wenn der Angeklagte die Verständigung ablehnt.

---

erforderlich gewesen."; *Schlothauer*, in: StraFo 2011, 487, 493; *Weider*, in: N/Sch/W, Teil C, Rn. 68.

68 Zu den Fällen, in denen eine Beruhen ausgeschlossen werden kann Kap. 3 unter B.II.1.d).

69 s. oben Kap. 3 unter B.II.1.b).

70 Vgl. hierzu *Knauer/Kudlich*, in: MüKo-StPO, § 337 Rn. 143, die zu Recht ausführen, dass es zur Annahme des Beruhens problematisch ist, auf hypothetische Verläufe abzustellen und deren Grenzen festzulegen; dass auch die Revisionspraxis zu Problemen gelangt, die aus der Berücksichtigung hypothetischer Erwägungen resultieren, zeigt ein Beschluss des OLG Rostock: „Zwar sei es „kaum vorstellbar (…), dass es (…) über das Für und Wider des »Deals« zuvor keine eingehende Erörterung zwischen dem Angekl. und seiner Verteidigung gegeben hat (…). Eine sichere, jeden Zweifel ausschließende Erkenntnis dazu gibt es indes nicht (…).", OLG Rostock, 1 Ss 86/12, Beschl. v. 5.8.2013 = StV 2014, 81, 82.

cc) Beruhen in den Fällen des § 257c Abs. 4 S. 2 StPO

Weicht das Gericht gemäß § 257c Abs. 4 S. 2 StPO von der Verständigung ab, weil das weitere Prozessverhalten des vorab nicht belehrten Angeklagten nicht der Prognose des Gerichtes entspricht, ist ein Beruhen des Urteils auf einem Verstoß gegen § 257c Abs. 5 StPO regelmäßig anzunehmen.[71] Denn das Risiko, dass das Gericht von der Verständigung abrückt, hat sich in dem Fall verwirklicht, ohne dass der Angeklagte vorher darauf hingewiesen wurde.[72] Der belehrte Angeklagte hätte sein Prozessverhalten so anpassen können, dass das Gericht möglicherweise nicht von der Verständigung abgerückt wäre. Die ergangene Entscheidung des Gerichts wäre dann möglicherweise eine andere gewesen. Grundlage des Ergebnisses der Beweisaufnahme wäre dann weiterhin die Verständigung gewesen. Das Risiko des nachträglichen Scheiterns der Verständigung liegt bei § 257c Abs. 4 S. 2 StPO in der Risikosphäre des Angeklagten.[73]

Die in ihrem Ergebnis anderslautende Entscheidung des *BGH*, das Urteil beruhe nicht auf dem Verstoß gegen § 257c Abs. 5 StPO, weil das Prozessverhalten des Angeklagten nach dem Scheitern der Verständigung autonom gewesen sei[74], übersieht die Möglichkeit, dass sich der Angeklagte infolge der Belehrung anders und so eingelassen hätte, dass die Verständigung gar nicht erst gescheitert wäre. Das Urteil wäre richtigerweise aufzuheben gewesen.

dd) Beruhen in den Fällen des § 257c Abs. 4 S. 1 StPO

Auch wenn das Gericht auf Grund von neuen oder bislang übersehenen, rechtlich oder tatsächlich bedeutsamen Gesichtspunkten gemäß § 257c Abs. 4 S. 1 StPO von der Verständigung abweicht, beruht das Urteil auf dem vorherigen Verstoß gegen die Belehrung nach § 257c Abs. 5 StPO. Ein Beruhen ist nur dann auszuschließen, wenn der Angeklagte die Umstände, wegen derer das Gericht von der Verständigung abgewichen ist, im Zeitpunkt der Verständigung nicht kannte.

Denn der über die Bestandsunsicherheit der Verständigung belehrte Angeklagte, der erkennt, dass der durch das Gericht angenommene Sachverhalt, auf

---

71 a.A. BGH 1 StR 234/13, Beschl. v. 24.7.2013 = NStZ 2013, 727, 728.

72 Vgl. zur Verpflichtung der Gerichte zu verfahrensrechtlich notwendigen Hilfestellungen, BVerfG, 2 BvR 2628/10 u.a., Urt. v. 19.3.2013 = BVerfGE 133, 168, 200 f. (Rn. 59).

73 *Velten*, in: SK-StPO, § 257c Rn. 38, 42.

74 BGH 1 StR 234/13, Beschl. v. 24.7.2013 = NStZ 2013, 727, 728.

dem die Verständigung beruht, unvollständig oder sogar falsch ist, hätte gegebenenfalls „nachverhandelt", um eine in Ihrem Bestand sichere Verständigung zu erreichen. Die Entscheidung des Gerichts wäre dann möglicherweise eine andere gewesen, weil die Grundlage der Beweisaufnahme nach wie vor eine Verständigung gewesen wäre.

Zudem ergibt sich ein Beruhen für die Fälle, in denen die Einlassung des Angeklagten der Grund für die neuen Erkenntnisse des Gerichts ist[75], aus denselben Wertungen wie bei § 257c Abs. 4 S. 2. Das Risiko des nachträglichen Scheiterns der Verständigung liegt in diesen Fällen in der Risikosphäre des Angeklagten.[76]

Nach *Rabe* sei in den Fällen des Abweichens nach § 257c Abs. 4 S. 1 StPO maßgebend, dass der belehrte Angeklagte im Gegensatz zu dem nicht nach § 257c Abs. 5 StPO belehrten Angeklagten die Möglichkeit habe, frühzeitig schon mehr zu gestehen, als das, was dem Gericht bekannt ist, um so ein in seinem Bestand sicheres Urteil zu erzielen, dessen Strafmaß auf Grund einer für ihn günstigen Strafzumessung möglichst gering ist. Der Angeklagte habe ein Recht auf ein Geständnis auf erstes Anfordern. § 257c Abs. 5 StPO gewähre dem Angeklagten auch ein Recht *zur* Selbstbelastung. Das Urteil beruhe schon deshalb auf dem Verstoß gegen § 257c Abs. 5 StPO.[77]

Zur Annahme eines Beruhens ist diese Annahme jedoch ungeeignet. Dass der Angeklagte, unabhängig einer erneuten Verständigung dazu bereit ist, infolge der Belehrung nach § 257c Abs. 5 StPO auch solche Umstände zu gestehen, die dem Gericht zuvor nicht bekannt waren, ist fernliegend.

Handelt es sich bei den Umständen, weswegen das Gericht gemäß § 257c Abs. 4 S. 1 StPO von der Verständigung abweicht, allerdings um Entwicklungen, die der Angeklagte nicht beeinflussen kann, weil er diese nicht kennt[78], so beruht das Urteil auch nicht auf dem Verstoß gegen § 257c Abs. 5 StPO. Der Angeklagte hätte dann den Bestand der Verständigung durch sein Verhalten gar nicht erst absichern können.

Ein Beruhen ergibt sich in diesen Fällen auch nicht daraus, dass das Gericht, welches sich nachträglich von der Verständigung löst, dann regelmäßig vor dem

75 Wenn die Einlassung des Angeklagten das Gericht zu Beweiserhebungen veranlasst hat, zu denen es ohne die Einlassung keinen Anlass hatte, oder der Angeklagte unmittelbar Umstände offenbart, wegen welcher sich das Gericht von der Verständigung löst.

76 s. hierzu schon oben Kap. 3 unter B.II.1.c)cc).

77 *Rabe*, in: Das Verständigungsurteil, S. 384 f.

78 So etwa der spätere Eintritt einer schweren Folge bei dem Tatopfer.

Hintergrund eines bereits abgelegten Geständnisses verhandelt. Das Gesetz negiert dieses faktische Risiko eines befangenen Richters, weil es andernfalls einen Besetzungswechsel für diesen Fall vorsehen müsste.[79] Auf dieser Befangenheit ein Beruhen begründen zu wollen, hieße, die gesetzliche Konzeption des reformiert inquisitorischen Strafverfahrens der StPO in Frage zu stellen. Eine mögliche faktische Befangenheit kann deshalb nicht als Grundlage für das Beruhen dienen.

Die Möglichkeit einer anderen Entscheidung folgt auch nicht aus der Überlegung, der belehrte Angeklagte hätte die Verständigung möglicherweise von Anfang an abgelehnt. Denn die Urteilsgrundlage ist in beiden Fällen ein kontradiktorisch geführtes, streitiges Verfahren. Verfahrensfehler, die alleine das Verständigungsverfahren betreffen, wirken sich dann nicht aus.

d) Keine Unwiderlegbarkeit des Beruhens

Die vorstehenden Erkenntnisse zeigen, dass sich ein Beruhen des Urteils auf Verstößen gegen § 257c Abs. 5 StPO auch nach den allgemeinen Grundsätzen regelmäßig nicht ausschließen lässt. Der Frage danach, wann ein Beruhen dennoch ausgeschlossen werden kann, kommt deshalb eine besondere Bedeutung zu.

Das *BVerfG* verweist hierfür mittelbar auf die Rechtsprechung zu Verstößen gegen die Belehrung nach § 136 Abs. 1 S. 2 StPO.[80] Ein Beruhen sei auszuschließen, „wenn sich feststellen l(asse), dass der Angeklagte das Geständnis auch bei ordnungsgemäßer Belehrung abgegeben hätte“[81].

Obgleich dieser Ausnahme schon deswegen keine Bedeutung zukommen dürfte, weil menschliche Verhaltensweisen weder rational noch vorhersehbar sind und das *BVerfG* auch keine weitergehende Präzisierung seiner Aussage vornimmt, lässt sich mutmaßen, dass das *BVerfG* vor allem auf diejenigen Fälle abstellen wollte, in denen der Angeklagte den Belehrungsinhalt kannte.[82] Der Verstoß gegen § 257c Abs. 5 StPO begründet in diesem Fall kein Informationsdefizit des Angeklagten und auch seine Autonomie ist davon nicht

---

79 So auch *Rabe*, in: Das Verständigungsurteil, S. 383; weiter zur Befangenheit des sich verständigenden Richters, *Isfen*, in: ZStW 2013, 325, passim; dies gilt auch in anderen Fällen von Beweisverwertungsverboten im Strafverfahrensrecht.

80 *Beulke/Stoffer*, in: JZ 2013, 662, 670; *Radtke*, in: NStZ 2013, 729, 729; *Ruhs*, in: Rechtsbehelfe bei Verständigungen, S. 103 f.

81 BVerfG, 2 BvR 2628/10 u.a., Urt. v. 19.3.2013 = BVerfGE 133, 168, 225 (Rn. 99).

82 s. zur Diskussion bei Verstößen gegen § 136 Abs. 1 S. 2 StPO BGH 1 StR 220/01, Urt. v. 22.11.2001 = BGHSt 47, 172.

betroffen. Der Ausschluss des Beruhens entspricht damit dem Sinn und Zweck der Norm.[83]

Ruhs meint daher auch zu Unrecht, dass der Vergleich mit den Grundsätzen des § 136 Abs. 1 S. 2 StPO „hinkt".[84] Er stellt darauf ab, dass die Gefahr einer Selbstbelastung in Verständigungskonstellationen deutlich höher sei und die Grundsätze, die für den Verstoß gegen die Belehrungspflicht aus § 136 StPO gelten, deshalb nicht übertragbar seien. *Ruhs* verkennt dabei, dass die Belehrung nach § 257c Abs. 5 nicht alleine dem Zweck dient, die Selbstbelastungsfreiheit zu schützen. Zentral ist vielmehr die Vermittlung von Informationen zum Schutz der Autonomie des Angeklagten.[85] Demgemäß ist es richtig, für die Frage des Beruhens – wie bei § 136 Abs. 1 S. 2 StPO – darauf abzustellen, ob der Angeklagte von dem Belehrungsinhalt anderweitig wusste. Der Belehrungsverstoß wirkt sich dann nicht aus.

Das *BVerfG* verlangt für den Beruhensausschluss konkrete Feststellungen zum Kenntnisstand des Angeklagten.[86] Die Rechtsprechung benennt hierzu eine Vielzahl möglicher Umstände, die allesamt dem Nachweis einer anderweitigen Kenntnis von dem Inhalt der Belehrung dienen sollen. Anhaltspunkte dafür, dass dem Angeklagten die Voraussetzungen für den Wegfall der Bindungswirkung bekannt waren, sollen sich hiernach aus einer früheren Belehrung in der Hauptverhandlung[87], aus anderen Strafverfahren[88], aus etwaigen Vorstrafen des Angeklagten[89] oder auch aus der konkreten Beratung durch den Verteidiger[90] ergeben. Auch der Umstand, dass die Verständigung durch den Verteidiger initiiert wurde, sei als Umstand bei der Frage zu werten, ob der Angeklagten von den Belehrungsinhalten wusste.[91]

---

83 s. oben Kap. 3 unter B.II.1.b).

84 *Ruhs*, in: Rechtsbehelfe bei Verständigungen, S. 103 f.

85 s. oben Kap. 3 unter B.II.1.b)aa) und bb).

86 BVerfG, 2 BvR 2628/10 u.a., Urt. v. 19.3.2013 = BVerfGE 133, 168, 225 (Rn. 99); vgl. zu den hiermit einhergehenden Problemen für die Revisionsrechtspraxis, OLG Rostock, 1 Ss 86/12, Beschl. v. 5.8.2013 = StV 2014, 81.

87 BGH 1 StR 295/19, Beschl. v. 8.8.2019 = StV 2021, 15.

88 BGH 1 StR 563/12, Beschl. v. 11.4.2013 = StV 2013, 611.

89 BGH 1 StR 563/12, Beschl. v. 11.4.2013 = StV 2013, 611; BGH 1 StR 71/16, Beschl. v. 11.5.2017 = StV 2018, 11.

90 BGH 1 StR 563/12, Beschl. v. 11.4.2013 = StV 2013, 611; OLG Rostock, 1 Ss 86/12, Beschl. v. 5.8.2013 = StV 2014, 81; BGH 5 StR 253/13, Urt. v. 7.8.2013 = StV 2013, 682, 683.

91 BGH 5 StR 253/13, Urt. v. 7.8.2013 = StV 2013, 682, 683, aufgehoben durch das BVerfG, 2 BvR 2048/13, Beschl. v. 25.8.2014 = StV 2015, 73; OLG Rostock, 1 Ss 86/12, Beschl. v. 5.8.2013 = StV 2014, 81.

Der *BGH* unternimmt hierdurch den Versuch, die verfassungsrechtlichen Vorgaben praxistauglich umzusetzen. *Radkte* beschreibt die Umsetzung in der Revisionsrechtsprechung zutreffend als ein „tastende(s) Bemühen der Strafsenate“[92]. Der *BGH* versuche, die Richtlinien zu beachten, „gleichzeitig aber verbliebene Räume für eine einzelfallbezogene Beruhensprüfung auszuloten.“[93]

Allerdings ist die einschlägige Revisionsrechtsprechung, die einen Beruhensausschluss thematisiert, nicht immer überzeugend. So schloss der *Fünfte Strafsenat* ein Beruhen etwa deshalb aus, weil der anwaltlich beratene Angeklagte, der erst nach seinem Einverständnis im Sinne des § 257c Abs. 5 StPO belehrt wird, im Zeitpunkt des Geständnisses keiner für ein Beruhen erforderlichen Drucksituation unterliege.[94]

Der *Fünfte Strafsenat* verkennt in dieser Entscheidung aber den maßgeblichen Zeitpunkt der Belehrung nach § 257c Abs. 5 StPO. Maßgeblich ist, ob der Angeklagte zum Zeitpunkt seiner Entscheidung, sich auf die Verständigung einzulassen, die notwendigen Informationen hatte. Nur dann wirkt sich der Belehrungsfehler nicht aus. Diese Frage beantwortet der *Fünfte Strafsenat* jedoch nicht. Er umgeht die Frage, indem er statt auf den Zeitpunkt der Zustimmung zur Verständigung auf den Zeitpunkt des Geständnisses und statt auf den Kenntnisstand des Angeklagten auf eine mögliche Drucksituation abstellt. Die Möglichkeit des im Nachhinein belehrten Angeklagten, ex post über die Sinnhaftigkeit seiner Zustimmung zu urteilen, ist aber nicht mit der Möglichkeit gleichzusetzen, von Anfang an autonom entscheiden zu können.[95]

Des Weiteren missachtet der *Fünfte Strafsenat* das Erfordernis konkreter Feststellungen zum Kenntnisstand.[96] Mit seinen Ausführungen, dass es

---

92 *Radtke*, in: NStZ 2013, 729, 729.

93 Ebd.

94 BGH 5 StR 253/13, Urt. v. 7.8.2013 = StV 2013, 682, 683.

95 Hierin liegen zugleich die Voraussetzungen, die ganz herrschend an eine Heilung des Verstoßes gegen § 257c Abs. 5 StPO gestellt werden, vgl. hierzu BGH 5 StR 253/13, Urt. v. 7.8.2013 = StV 2013, 682, 683: „Eine Heilung des Verstoßes (…) hätte (…) eine rechtsfehlerfreie Wiederholung des von dem Verfahrensfehler betroffenen Verfahrensabschnitts vorausgesetzt. Dafür hätte es (…) eines ausdrücklichen Hinweises auf den Fehler und auf die daraus folgende gänzliche Unverbindlichkeit der Zustimmung des Angeklagten bedurft sowie einer Nachholung der versäumten Belehrung nach § 257c Abs. 5 StPO und der erneuten Einholung einer nunmehr verbindlichen Zustimmungserklärung.“

96 *Eisenberg*, in: StV 2014, 69, 70, erkennt in Ermangelung konkreter Feststellungen zum Kenntnisstand des Angeklagten hierin sogar eine Parallele zu der „vormalige(n) Judikatur (…), die ein Beruhen bei Mängeln der Belehrung oftmals oder gar tendenziell verneinte.“

„denkbar fern liege", dass der Verteidiger den Mandanten nicht über die Risiken der Verständigung aufkläre, begibt sich der *Fünfte Strafsenat* in den Bereich des Spekulativen.[97] Dies wird den Anforderungen des *BVerfG*[98] nicht gerecht, da es sich praktisch nie sicher ausschließen lässt, dass der Verteidiger den Angeklagten nicht, fehlerhaft oder tendenziös über die Risiken einer Verständigung beraten hat.[99] Der allgemeine Rückschluss aus der anwaltlichen Beratung führt zudem zu einer sachwidrigen Gleichstellung der anwaltlichen Beratung mit einer gerichtlichen Belehrung. Das *BVerfG* hat die Entscheidung *Fünften Strafsenat* deshalb zu Recht aufgehoben[100] und dabei die Notwendigkeit konkreter Feststellungen zum Kenntnisstand des Angeklagten betont.[101]

Soweit die Gerichte bei der Frage des Beruhens einen Belehrungsverzicht thematisieren[102], führt auch dies nicht weiter,[103] weil der Angeklagte wohl kaum auf eine Belehrung verzichten wird, die er nicht kennt.[104] Ein wirksamer

---

97 Die Verfassungsrichter sprechen hier von einer „generalisierenden Annahme", BVerfG, 2 BvR 2048/13, Beschl. v. 25.8.2014 = StV 2015, 73, 75.

98 BVerfG, 2 BvR 2628/10 u.a., Urt. v. 19.3.2013 = BVerfGE 133, 168, 225 (Rn. 99).

99 *Scheinfeld*, in: ZJS 2013, 296, 300; *Weider*, in: N/Sch/W, Teil C, Rn. 68; s. auch *Neumann*, in: NJ 2013, 240, 243 f. zum Rollenkonflikt des sich verständigenden Verteidigers.

100 BVerfG, 2 BvR 2048/13, Beschl. v. 25.8.2014 = StV 2015, 73; die Entscheidung des BGH ebenso ablehnend, *Eisenberg*, in: StV 2014, 69; *Rabe*, in: Das Verständigungsurteil, S. 390 f.; *Ruhs*, in: Rechtsbehelfe bei Verständigungen, S. 106; a.A. *Radtke*, in: NStZ 2013, 729, 730, der zwar einen geringfügigen Autonomieverstoß anerkennt, jedoch sodann nachvollziehbar ausführt, dass der Fall, so wie er dem Urteil zu Grunde liegt, als Ausnahmefall zu werten sei, da ansonsten dem ausnahmsweisen Fehlen des Beruhens kein praktischer Anwendungsfall unterliegt.

101 „Eine solchermaßen vom Einzelfall losgelöste Beruhensprüfung würde es erlauben, Verstöße gegen die Belehrungspflicht des § 257c Abs. 5 StPO im Ergebnis unbeanstandet zu lassen, ohne dass konkrete, auf den tatsächlichen Informationsstand des jeweiligen Angekl. und seine Motivation zur Abgabe des Geständnisses bezogene Feststellungen getroffen werden müssten. Dies wäre jedoch mit dem Ausnahmecharakter des Beruhensausschlusses in derartigen Fällen nicht in Einklang zu bringen.", BVerfG, 2 BvR 2048/13, Beschl. v. 25.8.2014 = StV 2015, 73.

102 OLG Rostock, 1 Ss 86/12, Beschl. v. 5.8.2013 = StV 2014, 81; OLG München, 4 StRR 174/13, Beschl. v. 28.8.2013 = StV 2014, 79.

103 Belehrungsverzichte werden darüber hinaus schon wegen des hohen, verfassungsgerichtlichen Stellenwertes der Belehrung nach § 257c Abs. 5 StPO nicht vorkommen, vgl. hierzu die Ausführungen im Verständigungsurteil BVerfG, 2 BvR 2628/10 u.a., Urt. v. 19.3.2013 = BVerfGE 133, 168, 225 (Rn. 99).

104 Dies setzt auch das OLG Rostock voraus: „Es ist auch nichts dafür ersichtlich, dass der Angeklagte, etwa infolge einer vorausgegangenen Unterrichtung durch seinen

Verzicht würde zunächst voraussetzen, dass ihn das Gericht oder der Verteidiger vorab darüber aufgeklärt hat, was der Inhalt der Belehrung ist. In diesen Fällen wäre ein Beruhen aber schon deswegen ausgeschlossen, weil der Angeklagte den Inhalt der Belehrung kannte,[105]sodass es auf die Frage des Belehrungsverzichts nicht mehr ankäme.

e) Resümee

Das *BVerfG* konstruiert durch seine Vorgaben ein von der herrschenden Auslegung des Beruhens abweichendes Verständnis über den Beruhenszusammenhang, welches dazu führt, dass ein Beruhen des Urteils auf Verstößen gegen § 257c Abs. 5 StPO kaum ausgeschlossen werden kann. Dieses Ergebnis tritt allerdings auch bei einer Auslegung von § 337 StPO ein, die den allgemeinen Grundsätzen folgt. Die Sonderauslegung des *BVerfG* und der damit einhergehende „Bruch mit der revisionsrechtlichen Systematik“[106] wäre daher gar nicht notwendig gewesen. Nichtsdestotrotz macht sich die Revisionsrechtsprechung die Auslegung des *BVerfG* vollumfänglich zueigen und greift zur Annahme des Beruhens ausnahmslos auf die Begründungen des *BVerfG* zurück.[107]

Für die Revision ergibt sich auf Grund der Vielfalt möglicher Sachverhalte folgendes: Verstößt das Gericht gegen § 257c Abs. 5 StPO und rückt es in der Folge nicht von der Verständigung ab, beruht das Urteil auf dem Verstoß gegen die Belehrungspflicht. Weicht das Gericht gemäß § 257c Abs. 4 S. 2 StPO von der Verständigung ab, ist ein Beruhen des Urteils auf einem Verstoß gegen § 257c Abs. 5 StPO ebenfalls anzunehmen. Rückt das Gericht von der Verständigung nach § 257c Abs. 4 S. 1 StPO ab, beruht das Urteil nur dann nicht auf dem Verstoß gegen § 257c Abs. 5 StPO, wenn der Angeklagte die Umstände, wegen derer das Gericht von der Verständigung abgerückt ist, im Zeitpunkt der Verständigung nicht kannte. Ein Beruhen ist zudem abzulehnen, wenn der nicht belehrte Angeklagte den Verständigungsvorschlag des Gerichts abgelehnt hat.

Verteidiger, auf die Belehrung nach § 257c Abs. 5 StPO verzichtet hätte“, OLG Rostock, 1 Ss 86/12, Beschl. v. 5.8.2013 = StV 2014, 81, 82.

105 Sofern es sich um einen nachweisbar autonomen Verzicht handelt, was wiederum kaum bewiesen werden kann, wenn es nicht in der Öffentlichkeit vor dem Gericht geschieht.

106 *Ruhs*, in: Rechtsbehelfe bei Verständigungen, S. 107.

107 Vgl. hierzu exemplarisch zuletzt BGH 1 StR 295/19, Beschl. v. 8.8.2019 = StV 2021, 15; BGH 4 StR 268/18, Beschl. v. 8.11.2018 = NStZ 2019, 169.

Dem Ausschluss des Beruhens kommt in der Praxis kaum eine Bedeutung zu. Denn der Ausschluss lässt sich nur in wenigen Einzelfällen hinreichend sicher begründen.[108] Häufig scheint der *BGH* vor dem Hintergrund des Verbots generalisierender Annahmen zum Kenntnisstand des Angeklagten zu resignieren[109] und nimmt bei Verletzung der Belehrungspflicht durchweg ein Beruhen an. Sein Bemühen um Ausnahmekonstellationen beschränkt sich daher in den überwiegenden Fällen auf die Feststellung, dass keine konkreten Anhaltspunkte bestehen, welche auf eine anderweitige Kenntnis des Angeklagten hindeuten.[110] Der Umgang der Rechtsprechung mit dem Beruhen bei einer Verletzung der Belehrungspflicht führt daher de facto dazu, dass sich dieser Verstoß wie ein absoluter Revisionsgrund gemäß § 338 StPO auswirkt.

---

108 Vor dem Hintergrund der verfassungsgerichtlichen Wertungen gelangt auch *Radtke*, in: NStZ 2013, 729, 730, zu dem Ergebnis, dass dem ausnahmsweisen Fehlen praktisch kein Fall unterliegt.

109 Dass der Revisionsrechtsprechung die Anforderungen an einen – theoretisch – möglichen Beruhensausschluss missfällt, zeigt sich deutlich in OLG Rostock, 1 Ss 86/12, Beschl. v. 5.8.2013 = StV 2014, 81, 82: „Zwar begegnet diese Behauptung [der Angeklagte hätte sein Geständnis infolge der Belehrung nicht abgegeben](…) erheblichen Zweifeln. Gerade die zahlreichen Argumente und Überlegungen, die nach dem Revisionsvorbringen nun dafür sprechen sollen, dass sich der Angeklagte bei ordnungsgemäßer Belehrung keinesfalls auf die Verständigung eingelassen und kein Geständnis abgelegt hätte, lassen es dem Senat als *kaum vorstellbar* [Hervorhebung durch den *Verf.*] erscheinen, dass es deshalb über das Für und Wider des "Deals" zuvor keine eingehende Erörterung zwischen dem Angeklagten und seiner Verteidigung gegeben hat, (…) (allerdings gibt es keine) sichere, jeden Zweifel ausschließende Erkenntnis dazu (…) weshalb der Senat nicht davon ausgehen kann, dass der Angeklagte auch ohne die im Gesetz vorgeschriebene Belehrung nach § 257c Abs. 5 StPO ausreichende Kenntnis von den Voraussetzungen und Folgen einer Abweichung des Gerichts von dem in Aussicht gestellten Ergebnis der Verständigung hatte."

110 Exemplarisch BGH 4 StR 595/14, Beschl. v. 10.2.2015, nicht abgedruckt in NStZ 2015, 358: „Anhaltspunkte dafür, dass ihm die Voraussetzungen für den Wegfall der Bindungswirkung bekannt waren, bestehen nicht."; ebenso BGH 5 StR 82/15, Beschl. v. 25.3.2015 = StV 2016, 98; BGH 1 StR 71/16, Beschl. v. 11.5.2017 = StV 2018, 11; BGH 5 StR 15/17, Beschl. v. 24.1.2017 = NStZ-RR 2017, 120; BGH 1 StR 425/18, Beschl. v. 9.10.2018 = NStZ-RR 2019, 57.

2. *Zur Revisibilität von Verstößen gegen § 243 Abs. 4 StPO*

Die Frage nach den revisionsrechtlichen Folgen bei Verstößen gegen § 243 Abs. 4 StPO ist schon alleine deshalb von besonderer Bedeutung, weil die Pflicht zu Mitteilungen von Erörterungen zur Möglichkeit einer Verständigung den „fehleranfälligste(n) Teil des Verständigungsverfahrens“[111] begründet.[112] Hinsichtlich des Beruhens ist bei Verstößen gegen die Mitteilungspflichten zwischen zwei verschiedenen Sachverhalten zu differenzieren, für welche schon nach den Ausführungen des *BVerfG* im Verständigungsurteil unterschiedliche Argumente gelten.[113] Das sind einerseits ein Verstoß durch eine fehlende oder eine unzureichende (Positiv-)Mitteilung (a)), andererseits ein Verstoß gegen die Negativmitteilungspflicht. (b))

a) Fehlende oder unzureichende Mitteilung über stattgefundene Erörterungen

Liegt ein Verstoß gegen § 243 Abs. 4 StPO durch eine fehlende oder eine unzureichende (Positiv-)Mitteilung vor, gibt es nach der Rechtsprechung drei verschiedene Möglichkeiten, ein Beruhen zu begründen.

aa) Die Regelungskonzeption als untrennbare Regelungseinheit – Beruhen auf rechtswidriger Verständigung

Vielfach geht die Rechtsprechung auch bei Verstößen gegen § 243 Abs. 4 StPO davon aus, dass ein Beruhen des Urteils regelmäßig schon deshalb nicht auszuschließen sei, weil „die Verständigung, auf der das Urteil beruh(e), ihrerseits mit einem Gesetzesverstoß behaftet (sei).“[114] Dass diese Begründung, deren Grundlage das Verständigungsurteil ist, nicht überzeugt, wurde bereits im Zusammenhang mit den Belehrungspflichten nach § 257c Abs. 5 StPO

---

111 *Walther*, in: Sinn/Schößling, S. 139 Rn. 36; *Knauer/Kudlich*, in: MüKo-StPO, § 337 Rn. 65, sprechen vor dem Hintergrund der revisionsrechtlichen Folgen von einer überproportionalen Beschäftigung der Gerichte mit den Mitteilungen nach § 243 Abs. 4 StPO.

112 s. zur tatbestandlichen Analyse von § 243 Abs. 4 StPO oben Kap. 2 unter B.II.

113 Vgl. hierzu BVerfG, 2 BvR 2628/10 u.a., Urt. v. 19.3.2013 = BVerfGE 133, 168, 223 f. (Rn. 97 f.)

114 BVerfG, 2 BvR 2628/10 u.a., Urt. v. 19.3.2013 = BVerfGE 133, 168, 222 (Rn. 97); für den BGH exemplarisch BGH 1 StR 622/16, Beschl. v. 21.3.2017 = StV 2018, 3, 4: „Wie das BVerfG (...) im Einzelnen dargelegt hat, hält der Gesetzgeber eine Verständigung nur bei Wahrung der umfassenden Transparenz- und Dokumentationspflichten für zulässig, weshalb das gesetzliche Regelungskonzept eine untrennbare

dargelegt.[115] Auch im Hinblick auf Verstöße gegen die Mitteilungspflicht nach § 243 Abs. 4 StPO ist die Prämisse, jeder Verstoß gegen eine Einzelregelung führe zur Rechtswidrigkeit der gesamten Verständigung, verfehlt. Die Mitteilungspflichten sind dem Verständigungsverfahren zeitlich vorgelagert. Das eigentliche Verständigungsverfahren ist damit – anders als bei Verstößen gegen die Belehrungspflichten nach § 257c Abs. 5 StPO – nicht betroffen. Soweit die *Verfassungsrichter* zur Begründung ihrer Auffassung auf Literaturmeinungen verweisen, missverstehen sie diese. Denn keine der Stellungnahmen, auf die das *BVerfG* verweist, stützt die Auslegung des *BVerfG*. Insbesondere der Verweis auf *Kirsch*, wonach „die Fehlerhaftigkeit eines Teils der Verständigung diese insgesamt erfass(e)“[116], trägt nicht. So behandelt *Kirsch* nur Verstöße gegen § 257c StPO und nicht auch Verstöße gegen die zeitlich vorgelagerte Mitteilungspflicht, die eben noch nicht „Teil der Verständigung“ selber ist.[117]

Mit der schlichten Behauptung, ein Beruhen des Urteils auf dem Gesetzesverstoß sei regelmäßig schon deshalb nicht auszuschließen, weil die Verständigung, auf der das Urteil beruhe, ihrerseits mit einem Gesetzesverstoß behaftet sei, begründet die Rechtsprechung weder ein Beruhen der Verständigung auf dem Mitteilungsmangel noch ein Beruhen des Urteils auf diesem.

bb) Beruhen infolge eingeschränkter Kontrollmöglichkeiten durch die Öffentlichkeit

Das *BVerfG* ergänzte seine Begründung aus dem Verständigungsurteil mit Kammerbeschluss vom 15.1.2015 durch das Argument, dass Verstöße gegen § 243 Abs. 4 StPO die „der Verfahrensfairness dienende(n) Kontrolle des (…) Verständigungsgeschehens durch die Öffentlichkeit“[118] beeinträchtige, und dieser Gesichtspunkt „hätte bei der Beruhensprüfung Berücksichtigung finden müssen“[119]. Der Schutzgehalt von § 243 Abs. 4 StPO beanspruche unabhängig

---

Einheit aus Zulassung und Beschränkung von Verständigungen bei gleichzeitiger Einhegung durch Mitteilungs-, Belehrungs- und Dokumentationspflichten darstellt (…). Dies hat zur Folge, dass jeder Verstoß gegen solche gesetzlichen Vorschriften die Verständigung insges. »bemakelt« und damit zur Rechtswidrigkeit der Verständigung führt.“; so auch jüngst noch BGH 1 StR 656/18, Beschl. v. 24.7.2019 = NStZ 2020, 93.

115 s. oben Kap. 3 unter B.II.1.a).

116 *Kirsch*, in: StraFo 2010, 96, 100.

117 So *Kirsch* ersichtlich mit dem Verweis auf *Weider*, in: N/Sch/W, Teil C, Rn. 43.

118 BVerfG, 2 BvR 878/14, Beschl. v. 15.1.2015 = NStZ 2015, 170, 171.

119 Ebd.

vom Aussageverhalten des Angeklagten Geltung.[120] Daher sei es „unverständlich und würde zu einer Entwertung des in § 243 Abs. 4 StPO enthaltenen Öffentlichkeitsaspekts führen, wenn einerseits ein Verstoß gegen die Mitteilungspflicht nicht als absoluter Revisionsgrund im Sinne des § 338 Nr. 6 StPO angesehen, andererseits aber gerade unter Hinweis auf die Kausalitätsproblematik die Möglichkeit eines Beruhens des Urteils (...) generell verneint würde."[121] Die Beruhensprüfung sei „(s)tattdessen (...) um normative Aspekte anzureichern, die über eine reine Kausalitätsprüfung hinausgehen."[122] Mit Beschluss vom 4.2.2020 konsolidierte das *BVerfG* seine Rechtsansicht: „(D) ie Frage des Beruhens des Urteils auf dem Verstoß gegen § 243 Abs. 4 StPO (darf) nicht allein unter dem Gesichtspunkt einer Einwirkung auf das Aussageverhalten des Angeklagten beurteilt werden. (...) Der auf die Kontrolle durch die Öffentlichkeit abzielende Schutzgehalt des § 243 Abs. 4 StPO beansprucht unabhängig vom Aussageverhalten des Angeklagten Geltung und muss bei der Beruhensprüfung stets Berücksichtigung finden."[123]

Richtig an dieser Ansicht ist, dass die inhaltliche Reichweite der Mitteilungspflichten und deren Bedeutung für den Angeklagten und die Öffentlichkeit im Lichte der Verfahrensfairness und der Öffentlichkeit des Verfahrens zu betrachten ist. Denn die Mitteilungspflichten gemäß § 243 Abs. 4 StPO dienen auch dem demokratisch legitimierten Informationsanspruch der Öffentlichkeit.[124]

Aus der Beeinträchtigung der Kontrollmöglichkeiten durch die Öffentlichkeit ergibt sich allerdings noch nicht, dass das Urteil im Sinne des § 337 StPO auf Verstößen gegen § 243 Abs. 4 StPO beruht.[125] Diese Auslegung durch das *BVerfG* ist vielmehr „in hohem Maße zweifelhaft"[126].

Dabei zeigt schon die Gesetzesbegründung, dass sich der Gesetzgeber mit der Revisibilität von § 243 Abs. 4 StPO beschäftigt und Verstöße gerade nicht abseits der Wertung von § 337 StPO als revisibel ausgestaltet hat.[127] Zwar will der Gesetzgeber die im Verständigungsverfahren erforderliche Transparenz

---

120 Ebd.

121 Ebd.

122 BVerfG, 2 BvR 878/14, Beschl. v. 15.1.2015 = NStZ 2015, 170, 172.

123 BVerfG 2 BvR 900/19, Beschl. v. 4.2.2020 = StV 2020, 357, 360.

124 s. oben Kap. 1 unter C.III.

125 Ebenso *Rabe*, in: Das Verständigungsurteil, S. 409.

126 BGH 3 StR 470/14, Urt. v. 23.7.2015 = StV 2016, 81, 85.

127 *Niemöller*, in: NStZ 2015, 489, 494; *Rabe*, in: Das Verständigungsurteil, S. 409.

des Geschehens „nicht zuletzt zum Zwecke einer Nachprüfung in der Revision“[128] durch umfassende Mitteilungs- und Protokollierungspflichten sichergestellt wissen. Dass Verstöße gegen die Mitteilungspflichten indes unmittelbar revisibel seien und dass sich dies schon aus der Beschränkung der Verfahrensöffentlichkeit ergebe, folgt aus dieser Begründung nicht. Daher müssen auch angesichts der gesetzgeberischen Absichten die allgemeinen Grundsätze zu § 337 StPO gelten, die eine derartige Normativierung des Beruhens im Hinblick auf die Öffentlichkeit des Verfahrens gerade nicht vorsehen.

Gegen die Aufwertung von Verstößen gegen die Mitteilungspflichten im Verständigungsverfahren zu quasi-absoluten Revisionsgründen spricht auch die verfassungsgerichtliche Rechtsprechung zur Revisibilität anderer gerichtlicher Mitteilungspflichten. So sieht § 247 S. 4 StPO eine gerichtliche Mitteilungspflicht für die Fälle vor, in denen der Angeklagte zu Zwecken der Beweiserhebung aus dem Sitzungszimmer entfernt wird. Unterlässt das Gericht die Mitteilung nach § 247 S. 4 StPO oder teilt es die Geschehnisse, die während der Abwesenheit des Angeklagten erfolgt sind, zu spät oder zu wenig mit, liegt hierin kein absoluter Revisionsgrund gemäß § 338 Nr. 5 StPO,[129] sondern in diesem Fall soll die Annahme eines relativen Revisionsgrundes „verfassungsrechtlich nicht zu beanstanden“[130] sein. Das *BVerfG* sieht daher im Allgemeinen keine Notwendigkeit, verfahrensrechtlich notwendige Mitteilungspflichten in Bezug auf ihre Revisibilität normativ aufzuladen.[131]

Da das das *BVerfG* bei einer Verletzung von § 243 Abs. 4 StPO eine Parallele zu § 338 Nr. 6 StPO zieht, stellt sich die Frage, ob dann nicht ebenso ein die Revisibilität einschränkendes Institut erforderlich ist. So verlangt die h. M. zu § 338 Nr. 6 StPO ein Verschulden an der Beschränkung der Öffentlichkeit.[132] Maßgebend im Falle des Verstoßes gegen § 243 Abs. 4 StPO sei nach dem *BVerfG* die Art und die Schwere des Verstoßes gegen die Mitteilungspflichten. Die Revisionsgerichte seien nicht daran „gehindert, bei der Prüfung, ob sich ein Beruhen des Urteils auf einem Transparenzverstoß ausnahmsweise ausschließen lässt, Art und Schwere des Verstoßes zu berücksichtigen.“[133] Mit dieser Einschränkung unternehmen die *Verfassungsrichter* erkennbar den Versuch, die Rechtsfolgen ihrer Auslegung einzudämmen, um dem Vorwurf zu begegnen,

---

128 Gesetzesentwurf der BReg., BT-Drs. 16/12310, S. 1.
129 BVerfG, 2 BvR 1620/01, Beschl. v. 10.10.2001 = NJW 2002, 814, 814.
130 Ebd.
131 *Rabe*, in: Das Verständigungsurteil, S. 411.
132 Vgl. statt vieler *Franke*, in: LR-StPO, § 338 Rn. 113.
133 BVerfG, 2 BvR 878/14, Beschl. v. 15.1.2015 = NStZ 2015, 170, 172.

das Gericht habe contra legem einen absoluten Revisionsgrund geschaffen.[134] Die Berücksichtigung der Art und Schwere des Verstoßes ist allerdings angesichts der Regeln zu § 337 StPO ebenfalls „Rechtsfortbildung contra legem“[135]. Denn § 337 StPO lässt für eine derartige Abwägung gar keinen Raum.[136] Die Art und Schwere des Verstoßes sagt per se nichts über den Zusammenhang zwischen Rechtsverstoß und Urteil aus.[137] Lässt man diese Abwägung zu, führt das zu einem „variablen, changierenden Beruhensbegriff, der je nach dem jeweils in Rede stehenden Verfahrensfehler einen unterschiedlichen Bedeutungsinhalt annähme“[138].

Die Auslegung des *BVerfG* erweist sich folglich als Abkehr vom allgemeinen Beruhensbegriff.[139] Es bleibt „rätselhaft“,[140] wie mit der Verletzung der öffentlichen Kontrollmöglichkeiten begründet werden soll, dass die gerichtliche Entscheidung bei rechtmäßigem Vorgehen möglicherweise eine andere gewesen wäre.[141] In der Literatur wird die revisionsrechtliche Aufwertung von Mitteilungsverstößen unter dem Aspekt der Öffentlichkeit des Verfahrens zu Recht stark kritisiert.[142] *Arnoldi* spricht in dem Zusammenhang von einem „zweiten dogmatischen ‚Sündenfall‘ “[143]; *Niemöller* von einem ernst zu nehmenden „Paradigmenwechsel“[144].

---

134 Denn schon jeder kleine Verstoß beeinträchtigt die Kontrollmöglichkeiten durch die Öffentlichkeit.

135 *Arnoldi*, in: NStZ 2016, 363, 364.

136 Ebd.

137 *Niemöller*, in: NStZ 2015, 489, 493 f.

138 *Niemöller*, in: NStZ 2015, 489, 494.

139 Ebd.

140 *Niemöller*, in: NStZ 2015, 489, 493.

141 *Arnoldi*, in: NStZ 2016, 363, 364; siehe auch *Bittmann*, in: NStZ 2020, 753, 754, der angesichts des verfassungsrechtlich geprägten Beruhens ähnlich von einer „bipolar-alternativen“ Prüfung des Beruhens spricht.

142 a.A. *Leitmeier*, in: NJW 2015, 647, 648, der ausführt, dass die weite Auslegung des Beruhens konsequent sei. Denn „(w)er Rechtsgespräche und Verständigungen strenger Form unterwirft, kann Verstöße nicht im Revisionsrecht ignorieren.“; dies zu Recht ablehnend *Rabe*, in: Das Verständigungsurteil, S. 410: „Eine vermeintlich *konsequente Fort*führung darf es in diesem Fall (…) nicht geben, wenn sich der Gesetzgeber erkennbar für eine andere Wertung im Revisionsrecht entschieden hat.“

143 Wohingegen der erste im Verständigungsurteil liege, *Arnoldi*, in: NStZ 2016, 363, 363.

144 *Niemöller*, in: NStZ 2015, 489, 490.

Grund dieses Paradigmenwechsels ist das schon mehrfach offen kommunizierte Ziel des *BVerfG*, informelle Absprachen einzudämmen. Verstöße gegen die Transparenzpflichten des Verständigungsgesetzes sollen „unabhängig vom Aussageverhalten des Angeklagten“[145]zu einer weitreichenden Revisibilität führen. Vor diesem Ziel ist dann auch die Einschränkung des *BVerfG* nachvollziehbar, dass sich „(e)in Einfluss einer unzureichenden Information der Öffentlichkeit auf das Urteil (…) [und damit ein Beruhen] ausnahmsweise (…) (ausschließen lasse), wenn der Inhalt der geführten Gespräche zweifelsfrei feststeht und diese nicht auf die Herbeiführung einer gesetzeswidrigen Absprache gerichtet waren“[146]. Ein Beruhen auf einer unvollständigen Mitteilung nach § 243 Abs. 4 StPO ist nach dieser Argumentation nur für den Fall auszuschließen, wenn sicher feststeht, dass es keine informellen Absprachen gegeben hat und auch keine Versuche, eine solche zu erreichen. Ob und inwieweit die hypothetische Mitteilung zu einer möglicherweise anderen Entscheidung des Gerichts geführt hätte, ist für diese Argumentation des *BVerfG* irrelevant.

Das *BVerfG* geht allerdings zu Unrecht davon aus, dass das allgemeine – nicht normative – Verständnis von § 337 StPO die Mitteilungspflichten zu bloßen Ordnungsvorschriften degradiere.[147] Vielmehr ist die Verletzung der Mitteilungspflichten auch dann in erheblichem Umfang revisibel, wenn das Beruhen allein auf der Grundlage des allgemeinen Verständnisses von § 337 StPO geprüft wird.[148] Der Paradigmenwechsel beim Umgang mit dem Beruhen bei Verletzungen der Mitteilungspflicht ist damit – auch hier – gar nicht erforderlich.

Die Frage des Beruhens bei einer Verletzung von Mitteilungspflichten kann im Ergebnis also auch nicht darauf gestützt werden, dass öffentliche Kontrollbelange beeinträchtigt seien. Das *BVerfG* vermengt die gesetzlichen Wertungen, die alleine § 338 Nr. 6 StPO betreffen, mit denen des § 243 Abs. 4 StPO. Das Gericht geht damit angesichts seines Ziels, informelle Absprachen einzudämmen, weit über die gesetzliche Konzeption der Verständigung hinaus, die eine solche Fehlerfolge nicht vorgibt. Auch der Umstand, dass die Mitteilungspflichten verfassungsrechtlich relevant sind, kann kein regelmäßiges Beruhen einer Verletzung dieser Pflichten begründen, weil die verfassungsrechtliche Relevanz alleine nichts über notwendigen (Kausal-)Zusammenhang aussagt, den die

145 BVerfG 2 BvR 900/19, Beschl. v. 4.2.2020 = StV 2020, 357, 360.
146 BVerfG 2 BvR 900/19, Beschl. v. 4.2.2020 = StV 2020, 357, 360.
147 BVerfG, 2 BvR 878/14, Beschl. v. 15.1.2015 = NStZ 2015, 170, 172.
148 s. sogleich unten Kap. 3 unter B.II.2.a)cc).

Frage des Beruhens zu beantworten vorgibt.[149] Auch der Versuch des *BVerfG*, die aus der Auslegung des Beruhenserfordernis resultierenden weitreichenden Rechtsfolgen einzudämmen, ändert nichts an diesem Ergebnis.

cc) Beruhen infolge möglicher Einflüsse auf das Prozessverhalten des Angeklagten – Zugleich: Beruhen nach § 337 StPO

Im Mittelpunkt der Revisionsrechtsprechung zu Verstößen gegen § 243 Abs. 4 StPO steht regelmäßig ein möglicherweise beeinflusstes Prozessverhalten des Angeklagten.[150] Zentral für die Frage des Beruhens bei Mitteilungsmängeln ist daher das allgemeine Verständnis von § 337 StPO. Der *Dritte Strafsenat* des *BGH* betont fortwährend sogar die alleinige Relevanz dieses Umstands für die Frage des Beruhens.[151] Er stellt sich als einziger Strafsenat ausdrücklich gegen die zunehmende Normativierung der Beruhensprüfung im Verständigungsrecht. Im Rahmen seiner Urteile differenziert er stets zwischen einem Beruhen nach dem klassischen Verständnis und dem normativ angereicherten Verständnis des *BVerfG*.[152]

Doch kommt es auch aus der Sicht des *BVerfG* im Ansatz weiter auf das klassische Verständnis an. Das *BVerfG* führte zuletzt ausdrücklich aus, dass „die Frage des Beruhens des Urteils auf dem Verstoß gegen § 243 Abs. 4 StPO *nicht allein* [Hervorhebung durch den Verf.] unter dem Gesichtspunkt einer Einwirkung auf das Aussageverhalten des Angeklagten beurteilt werden“[153] dürfe. Für die Frage des Beruhens bei § 243 Abs. 4 StPO ist damit nach

---

149 *Niemöller*, in: NStZ 2015, 489, 494.

150 *Franke*, in: SSW-StPO, § 243 Rn. 33 m. w. N.

151 So erstmals in BGH 3 StR 470/14, Urt. v. 23.7.2015 = StV 2016, 81, 83: „Der Senat sieht keinen Anlass, von dieser bereits vom Reichsgericht (…) vertretenen Ansicht abzuweichen und insbesondere die maßgebend auf die Kausalität abstellende Beruhensprüfung um normative Gesichtspunkte zu ergänzen. Er hält vielmehr fest an der klaren Unterscheidung zwischen den in § 338 StPO als absolute Revisionsgründe aufgeführten Verfahrensverstößen, bei denen das Beruhen des Urteils auf der Verletzung der Verfahrensbestimmung unwiderlegbar vermutet wird, und den sonstigen Rechtsverstößen, für die § 337 StPO gilt.“

152 So zuletzt in BGH 3 StR 102/20, Beschl. v. 25.6.2020 = StV 2021, 1, 2 f.: „Ein ursächlicher Zusammenhang zwischen dem Verfahrensfehler und dem Schuldspruch kann nicht mit Sicherheit ausgeschlossen werden. (…) Ungeachtet dessen kann das Urteil aufgrund des in Kammerentscheidungen des Bundesverfassungsgerichts entwickelten normativen Beruhensbegriffs keinen Bestand haben.“; so zuletzt dann auch der Fünfte Strafsenat, BGH 5 StR 249/20, Beschl. v. 16.9.20 = StV 2021, 7.

153 BVerfG 2 BvR 900/19, Beschl. v. 4.2.2020 = StV 2020, 357, 360.

allen Ansichten – primär – das allgemeine Verständnis von § 337 StPO maßgebend[154], auch wenn das *BVerfG* über das klassische Verständnis hinaus noch eine alternative Begründung des Beruhens anführt.[155]

Nach dem klassischen Verständnis von § 337 StPO ist ein Beruhen schon immer dann zu bejahen, wenn ein wesentlicher Verstoß gegen § 243 Abs. 4 StPO vorliegt.[156] Die unzureichende Mitteilung des Gerichts tangiert die Autonomie der Willensbildung und damit die „Verteidigungsposition des Angeklagten“[157]. Erst die Mitteilung führt dazu, dass der Angeklagte seine Verteidigungsrechte sachgemäß wahrnehmen kann[158]. Wäre er dazu in der Lage gewesen, wäre die Verständigung und damit auch die Entscheidung des Gerichts möglicherweise anders ausgefallen.

Kudlich wendet hiergegen ein, dass sich bei Verstößen gegen § 243 Abs. 4 StPO ein durchgehender Zusammenhang des Mitteilungsmangels bis hin zum Urteil nur schwer begründen lasse, weil der Verständigungsvorgang in der Hauptverhandlung alles noch einmal zur Disposition stelle.[159] Das überzeugt nicht, denn der Inhalt des Verständigungsvorschlags, den das Gericht dem Angeklagten in der Hautverhandlung unterbreitet, basiert in aller Regel darauf, dass sich die Verfahrensbeteiligten in den vorangegangenen Erörterungen bereits auf den Verständigungsinhalt geeinigt haben.[160] Die Ansicht, das Verfahren der Einigung im Rahmen der Verständigung stelle alle Inhalte noch einmal zur Disposition, ist daher nicht richtig.

Ob ein Verstoß wesentlich ist, so dass das Urteil darauf beruht, ist mithin eine Frage des Einzelfalls.[161] Maßgebend ist, wie sich die hypothetisch rechtmäßige Mitteilung des Gerichts auf das Prozess- und Verteidigungsverhalten des Angeklagten hätte auswirken können. Die Wesentlichkeit des Verstoßes

---

154 So zuletzt auch BGH 2 StR 262/20, Beschl. v. 6.10.2020 = StV 2021, 3, der die verfassungsorientierte Auslegung zwar anführt, ein Beruhen dann aber alleine auf Grundlage des klassischen Verständnisses prüft.

155 s. oben Kap. 3 unter B.II.2.a)aa) und bb).

156 So auch *Rabe*, in: Das Verständigungsurteil, S. 413.

157 BGH 3 StR 89/14, Beschl. v. 15.4.2014 = StV 2014, 650, 651; BGH 2 StR 381/13, Urt. v. 5.6.2014 = BGHSt 59, 252, 259; BGH 1 StR 210/14, Beschl. v. 22.7.2014 = StV 2015, 81, 81; BGH 2 StR 75/14, Urt. v. 21.7.2015 = StV 2016, 94, 95.

158 Zu den Mitteilungspflichten als verfassungsrechtlich begründete Informationspflicht s. Kap. 1 unter C.III.

159 *Kudlich*, in: NStZ 2013, 379, 381.

160 *Hauer*, in: NJ 2010, 10, 12, spricht vom Prototyp einer Verständigung, die i. R. v. Erörterungen vorbereitet und in der Hauptverhandlung vollzogen wird.

161 *Rabe*, in: Das Verständigungsurteil, S. 418.

orientiert sich demzufolge am Inhalt der hypothetischen Mitteilung, dem Stand des Verfahrens und dem Prozessverhalten des Angeklagten.

Dass nach diesem Maßstab nicht jeder Verstoß gegen § 243 Abs. 4 StPO wesentlich ist und dass vor allem nicht auf jedem Verstoß das Urteil beruht, ist Folge der tatbestandlichen Reichweite der Mitteilungspflichten.[162] Denn nicht alles, was mitteilungspflichtig ist, führt fernab denktheoretischer Konstruktionen dazu, dass die Mitteilung das Prozessverhalten hätte beeinflussen können. So ist es etwa ganz fernliegend, dass der sich schweigend verteidigende Angeklagte sein Prozessverhalten geändert hätte, wenn ihn das Gericht darüber aufgeklärt hätte, dass es erfolglose Verständigungsgespräche gegeben habe, die erfolglos waren, weil das Gericht kein Interesse an einer Verständigung hatte oder weil die Vorstellungen des Gerichts nicht denen der Verteidigung entsprachen. Wenn es aber praktisch ausgeschlossen ist, dass der Angeklagte im Fall der Mitteilung sein Prozessverhalten geändert hätte, kann das Urteil auch nicht auf dem Mitteilungsverstoß beruhen. Das gilt auch dann, wenn der Verstoß vermeintlich schwerwiegend ist, weil das Gericht die Mitteilung vollständig unterlässt.

Daher ist auch die Ansicht *Henckels* abzulehnen, der meint, jeder Verstoß sei wegen der „abschließenden indiziellen Bedeutung der Norm [§ 243 Abs. 4 StPO] für die Freiwilligkeit der Verzichtsleistung“[163] gleich bedeutsam und damit wesentlich. *Henckel* postuliert, dass sich die Freiwilligkeit nur – normativ – anhand der gesetzlichen Wertungen feststellen lasse und nur die Einhaltung aller Pflichten des Sicherungskonzeptes zu einer autonomen Entscheidung des Angeklagten führe. Der Ausschluss des Beruhens im Wege einer Gesamtbetrachtung aller Umstände verbiete sich angesichts der Bindung an die gesetzlichen Wertungen.[164] Die Ansicht *Henckels* blendet allerdings die Weite der Revisionsrechtsprechung zu den Mitteilungspflichten nach § 243 Abs. 4 StPO aus. Er geht davon aus, dass weniger bedeutsame Informationen, welche die Autonomie des Angeklagten nicht tangieren, schon gar nicht gemäß § 243 Abs. 4 StPO mitteilungspflichtig sind. Dieser Ausgangspunkt entspricht jedoch nicht der Praxis der Rechtsprechung, nach der bereits die Möglichkeit einer Erörterung, deren Gegenstand möglicherweise die Möglichkeit einer Verständigung gewesen ist, mitzuteilen ist.[165] Bei dieser Weite des Mitteilungsumfangs[166]

---

162 s. oben Kap. 2 unter B.II.d)

163 *Henckel*, in: Faires Verständigungsverfahren, S. 219.

164 *Henckel*, in: Faires Verständigungsverfahren, S. 218 ff.

165 s. oben Kap. 2 unter B.II.d).

166 s. oben Kap. 2 unter B.III.

kann nicht jeder kleinste Fehler zu einem Autonomiedefizit des Angeklagten führen. Eine Abwägung ist daher im Rahmen des Beruhens unerlässlich, da ansonsten auch Urteile aufgrund formeller Fehler im Verständigungsverfahren aufzuheben wären, die sich nie hätten auf die Autonomie des Angeklagten auswirken können.

Die Rechtsprechung des *BGH* ist in diesen Fällen deshalb gerade von den Umständen des Einzelfalles geprägt.[167] Einen möglichen Zusammenhang zwischen dem Mitteilungsmangel und dem Einlassungsverhalten des Angeklagten legen die Gerichte daher ganz regelmäßig umfassend dar.[168] Immer wieder gibt es aber auch Entscheidungen, die in dieser Hinsicht zu oberflächlich und pauschal sind.[169] Diese Entscheidungen verfehlen dann den für ein Beruhen nach § 337 StPO maßgeblichen Prüfungspunkt.

---

167 *Franke*, in: SSW-StPO, § 243 Rn. 33 m. w. N.

168 BGH 3 StR 89/14, Beschl. v. 15.4.2014 = StV 2014, 650; überzeugend bezüglich des konkreten Prozess- und Verteidigungsverhaltens des Angeklagten BGH 5 StR 217/14, Beschl. v. 14.7.2014 = StV 2014, 657; ebenso BGH 5 StR 169/14, Beschl. v. 15.7.2014 = NStZ-RR 2014, 315, nicht abgedruckt in StV 2014, 651; sowohl den konkreten Erörterungsinhalt als auch das Verteidigungsverhalten berücksichtigend BGH 1 StR 393/14, Beschl. v. 27.1.2015 = NStZ 2015, 353; überzeugend bzgl. des Prozessverhaltens des Angeklagten BGH 5 StR 601/14, Beschl. v. 28.1.2015 = NStZ 2015, 178; grundlegend BGH 3 StR 470/14, Urt. v. 23.7.2015 = StV 2016, 81; sachgerechte Gewichtung des Verstoßes und das Angeklagtenverhalten berücksichtigend BGH 1 StR 571/15, Beschl. v. 10.5.2016 = NStZ 2016, 743; ein Beruhen überzeugend ausschließend BGH 4 StR 343/16, Beschl. v. 6.12.2016 = wistra 2017, 275, nicht abgedruckt in StV 2018, 10; etwas knapp, dennoch die Details berücksichtigend BGH 5 StR 115/20, Beschl. v. 23.6.20 = NStZ 2020, 751; vorbildlich BGH 3 StR 102/20, Beschl. v. 25.6.2020 = StV 2021, 1; überzeugend bezüglich des konkreten Prozess- und Verteidigungsverhaltens des Angeklagten BGH 5 StR 249/20, Beschl. v. 16.9.20 = StV 2021, 7; das Informationsdefizit mit dem Aussageverhalten verknüpft auch BGH 2 StR 262/20, Beschl. v. 6.10.2020 = StV 2021, 3.

169 BGH 5 StR 502/13, Beschl. v. 25.11.2013 = StV 2014, 653; BGH 1 StR 423/13, Urt. v. 13.2.2014 = StV 2014, 513; BGH 2 StR 381/13, Urt. v. 5.6.2014 = BGHSt 59, 252; OLG Hamburg, 1 Ss 74/14, Beschl. v. 5.8.2014 = StV 2015, 280; OLG Dresden, 23 Ss 469/14, Beschl. v. 25.11.2014 = StRR 2015, 3; OLG Bremen, 1 Ss 60/15, Beschl. v. 6.1.2015 = StV 2016, 790; BGH 2 StR 139/14, Urt. v. 17.6.2015 = StV 2016, 92; BGH 1 StR 315/15, Beschl. v. 18.7.2016 = StV 2018, 6; BGH 2 StR 367/16, Beschl. v. 12.10.2016 = NStZ 2017, 244; BGH 1 StR 622/16, Beschl. v. 21.3.2017 = StV 2018, 3; BGH 1 StR 532/17, Beschl. v. 11.1.2018 = StV 2019, 374; BGH 1 StR 564/17, Beschl. v. 24.1.2018 = StV 2019, 378; BGH 1 StR 343/18, Beschl. v. 6.12.2018 = StV 2019, 376; Brandenburgisches OLG, (1) 53 Ss 152/19, Beschl. v. 13.1.2020 = StV 2021, 22; BGH 2 StR 526/19, Beschl. v. 15.7.20 = StV 2021, 6.

Der Grund für diese Nachlässigkeit in der Begründung des Beruhens dürfte darin liegen, dass das *BVerfG* mit seinen Vorgaben zum Beruhen alternative Wege aufgezeigt hat[170], um ein Beruhen zu begründen, die einen wesentlichen Verstoß, der möglicherweise das Aussageverhalten des Angeklagten beeinträchtigt hat, gerade nicht voraussetzen. Das Revisionsgericht muss sich deswegen mit der Frage, ob und inwieweit sich der Mangel an Transparenz auf das Prozessverhalten ausgewirkt hat, gar nicht zwingend beschäftigen.

Unstimmigkeiten zeigt die Revisionsrechtsprechung dann bei der Frage auf, ob sich Mitteilungsverstöße auf der Ebene des Revisionsrechts nicht auswirken, wenn der Angeklagte anderweitig über die Inhalte der Erörterungen erfährt – etwa durch seinen Verteidiger.[171] So entschied der *Zweite Strafsenat*, dass es nicht darauf ankomme, ob „der Instanzverteidiger den Angeklagten über den Ablauf und den Inhalt außerhalb der Hauptverhandlung geführter Gespräche unterrichte(t) und so ein etwaiges Informationsdefizit seines Mandanten ausgeglichen ha(be) oder ob dies möglich gewesen wäre."[172] Denn es

---

170 s. oben Kap. 3 unter B.II.2.a)aa) und bb).

171 So bspw. BGH 3 StR 310/15, Beschl. v. 29.9.2015 = NStZ 2016, 362, 362: „Es liegt bereits sehr nahe, dass der Angeklagte von seinen Verteidigern vor Beginn der Hauptverhandlung über den Vermerk des Vorsitzenden und den Beschluss der Strafkammer unterrichtet wurde, die den Verteidigern eine Woche zuvor bereits zugestellt worden waren.", nicht abgedruckt in StV 2016, 775; ebenso BGH 2 StR 506/15, Urt. v. 26.4.2017 = StV 2019, 371, 372: „Es liegt nahe, dass er [der Angeklagte] zuvor von seinem Verteidiger über die von der Vorsitzenden in dem Verständigungsgespräch geäußerte Straferwartung für den Fall eines Geständnisses und eines Verzichts unterrichtet worden ist."; dies ablehnend *Schneider*, in: KK-StPO, § 243 Rn. 118: „Freilich darf davon nicht allein deshalb ausgegangen werden, weil Gespräche über das Verständigungsgeschehen zwischen Verteidiger und Mandant rechtspraktisch naheliegen."

172 BGH 2 StR 381/13, Urt. v. 5.6.2014 = BGHSt 59, 252, 259 (Rn. 20); ebenso BGH 2 StR 367/16, Beschl. v. 12.10.2016 = NStZ 2017, 244, 245: „Darauf, dass der Angekl. – wie die Revision selbst vorträgt – von seinem Verteidiger über den Inhalt des Verständigungsgesprächs unterrichtet wurde, kommt es nicht an, weil eine solche von Verständnis und Wahrnehmung des Verteidigers beeinflusste Information die Unterrichtung durch das Gericht grundsätzlich nicht ersetzen kann"; *Arnoldi*, in: MüKo-StPO, § 243 Rn. 97: „Auch wenn ein Angeklagter daher durch seinen Verteidiger über den Inhalt von Verständigungsgesprächen vollständig informiert worden ist, kann allein die unterbliebene oder ungenügende Unterrichtung der Öffentlichkeit zur Aufhebung des Urteils führen."; *Schmitt*, in: Meyer-Goßner/Schmitt, § 243 Rn. 38a; zustimmend *Voigt/König*, in: StV 2014, 654, 655; zuletzt auch BVerfG 2 BvR 900/19, Beschl. v. 4.2.2020 = StV 2020, 357, 360: „Die Unterrichtung

sei von „besonderer Bedeutung, (dass) (…) ihn das Gericht unter Dokumentation seiner Mitteilungen im Protokoll der Hauptverhandlung unterrichte(t)."[173] Demgegenüber entschied der *Erste Strafsenat* vor dem Hintergrund einer rechtsfehlerhaften Mitteilung von Verständigungserörterungen, dass sich der Angeklagte „stets mit seinem Verteidiger beraten und dessen Rat zu seinem prozessualen Verhalten im Rahmen des § 257c StPO einholen k(önne)"[174]. Der *Erste Strafsenat* spricht damit bereits der bloßen Möglichkeit des Angeklagten, sich mit seinem Verteidiger über Umstände und das Zustandekommen einer Verständigung zu beraten, eine Bedeutung zu, die bei der Frage des Beruhens auf Mitteilungsverstößen zu berücksichtigen sei.

Diese beiden Entscheidungen orientieren sich, weil sie die Frage des Beruhens mit pauschalen Erwägungen beantworten, nicht an den Umständen des Einzelfalles. Richtigerweise ist ein Beruhen trotz eines – wesentlichen – Verstoßes gegen § 243 Abs. 4 StPO abzulehnen, wenn feststeht[175], dass der Angeklagte die Erörterungsinhalte kannte.[176] Denn dann erbringt die nochmalige Mitteilung der Inhalte für den Angeklagten, der schon unabhängig von der gerichtlichen Mitteilung autonom über sein Prozess- und Verteidigungsverhalten

---

des Angeklagten durch seinen Verteidiger über den Inhalt der Verständigungsgespräche vermag die Mitteilung durch das Gericht in der Hauptverhandlung jedoch grundsätzlich nicht zu ersetzen."; ebenso BGH 2 StR 526/19, Beschl. v. 15.7.20 = StV 2021, 6; BGH 2 StR 262/20, Beschl. v. 6.10.2020 = StV 2021, 3.

173 BGH 2 StR 381/13, Urt. v. 5.6.2014 = BGHSt 59, 252, 259 (Rn. 20); siehe hierzu auch BGH 2 StR 506/15, Urt. v. 26.4.2017 = StV 2019, 371, 372: „Es kann dahinstehen, ob die Rüge insoweit zulässig ist, als in der Revisionsbegründung nicht vorgetragen ist, ob und ggf. in welcher Weise der Angekl. von seinem Verteidiger über den tatsächlichen Inhalt des am 27.01.2015 geführten Verständigungsgesprächs ins Bild gesetzt worden ist."

174 BGH 1 StR 210/14, Beschl. v. 22.7.2014 = StV 2015, 81.

175 *Schneider*, in: KK-StPO, § 243 Rn. 118, spricht von „im Detail belegt".

176 Vgl. hierzu BGH 3 StR 216/16, Beschl. 10.1.2017 = NStZ 2017, 363, 365: „Die Information des Angekl. durch seinen Verteidiger bei fehlender oder unzureichender gerichtlicher Mitteilung des Vorsitzenden über den Inhalt eines gescheiterten Verständigungsgesprächs gemäß § 243 Abs. 4 StPO schließt das Beruhen des Urteils auf dem Verfahrensverstoß nur in eng umgrenzten Ausnahmefällen aus."; in seiner Differenzierung überzeugend *Schneider*, in: KK-StPO, § 243 Rn. 118: „(E)rfährt der Angeklagte auf diesem Wege alle ihm (…) zu offenbarenden verteidigungsrelevanten Umstände, so ist gegen einen Beruhensausschluss unter dem Aspekt fehlender Beeinträchtigung seines Aussageverhaltens nichts einzuwenden."

entscheiden kann, keinen Mehrwert.[177] Allerdings bedarf es hierfür konkreter Feststellungen zum Kenntnisstand des Angeklagten. In einer früheren Entscheidung des *Ersten Strafsenats* schließt dieser ein Beruhen in Ermangelung eines Informationsdefizites beispielhaft etwa deswegen aus, weil der Angeklagte den ihn betreffenden Inhalt einer Erörterung wenige Tage danach im Internet veröffentlicht hatte.[178] Für die weitaus häufiger vorkommenden Fälle, in denen es dem Revisionsgericht nicht möglich ist, den Kenntnisstand des

177 a.A. BGH 3 StR 216/16, Beschl. 10.1.2017 = NStZ 2017, 363, 365: Es „kann letztlich nicht ausgeschlossen werden, dass er [der Angeklagte] im Falle einer prozessordnungsgemäßen Mitteilung durch den Vorsitzenden dessen Wort größeres Gewicht als den Erklärungen seiner Verteidiger beigemessen und deshalb ein umfassendes Geständnis abgelegt hätte."; siehe auch BVerfG 2 BvR 900/19, Beschl. v. 4.2.2020 = StV 2020, 357, 360: „Richterliche und nichtrichterliche Miteilungen sind nicht von identischer Qualität; der Strafprozessordnung liegt an verschiedenen Stellen die Wertung zugrunde, dass Authentizität, Vollständigkeit und Verständlichkeit einer Mitteilung oder Belehrung nur durch richterliches Handeln verbürgt sind".

178 BGH 1 StR 590/14, Beschl. v. 11.6.2015 = NStZ-RR 2015, 379, 380; ebenso überzeugend BGH 3 StR 89/14, Beschl. v. 15.4.2014 = NStZ 2014, 418, 418, nicht abgedruckt in StV 2014, 650: „Vorliegend hat der Angekl. indes eine Einlassung zu den Tatvorwürfen erst abgegeben, nachdem er - wie die Revision selbst vorträgt - von seinem Verteidiger über den Ablauf und den Inhalt der Erörterungen am Rande des fünften Verhandlungstags unterrichtet worden war und er über seinen Verteidiger hatte mitteilen lassen, unter den in Aussicht gestellten Strafrahmen nicht zu einem Geständnis bereit zu sein. Er hat seine Entscheidung, wann und in welcher Weise er sich zu den Tatvorwürfen einlassen würde, in voller Kenntnis dessen getroffen, was in seiner Abwesenheit zuletzt und damit zugleich die Erörterungen am Rande des ersten Hauptverhandlungstags überholend besprochen worden war. Es ist deshalb auszuschließen, dass sich der Angeklagte anders eingelassen hätte, wenn ihm durch den Vorsitzenden nach Wiedereintritt in die Hauptverhandlung Ablauf und Inhalt der Erörterung ordnungsgemäß mitgeteilt worden wären."; siehe auch BGH 1 StR 393/14, Beschl. v. 27.1.2015 = NStZ 2015, 353: „Denn aus den Urteilsgründen sowie den dienstlichen Stellungnahmen und der Protokollberichtigung ergibt sich, dass die Angekl. sich in Kenntnis der Tatsache, dass nur bei einer geständigen Einlassung noch eine Bewährungsstrafe in Betracht kommen würde, dafür entschieden haben, den Tatvorwurf zu bestreiten. Der *Senat* schließt daher aus, dass sie sich bei einer weitergehenden Mitteilung anders verhalten hätten."; nicht überzeugend OLG Hamburg, 1 Ss 74/14, Beschl. v. 5.8.2014 = StV 2015, 280: Die Richter des Hanseatischen Oberlandesgerichts nahmen ein Beruhen an, obwohl „der Angeklagte selbst hatte mitteilen lassen, er sei auf der Basis des in den Gesprächen Erörterten nicht zu einem Geständnis bereit."

Angeklagten konkret zu ermitteln, kann die wahrscheinliche, jedoch nicht sicher nachweisbare Kenntnis des Angeklagten nicht zu einem Ausschluss des Beruhens führen.

Zuzustimmen ist der Rechtsprechung darin, die Aufhebung des Urteils infolge einer defizitären Mitteilung nicht pauschal davon abhängig zu machen, ob es zu einer Verständigung gekommen ist oder nicht.[179] Denn die defizitäre Mitteilung nach § 243 Abs. 4 StPO kann in beiden Fällen das Prozess- und Verteidigungsverhalten des Angeklagten beeinträchtigen. So wird es auch dann, wenn das Gericht mitteilt, es habe bloß erfolglose Erörterungen gegeben, für den Angeklagten von Relevanz sein, wieso die Erörterungen erfolglos geblieben sind. Dies muss insbesondere dann gelten, wenn der Verteidiger nach der Mitteilung des Gerichts, es habe erfolglose Verständigungsbemühungen gegeben, eine Erklärung für den Angeklagten abgibt, die er mit der Erwartung verknüpft, das Gericht möge sich an den Strafrahmen halten, der erörtert wurde.[180]

b) *Fehlende Negativmitteilung*

Die Wertungen zum Beruhen bei einer fehlenden oder einer unzureichenden – positiven – Mitteilung nach § 243 Abs. 4 StPO[181] lassen sich auf Verstöße gegen die Negativmitteilungspflicht nur teilweise übertragen, weil die Negativmitteilung mit ihrer Aussage, dass keine mitteilungspflichtigen Erörterungen stattgefunden haben, keine Tatsachen mitteilt, aus denen eine gesamtrechtswidrige Verständigung folgen kann, oder welche die öffentlichen Kontrollbelange betreffen.

Nach der Rechtsprechung des *BVerfG*, dessen Argumentation die Revisionsrechtsprechung größtenteils unverändert übernommen hat[182], soll das

---

179 s. stellvertretend für den BGH 5 StR 115/20, Beschl. v. 23.6.20 = NStZ 2020, 751; so auch BVerfG 2 BvR 900/19, Beschl. v. 4.2.2020 = StV 2020, 357, 360: „Auch im Falle ergebnisloser Verständigungsgespräche wird das Beruhen des Urteils auf einer fehlenden oder nicht ordnungsgemäßen Mitteilung nach § 243 Abs. 4 StPO oftmals nicht sicher ausgeschlossen werden können."

180 BGH 1 StR 612/13, Beschl. v. 9.4.2014 = StV 2014, 516.

181 s. oben Kap. 3 unter B.II.2.a).

182 Anders nur KG Berlin, (2) 161 Ss 132/13, Beschl. v. 10.1.2014 = StV 2014, 522, 522: „insoweit ohne Not weit in die fachgerichtliche Bewertung eingreifend"; KG Berlin, (4) 161 Ss 21/14, Beschl. v. 11.3.2014, nicht abgedruckt in StV 2014, 659: „Er [der Senat] braucht sich hierbei nicht mit dem Umstand zu befassen, dass das Bundesverfassungsgericht (…) (im Verständigungsurteil) ohne Not weit in die fachgerichtliche Beurteilung eingreifend (…) und zudem ohne jede inhaltliche Argumentation, zumindest teilweise einfachrechtlich nicht

Urteil aber auf dem Verstoß gegen die Negativmitteilungspflicht beruhen, weil nicht auszuschließen sei, „dass das Urteil auf eine gesetzeswidrige ‚informelle' Absprache oder diesbezügliche Gesprächsbemühungen zurückgeh(e)."[183] Prüfungsmaßstab des Beruhens ist damit die bloß „drohende Gefahr der Beeinträchtigung oder des Unterlaufens des (...) (gesetzlichen) Schutzkonzeptes"[184]. Schon die hypothetische Möglichkeit, dass es zu einer informellen Absprache gekommen sein könnte, soll dazu führen, dass das Urteil aufzuheben ist.

Diese Argumentation widerspricht ganz offensichtlich dem allgemeinen Verständnis des Beruhens nach § 337 StPO. Die hypothetische Möglichkeit einer informellen Absprache sagt nichts darüber aus, ob die Entscheidung des Gerichts bei rechtmäßigem Vorgehen möglicherweise eine andere gewesen wäre. Die Rechtsprechung sanktioniert damit den Verstoß gegen die Negativmitteilung an sich.

Zudem führt diese Argumentation dazu, dass ein Beruhen des Urteils auf dem Verstoß gegen die Pflicht zur Negativmitteilung sogar dann angenommen werden müsste, wenn die Negativmitteilungspflicht gar nicht verletzt wurde.[185] Denn wenn es Gespräche zur Möglichkeit einer Verständigung gegeben hat, muss das Gericht diese Gespräche positiv mitteilen. Die Rechtsverletzung ist in diesem Fall schon der Verstoß gegen die Positivmitteilung. Eine Negativmitteilung dürfte gar nicht erfolgen. Mit der Annahme, ein Beruhen ergebe sich allein aufgrund eines Verstoßes gegen die Pflicht zur Negativmitteilung, weil nicht ausgeschlossen werden könne, dass eine informelle Absprache stattgefunden habe, vermengt das *BVerfG* die Pflichten zur Positiv- und der Negativmitteilung.

Dass das *BVerfG* die Pflichten miteinander vermengt, zeigen auch die Äußerungen des *BVerfG* dazu, in welchen Fällen ein Beruhen ausgeschlossen sein soll. Ein Beruhen sei auszuschließen, wenn feststehe, dass keine informellen Gesprächsbemühungen stattgefunden haben.[186] Diese Regel führt jedoch zu der

---

schlüssig (...) einfachrechtliche Maßgaben aufgestellt hat."; BGH 3 StR 470/14, Urt. v. 23.7.2015 = StV 2016, 81, 84 ff.

183 BVerfG, 2 BvR 2628/10 u.a., Urt. v. 19.3.2013 = BVerfGE 133, 168, 223 (Rn. 98).

184 *Franke*, in: SSW-StPO, § 243 Rn. 33.

185 Zum Ganzen *Henckel*, in: Faires Verständigungsverfahren, S. 226.

186 BVerfG, 2 BvR 2628/10 u.a., Urt. v. 19.3.2013 = BVerfGE 133, 168, 223 f. (Rn. 98); zur Umsetzung dieser Vorgaben in der Revisionsrechtsprechung KG Berlin, (2) 161 Ss 132/13, Beschl. v. 10.1.2014 = StV 2014, 522; BGH 2 StR 123/14, Beschl. v. 8.1.2015 = NStZ 2015, 294; BGH 5 StR 310/13, Beschl. v. 27.1.2015 = NJW 2015, 1260; BGH 5 StR 258/13, Beschl. v. 25.2.2015 = NStZ 2015, 232; BGH 5 StR 9/15, Beschl. v. 14.4.2015, nicht abgedruckt in StV 2016, 87; BGH 4 StR 91/15, Beschl.

seltsamen Folge, dass ein Beruhen auf dem Verstoß gegen die Negativmitteilungspflicht im Ergebnis nie angenommen werden könnte.[187] Denn für den Fall, dass nicht ausgeschlossen werden kann, dass es mitteilungspflichtige Gespräche gegeben hat, liegt der Verstoß in einer unterlassenen Positivmitteilung. Die Negativmitteilung ist schon tatbestandlich nicht einschlägig. Und für den Fall, dass feststeht, dass es keine Gespräche gab, ist ein Beruhen auch nach der Auslegung durch die Rechtsprechung auszuschließen. Der Verstoß gegen die Negativmitteilungspflicht ist nach diesem Verständnis daher eigentlich revisionsrechtlich irrelevant.

Die Argumentation des *BVerfG* zeigt damit auch hier ein ganz eigenes Verständnis von § 337 StPO auf, welches keine Stütze im Gesetz findet.

Ein Beruhen des Urteils auf dem Verstoß gegen die Negativmitteilungspflicht kann sich allerdings schon aus dem klassischen Verständnis von § 337 StPO ergeben. So argumentiert *Henckel*, dass das Prozess- und Verteidigungsverhalten des Angeklagten infolge einer unterlassenen Negativmitteilung beeinträchtigt sei, weil der Angeklagte auch vor Zweifeln geschützt werden müsse, ob verständigungsbezogenen Erörterungen stattgefunden haben oder nicht, und dass sich hieraus die Möglichkeit einer anderen Entscheidung des Gerichts ergebe.[188] Hätte das Gericht bestehende Zweifel des Angeklagten durch die Negativmitteilung beseitigt, hätte er sich möglicherweise anders verteidigt und damit wäre auch die Möglichkeit einer anderen Entscheidung nicht ausgeschlossen.

Die Annahme, der Angeklagte habe zu Beginn des Verfahrens regelmäßig Zweifel daran, dass er vollständig informiert wurde, beruht zwar auf einer Fiktion. Denn die Tatsache, dass die Praxis in der Vergangenheit vielfach gegen das Regelungskonzept verstoßen hat, wird dem Angeklagten in aller Regel nicht bewusst sein. Für den Angeklagten gibt es deshalb kaum einen Grund, an seinem Kenntnisstand bezüglich etwaiger Verfahrensabsprachen zu zweifeln.[189] Deswegen wird der Angeklagte die Mitteilung, die zu Beginn des Verfahrens eingebettet in weitere Erklärungen und die Belehrung erfolgt, auch

v. 1.6.2015 = StRR 2015, 282; BGH 2 StR 389/13, Urt. v. 22.7.2015, nicht abgedruckt in NJW 2016, 419; BGH 5 StR 392/15, Beschl. v. 8.12.2015 = BeckRS 2016, 1727; OLG Dresden, 2 OLG 26 Ss 762/15, Beschl. v. 10.3.2016 = BeckRS 2016, 5803.

187 *Allgayer*, in: NStZ 2015, 185, 187; *Henckel*, in: Faires Verständigungsverfahren, S. 226.

188 *Henckel*, in: Faires Verständigungsverfahren, S. 226 f.

189 Vgl. hierzu auch BGH 5 StR 258/13, Beschl. v. 25.2.2015 = NStZ 2015, 232, 233.

kaum bewusst wahrnehmen. Sie hat deshalb in der Praxis regelmäßig keinen Einfluss auf das Verhalten des Angeklagten.

Allerdings lassen sich Zweifel des Angeklagten auch nicht ausschließen. Insbesondere in Verfahren vor den Landgerichten wird der Angeklagte die Möglichkeit einer Verfahrensverständigung kennen. Demzufolge kann auch nicht ausgeschlossen werden, dass der Angeklagte, der keine Informationen dazu erhält, ob Erörterungen stattgefunden haben, sich fragt, ob es vielleicht ihm unbekannte Erörterungen zu der Möglichkeit einer Verständigung gegeben hat. Des Weiteren können auch Erörterungen, deren Gegenstand nicht die Möglichkeit einer Verständigung gewesen ist, oder auch Erörterungen der Staatsanwaltschaft im Ermittlungsverfahren[190] dazu führen, dass der Angeklagte, der bei den Erörterungen nicht anwesend ist, Zweifel hat, ob eine Verständigungsgespräche stattgefunden haben oder nicht.

Die Verpflichtung des Gerichts zur Negativmitteilung hat den Zweck, diese Zweifel zu beseitigen. Auch die Annahme, der Angeklagte müsse immer dann, wenn keine Positivmitteilung erfolgt, davon ausgehen, dass keine Verständigungsgespräche stattgefunden haben, ist nicht mit der Gesetzeslage vereinbar, weil diese in jedem Fall eine Mitteilung verlangt.[191] Stellt das Gericht zu Beginn der Hauptverhandlung nicht klar, ob es Gespräche zur Möglichkeit einer Verständigung gegeben hat, kann das Urteil somit auch nach dem allgemeinen Verständnis von § 337 StPO auf dem Verstoß gegen die Negativmitteilung beruhen.

Allerdings muss der Angeklagte die Darlegungslast für seine Zweifel tragen, weil das Revisionsgericht nur so entscheiden kann, ob das Urteil auf dem Verstoß beruht. Es ist damit die Aufgabe des revidierenden Angeklagten darzulegen, aus welchem Grund der Verstoß gegen die Negativmitteilungspflicht des Gerichts für das weitere Prozess- und Verteidigungsverhalten von Relevanz gewesen ist. Der Angeklagte muss plausibel vortragen, dass die Bestätigung, dass keine Vorgespräche zu der Möglichkeit einer Verständigung stattgefunden hatten, für die Entscheidung über sein Prozess- und Verteidigungsverhalten von Bedeutung war. Nur dann begründet der Verstoß gegen die Negativmitteilung einen Umstand, auf dem das Urteil beruht.

Weiter beruht die Entscheidung auch dann auf einem Verstoß gegen die Negativmitteilung, wenn das Gericht mitteilt, es hätten keine Verständigungsgespräche stattgefunden, der Angeklagte aber weiß, dass es vorab Erörterungen

190 Vgl. hierzu BGH 5 StR 258/13, Beschl. v. 25.2.2015 = NStZ 2015, 232.

191 *Henckel*, in: Faires Verständigungsverfahren, S. 227.

gab. Die Negativmitteilung, die für den Fall, dass Gespräche stattgefunden haben, eine Lüge ist, beeinträchtigt das Prozess- und Verteidigungsverhalten des Angeklagten in gleicher Weise wie die Nichtmitteilung des Inhalts der geführten Erörterungen, auf der das Urteil ebenso beruht.

c) Resümee

Die Rechtsprechung zum Beruhen des Urteils auf Verstößen gegen § 243 Abs. 4 StPO ist dogmatisch überwiegend nicht zu rechtfertigen. Die Rechtsprechung verwendet zur Begründung des Beruhens insgesamt vier verschiedene Argumentationsmuster, von denen drei den Wertungen von § 337 StPO widersprechen. Darüber hinaus führt die Rechtsprechung die Kriterien im Wege einer wertenden Gesamtbetrachtung teilweise nebeneinander an[192] und verweist darauf, dass auch die Art und Schwere des Verstoßes für das Beruhen zu berücksichtigen sei. Durch die zunehmende Normativierung des Beruhensbegriffes tritt die grundsätzliche Fragestellung beim Beruhen danach, ob das Urteil bei prozessual rechtmäßigem Vorgehen des Gerichts möglicherweise ein anderes gewesen wäre, in den Hintergrund. Das bisherige Verständnis von § 337 StPO wird damit praktisch fast aufgegeben.

Eine Neubestimmung des revisionsrechtlichen Verständnisses von § 337 StPO ist allerdings auch bei Verstößen gegen § 243 Abs. 4 StPO gar nicht notwendig. So kann in vielen Fällen einer Verletzung der Mitteilungspflichten auch dann ein Beruhen angenommen werden, wenn das Beruhen allein auf der Grundlage des bisherigen Verständnisses von § 337 StPO geprüft wird. Eine solche Begründung ist vor dem Hintergrund des § 337 StPO nicht nur die einzig richtige. Diese Begründung führt auch zu sachgerechten Ergebnissen, weil sie in erheblichem Umfang von den Umständen des Einzelfalles geprägt ist und ein Beruhen nicht alleine von der hypothetischen Möglichkeit einer informellen Absprache abhängig macht.

---

192 Vgl. BGH 1 StR 622/16, Beschl. v. 21.3.2017 = StV 2018, 3: „Jedenfalls unter dem zuletzt genannten Gesichtspunkt konnte der Senat im Blick auf das nahezu vollständige Fehlen einer entsprechenden Mitteilung über den Inhalt des Vorgesprächs ein Beruhen hier nicht ausschließen." – hier zeigt sich, dass die Gerichte nahezu beliebig entscheiden können, worauf sie für die Frage des Beruhens abstellen; auch *Arnoldi*, in: MüKo-StPO, § 243 Rn. 95, verdeutlicht, dass Auswirkungen auf das Angeklagtenverhalten nur einen ersten Aspekt der Beruhensprüfung begründet, und darüber hinaus noch die Kontrollfunktion der Öffentlichkeit und die Art und Schwere des Verstoßes im Rahmen einer Gesamtabwägung Berücksichtigung finden.

Verstöße gegen die positiven Mitteilungspflichten nach § 243 Abs. 4 StPO sind revisibel, wenn ein wesentlicher Verstoß vorliegt. Die Wesentlichkeit des Verstoßes orientiert sich am Inhalt der hypothetischen Mitteilung, dem Stand des Verfahrens und dem tatsächlichen Prozessverhalten des Angeklagten. Einen möglichen Einfluss des Mitteilungsmangels auf das Prozessverhalten des Angeklagten legen die Gerichte aber oft nicht ausreichend dar. Der Grund hierfür dürfte darin liegen, dass das *BVerfG* mit seinen Vorgaben zum Beruhen alternative Wege aufgezeigt hat, um ein Beruhen zu begründen, die einen wesentlichen Verstoß, der möglicherweise das Aussageverhalten des Angeklagten beeinträchtigt hat, gerade nicht voraussetzen. Das Revisionsgericht muss sich deswegen mit der Frage, ob und inwieweit sich der Mangel an Transparenz auf das Prozessverhalten ausgewirkt hat, gar nicht zwingend beschäftigen.[193] Die Mängel der herrschenden Auslegung betreffen also auch hier[194] überwiegend nicht die Ergebnisse, sondern deren Begründungen.

Verstöße gegen die Negativmitteilungspflicht sind revisibel, wenn der Angeklagte glaubhaft macht, zu Beginn des Verfahrens Zweifel darüber gehabt zu haben, ob es verständigungsbezogenen Erörterungen gegeben hat. Die Auslegung der Rechtsprechung, die schon bei der hypothetischen Möglichkeit einer informellen Absprache ein Beruhen annimmt, ohne festzustellen, ob es tatsächlich eine – informelle – Absprache gegeben hat, ist nicht mit § 337 StPO zu vereinbaren.

3. Zur Revisibilität von Protokollierungsverstößen gegen § 273 Abs. 1a StPO

Die umfangreichen[195] Protokollierungsvorschriften des § 273 Abs. 1a StPO haben eine erhebliche Bedeutung für das Revisionsrecht. Sie beweisen nicht nur, ob eine Verständigung stattgefunden hat, was immer dann, wenn ein

193 Vgl. hierzu BGH 5 StR 36/20, Beschl. v. 3.3.20, nicht abgedruckt in StV 2021, 3: „Der Senat kann nicht ausschließen, dass das Urteil auf diesem Rechtsfehler beruht (vgl. zum Prüfungsmaßstab BVerfG, aaO [2 BvR 900/19, Beschl. v. 4.2.20] Rn. 36 ff.)." – eine Prüfung findet hier unter Verweis auf den Maßstab des BVerfG gar nicht mehr statt.

194 Gleiches gilt vor dem Hintergrund von § 257c Abs. 5 StPO, s. oben Kap. 3 unter B.II.1.e).

195 Zur extensiven Auslegung der Pflichten durch die Rechtspraxis s. oben Kap. 2 unter C.

Rechtsmittelverzicht vorliegt, schon für die Frage des Zugangs zur Revisionsinstanz eine Rolle spielt.[196] Sie zeigen darüber hinaus auch auf, ob dem umfangeichen Pflichtenkatalog des Verständigungsgesetzes entsprochen wurde, was wegen der weitreichenden Revisibilität von Verstößen gegen das Verständigungsgesetz von ebenso großer Bedeutung ist.

Die Revision kann nach dem allgemeinen Verständnis des Beruhens allerdings nicht auf Mängel gestützt werden, die alleine die Protokollierung der Hauptverhandlung nach § 273 StPO betreffen[197]; ein Beruhen des Urteils auf einem Protokollmangel dürfte danach nie anzunehmen sein.

a) Beruhen in Fällen einer erfolgreichen Verständigung

Dennoch soll auch bei Verstößen gegen § 273 Abs. 1a StPO nach der Meinung des *BVerfG* ein „Beruhen des Urteils auf diesem Gesetzesverstoß regelmäßig schon deshalb nicht auszuschließen sein, weil die Verständigung, auf der das Urteil beruh(e), ihrerseits mit einem Gesetzesverstoß behaftet (sei)."[198] Dass diese Argumentation zirkelschlüssig ist und der Dogmatik des Revisionsrechts widerspricht, wurde bereits im Zusammenhang mit den Belehrungspflichten nach § 257c Abs. 5 StPO und den Mitteilungspflichten nach § 243 Abs. 4 StPO herausgestellt.[199] Die Annahme, die Verständigung sei insgesamt rechtswidrig, wenn ein Verstoß gegen § 273 Abs. 1a StPO vorliegt, ist darüber hinaus auch deshalb nicht richtig, weil die Protokollierung kein konstitutiver Bestandteil einer Verständigung ist. Die Protokollierung dient vielmehr der Kontrolle des Verständigungsgeschehens. Sie ist damit kein seinerseits zu kontrollierender Verfahrensvorgang, der die Rechtmäßigkeit der Verständigung mitbestimmt.[200]

Lam wendet gegen diese Differenzierung ein, sie führe zu einer „künstliche(n) Trennung zwischen der Verständigung einerseits und ihrer Dokumentation andererseits"[201], weswegen die Argumentation des *BVerfG* richtig sei. Allerdings ist die Trennung von Prozessrechtsverstößen einerseits und deren

196 Denn in den Fällen, in denen eine Verständigung vorliegt, ist ein Rechtsmittelverzicht ausgeschlossen, vgl. dazu § 302 StPO.

197 *Schmitt*, in: Meyer-Goßner/Schmitt, § 273 Rn. 36.

198 BVerfG, 2 BvR 2628/10 u.a., Urt. v. 19.3.2013 = BVerfGE 133, 168, 223 (Rn. 97).

199 s. oben Kap. 3 unter B.II.1. und B.II.2.

200 *Rabe*, in: Das Verständigungsurteil, S. 459.

201 *Lam*, in: StraFo 2014, 407, 408.

Protokollierung andererseits revisionsrechtlich der absolute Regelfall.[202] Die bloße Protokollrüge ist sogar schon unzulässig.[203]

Über die Argumentation des *BVerfG* hinaus, die das Beruhen auf eine gesamtrechtswidrige Verständigung stützt, messen sowohl der *Zweite Strafsenat*[204] als auch der *Vierte Strafsenat*[205] des *BGH* der Verfahrensdokumentation eine Informationsfunktion bei, die bei der Frage des Beruhens ausschlaggebend sei.[206] Der Angeklagte werde „durch eine (…) zuverlässige Dokumentation (…) unterrichtet“[207]. „Schon durch das Fehlen der Dokumentation kann das Prozessverhalten des Angeklagten beeinflusst werden.“[208]

Auch *Henckel* sieht bei Verstößen gegen § 273 Abs. 1a StPO ein Autonomiedefizit des Angeklagten entstehen. Das Gesetz sehe Sicherungsmechanismen vor, deren Beachtung eine abschließend indizielle Bedeutung für die Freiwilligkeit des Handelns habe.[209] „(D)urch die Bedeutung der (…) Protokollierungspflichten (…) (sei) der normative Schluss von der fehlenden Kontrollmöglichkeit auf die unfreiwillige Entscheidung des Angeklagten vorgegeben.“[210]

Die Ansicht, die Dokumentation informiere den Angeklagten, ist jedoch schon wegen des praktischen Ablaufs des Strafverfahrens falsch.[211] Denn der Angeklagte wird das Protokoll, welches das Gericht immer erst nach dem Ende

---

202 *Valerius*, in: MüKo-StPO, § 273 Rn. 73: „Das Protokoll dient nur dem Sinn und Zweck des Nachweises von Verfahrensfehlern“; vgl. hierzu auch BGH 3 StR 210/13, Beschl. v. 12.12.2013 = BGHSt 59, 130.

203 *Schmitt*, in: Meyer-Goßner/Schmitt, § 344 Rn. 26.

204 BGH 2 StR 195/12, Urt. v. 10.7.2013 = BGHSt 58, 310; fortgeführt durch BGH 2 StR 410/13, Beschl. v. 3.12.2013 = StV 2014, 515; weniger eindeutig, BGH 2 StR 381/13, Urt. v. 5.6.2014 = BGHSt 59, 252; in seiner Begründung sehr knapp BGH 2 StR 121/15, Urt. v. 23.3.2016 = NStZ 2016, 688.

205 BGH 4 StR 272/13, Beschl. v. 8.10.2013 = StV 2014, 67; fortgeführt durch BGH 2 StR 139/14, Urt. v. 17.6.2015 = StV 2016, 92.

206 a.A. BGH 3 StR 210/13, Beschl. v. 12.12.2013 = BGHSt 59, 130, 136: „Soweit der 2. Strafsenat (…) die Auffassung vertreten hat, dass das Prozessverhalten des Angeklagten durch das Fehlen der Dokumentation im Protokoll beeinflusst und ein Beruhen des Urteils auf dem Protokollierungsfehler nicht ausgeschlossen werden könne, vermag der Senat dem (…) nicht zu folgen.“

207 BGH 2 StR 195/12, Urt. v. 10.7.2013 = BGHSt 58, 310, 314 (Rn. 14).

208 BGH 2 StR 195/12, Urt. v. 10.7.2013 = BGHSt 58, 310, 314 (Rn. 13).

209 *Henckel*, in: Faires Verständigungsverfahren, S. 218 ff.

210 *Henckel*, in: Faires Verständigungsverfahren, S. 220.

211 BGH 3 StR 210/13, Beschl. v. 12.12.2013 = BGHSt 59, 130, 133; *Pfister*, in: StraFo 2016, 187, 194; *Schneider*, in: NStZ 2014, 252, 256.

der Hauptverhandlung erstellt[212], vor der Urteilsverkündung nie zu Gesicht bekommen. Daher kann das Protokoll den Angeklagten nicht vor Abschluss der Hauptverhandlung informieren. Mängel können sich daher auch nicht auf die Autonomie des Angeklagten auswirken. Es besteht damit kein nachvollziehbarer realer Zusammenhang zwischen der Entscheidung des Angeklagten, sich auf die Verständigung einzulassen, und der Protokollierung der Verständigung.[213]

Ein Beruhen ergibt sich auch nicht aus einer Appellfunktion der Protokollierungspflichten. Denn soweit mit der Protokollierung ein Appell einhergeht, trifft dieser nur das Tatgericht. Dieser Appell ist weder dazu bestimmt noch dazu geeignet, den Angeklagten zu informieren.[214] Die Möglichkeit, dass das Gericht durch die Pflicht zur Protokollierung an die Pflichten des Verständigungsgesetzes erinnert wird, und sich hieraus ergibt, dass das Gericht dann den (Transparenz-)Pflichten nachkommt, was den Angeklagten informiere, ist zur Annahme eines Beruhens nicht geeignet. Denn die Verkettung dieser Umstände ist zu weit konstruiert. Außerdem kommt auch in diesem Fall der Protokollierung keine Informationsfunktion zu, mit der sich ein Beruhen begründen ließe, sondern das Urteil kann allein auf Verstößen gegen die Mitteilungspflichten nach § 243 Abs. 4 StPO oder die Belehrungspflicht nach § 257c Abs. 5 StPO beruhen.

Rabe argumentiert darüber hinaus, dass ein Beruhen selbst dann nicht zwingend sei, wenn man der Protokollierung einen informativen Zweck zusprechen würde.[215] So muss das Gericht nach § 249 Abs. 2 S. 3 StPO zu Protokoll nehmen, wenn es einen Urkundsbeweis im Selbstleseverfahren erhebt. Die Rechtsprechung begründet die Pflicht zur Protokollierung in diesem Fall ebenfalls mit der Informationsfunktion.[216] Bei Verstößen gegen diese Pflicht sei indes

---

212 So zutreffend BGH 3 StR 210/13, Beschl. v. 12.12.2013 = BGHSt 59, 130, 134: „Die Fertigstellung des Protokolls geht der Verkündung des Urteils nach. Dies ergibt sich bereits daraus, dass das Protokoll die Urteilsformel enthalten muss (§ 273 Abs. 1 Satz 1 StPO) und es mithin vor der Urteilsverkündung nicht fertiggestellt (vgl. § 271 Abs. 1 StPO) werden kann."

213 BGH 3 StR 210/13, Beschl. v. 12.12.2013 = BGHSt 59, 130, 133 f.: „(D)enn es ist denklogisch ausgeschlossen, dass das Urteil auf einer unzureichenden Protokollierung beruht."

214 So auch *Rabe*, in: Das Verständigungsurteil, S. 461.

215 *Rabe*, in: Das Verständigungsurteil, S. 461 f.

216 BGH 3 StR 76/10, Beschl. v. 20.7.2010 = NJW 2010, 3382, 3383: „Nach Auffassung des Senats kommt der Protokollierung nach § 249 II 3 StPO vielmehr eine andere Funktion zu. Da der Urkundsbeweis beim Selbstleseverfahren außerhalb

alleine die Inbegriffsrüge gemäß § 261 StPO zulässig.[217] Wieso dies bei Verstößen gegen § 273 Abs. 1a StPO anders sein soll, mithin das Urteil auf dem Verstoß gegen § 273 Abs. 1a StPO beruhen soll, während bei Verstößen gegen § 249 Abs. 2 S. 3 StPO alleine eine Verletzung von § 261 StPO revisibel sein kann, ist nicht nachvollziehbar.

Im Ergebnis ist deshalb alleine die Rechtsprechung des *Dritten Strafsenats* zutreffend,[218] weil sie zwischen den Transparenz- und Dokumentationspflichten, deren jeweiliger Bedeutung für das Verständigungsverfahren und deren Revisibilität differenziert. Mängel, die alleine die Protokollierung stattgefundener Absprachen betreffen, können die Revision nicht begründen.[219]

b) Beruhen in Fällen, in denen keine Verständigung vorliegt

Ein Beruhen auf Rechtsverstößen gegen § 273 Abs. 1a StPO ist ebenso abzulehnen, wenn ein erfolgloser Verständigungsversuch vorliegt. Die Argumentation für die Fälle, in denen eine erfolgreiche Verständigung vorliegt, gilt erst recht für den bloßen Versuch einer Verständigung in der Hauptverhandlung. Der *Zweite Strafsenat* meint daher zu Unrecht, die Dokumentation beeinflusse das Prozessverhalten „auch im Falle einer im Ergebnis nicht zustande gekommenen Verständigung“[220].

Auch der Verstoß gegen die Protokollierung des Negativattests führt nicht dazu, dass das Urteil aufzuheben ist. Das *BVerfG* argumentiert, dass sich

---

der Hauptverhandlung erhoben wird, bedarf es der Kenntlichmachung und des Hinweises an die Verfahrensbeteiligten, dass der in dieser Sonderform gewonnene Beweisstoff dennoch als Inbegriff der Hauptverhandlung i.S. des § 261 StPO der Überzeugungsbildung des Gerichts zu Grunde gelegt werden kann. Dies wird durch die Feststellung nach § 249 II 3 StPO beweiskräftig vollzogen.“

217 BGH 3 StR 76/10, Beschl. v. 20.7.2010 = NJW 2010, 3382, 3383: „Fehlt der entsprechende Vermerk, so ist danach die Inbegriffsrüge nach § 261 StPO eröffnet.“

218 BGH 3 StR 210/13, Beschl. v. 12.12.2013 = BGHSt 59, 130; BGH 3 StR 89/14, Beschl. v. 15.4.2014 = StV 2014, 650.

219 *Frister*, in: SK-StPO, § 273 Rn. 54 ff.: „Die in der Entscheidung des Bundesverfassungsgerichts zu Recht betonte Bedeutung der Dokumentationspflichten für das Schutzkonzept des Verständigungsgesetzes wird deshalb entgegen den Befürchtungen des Gerichts auch gewahrt, wenn die Verletzung dieser Pflichten als solche nicht die Revision begründet“; *Pfister*, in: StraFo 2016, 187, 194; *Rabe*, in: Das Verständigungsurteil, S. 460; *Schmitt*, in: Meyer-Goßner/Schmitt, § 273 Rn. 36; *Schneider*, in: NStZ 2014, 252, 256; *Valerius*, in: MüKo-StPO, § 273 Rn. 74; a.A. *Henckel*, in: Faires Verständigungsverfahren, S. 218 ff; *Lam*, in: StraFo 2014, 407, 408.

220 BGH 2 StR 410/13, Beschl. v. 3.12.2013 = StV 2014, 515.

ohne das Negativattest „nicht sicher ausschließen lasse(n), dass das Urteil auf eine gesetzeswidrige ‚informelle' Absprache oder diesbezügliche Gesprächsbemühungen zurückgeh(e)."[221] Diese Argumentation führt das *BVerfG* auch schon bei Verstößen gegen die Negativmitteilungspflicht an. Die Kritik an der Begründung des Beruhens bei Verstößen gegen die Negativmitteilung trifft daher gleichermaßen auf die Begründung des Beruhens bei Verstößen gegen das Negativattest gemäß § 273 Abs. 1a S. 3 StPO zu. Die Meinung, ein Beruhen ergebe sich aus der hypothetischen Möglichkeit einer informellen Absprache, widerspricht dem allgemeinen Verständnis des Beruhens nach § 337 StPO, welches einen kausalen Zusammenhang des Verstoßes mit einer möglicherweise anderen Entscheidung des Gerichts voraussetzt. Das *BVerfG* sanktioniert damit auch hier den Verstoß gegen § 273a Abs. 1a S. 3 StPO an sich. Prüfungsmaßstab des Beruhens ist dann fälschlicherweise die bloß „drohende Gefahr der Beeinträchtigung oder des Unterlaufens des (…) (gesetzlichen) Schutzkonzeptes"[222].

Überdies ließe sich der vom *BVerfG* vermutlich beabsichtigte Zweck, informelle Absprachen eizudämmen, selbst für den Fall, dass man ein Beruhen annehmen würde, nicht erreichen, weil das Negativattest informelle Absprachen schon tatbestandlich nicht erfasst. Die Protokollierung nach § 273 Abs. 1 S. 3 StPO besagt nichts darüber, ob und inwieweit informelle oder formelle Absprachen stattgefunden haben.[223] Die Ausweitung der Revisibilität von Verstößen gegen das Negativattest kann daher nicht zur Eindämmung informeller Absprachen führen.

Auch auf Basis des allgemeinen Verständnisses von § 337 StPO beruht das Urteil nicht auf einem Verstoß gegen das Negativattest. Die Annahme des Beruhens ist auch hier schon wegen des Ablaufs des Strafverfahrens ausgeschlossen.[224] Denn der Angeklagte wird das Protokoll vor der Urteilsverkündung nie zu Gesicht bekommen, weil das Gericht das Protokoll immer erst nach dem Ende der Hauptverhandlung erstellt.[225] Unabhängig hiervon erfolgt der

221 BVerfG, 2 BvR 2628/10 u.a., Urt. v. 19.3.2013 = BVerfGE 133, 168, 224 (Rn. 98).

222 *Franke*, in: SSW-StPO, § 243 Rn. 33.

223 s. oben Kap. 2 unter C.II.2.

224 BGH 3 StR 210/13, Beschl. v. 12.12.2013 = BGHSt 59, 130, 133; *Pfister*, in: StraFo 2016, 187, 194; *Schneider*, in: NStZ 2014, 252, 256.

225 So zutreffend BGH 3 StR 210/13, Beschl. v. 12.12.2013 = BGHSt 59, 130, 134: „Die Fertigstellung des Protokolls geht der Verkündung des Urteils nach. Dies ergibt sich bereits daraus, dass das Protokoll die Urteilsformel enthalten muss (§ 273 Abs. 1 Satz 1 StPO) und es mithin vor der Urteilsverkündung nicht fertiggestellt (vgl. § 271 Abs. 1 StPO) werden kann."

Protokollvermerk, dass eine Verständigung nicht stattgefunden hat, erst ganz am Ende der Hauptverhandlung, weswegen sich der Vermerk auch deshalb nicht mehr auf das Verhalten des Angeklagten in der Hauptverhandlung auswirken kann.

4. Zur Revisibilität von Verstößen gegen § 267 Abs. 3 S. 5 StPO

Geht dem Urteil eine erfolgreiche[226] Verständigung voraus, ist dies in den Urteilsgründen auszuweisen, § 267 Abs. 3 S. 5 StPO. Die Norm dient ebenfalls der Dokumentation des Verständigungsgeschehens. Die Vorgaben des *BVerfG* zum Beruhen auf Verstößen gegen § 273 Abs. 1a StPO ließen sich daher grundsätzlich auf Verstöße gegen § 267 Abs. 3 S. 5 StPO übertragen. Ein Beruhen eines Urteils, auf einem Verstoß gegen § 267 Abs. 3 S. 5 StPO, ist jedoch auch aus der Sicht des *BGH* fernliegend.[227] Zudem müsste sich die Kritik an der Begründung des Beruhens bei Verstößen gegen § 273 Abs. 1a StPO dann auch gegen die Argumentation bei Verstößen gegen § 267 Abs. 3 S. 5 StPO richten. Das Urteil kann daher nicht auf einem Verstoß gegen § 267 Abs. 3 S. 5 StPO beruhen.

Auch die weite Ansicht von *Schmitt*, der meint, § 267 Abs. 3 S. 5 StPO erfasse auch Konstellationen, in denen sich das Gericht von einer Verständigung wieder löst[228], weil dadurch „überprüfbar sei, ob das Beweisverwertungsverbot nach § 257c IV S. 3 StPO beachtet worden ist“[229], vermag kein Beruhen des Urteils auf dem Verstoß gegen § 267 Abs. 3 S. 5 StPO zu begründen. Vielmehr kann die rechtsfehlerhafte Beweisverwertung und -würdigung des Tatgerichts nur durch den Vortrag, § 261 StPO sei verletzt, gerügt werden.[230] Der Verstoß gegen § 267 Abs. 3 S. 5 StPO an sich ist nicht revisibel.

III. Die revisionsrechtlichen Darlegungsanforderungen, § 344 Abs. 2 S. 2 StPO

Für revisionsrechtliche Verfahrensrügen sieht das Gesetz strenge Formvorschriften vor, § 344 Abs. 2 S. 2 StPO.[231] Der Revisionsführer muss die Tatsachen,

---

226 BGH 4 StR 623/11, Urt. v. 21.6.2012 = BGHSt 57, 273, 280 f.

227 BGH 5 StR 423/12, Urt. v. 6.3.2013 = StV 2013, 376.

228 a.A. BGH 4 StR 623/11, Urt. v. 21.6.2012 = BGHSt 57, 273, 281: „(D)ie notwendige Dokumentation gemäß § 273 Abs. 1a Satz 1 StPO findet in der Sitzungsniederschrift statt“.

229 *Schmitt*, in: Meyer-Goßner/Schmitt, § 267 Rn. 23a.

230 *Schlothauer/Weider*, Verteidigung im Revisionsverfahren, S. 686 und S. 712.

231 *Schmitt*, in: Meyer-Goßner/Schmitt, § 344 StPO, Rn. 20.

die den Mangel im Verfahren begründenden, vollständig und so vortragen, dass das Gericht allein auf dieser Grundlage prüfen kann, ob ein Verfahrensfehler vorliegt.[232] Wenn auf Grundlage des Vortrags mehrere Verfahrensmängel in Betracht kommen, ist darzulegen, welcher Mangel geltend gemacht wird.[233] Verfahrensrügen lass sich nur in engen Grenzen auslegen.[234] Eine allgemeine Verfahrensrüge gibt es nicht.[235]

Auch bei den revisionsrechtlichen Darlegungsanforderungen gemäß § 344 Abs. 2 S. 2 StPO zeigen sich die Besonderheiten im Umgang mit den Transparenz- und Dokumentationspflichten des Verständigungsgesetzes.

1. Bestimmtheit des Revisionsvortrages – Insbesondere: Zur Zulässigkeit der Protokollrüge, § 273 Abs. 1a StPO

So entschied der *Zweite Strafsenat* unter Verweis auf die Möglichkeit, Verfahrensrügen auszulegen, dass es für Zulässigkeit der Rüge der §§ 243 Abs. 4 S. 2, 273 Abs. 1a S. 2 StPO ausreiche, wenn der Revisionsführer deutlich mache, dass er im Protokoll Ausführungen zu Gesprächen nach § 243 Abs. 4 StPO vermisse und eine Verletzung von § 257c StPO rügt. Die §§ 243 Abs. 4 S. 2, 273 Abs. 1a S. 2 StPO „betreffen das Verfahren auf dem Weg zu einer Verständigung (…).“[236] Die Angriffsrichtung des Rügevorbringens – die Nichtmitteilung der Inhalte, die außerhalb der Hauptverhandlung geführt wurden, § 243 Abs. 4 S. 2 StPO – sei eindeutig erkennbar.[237] Zudem präzisierte der *Zweite Strafsenat*, dass die bloße Protokollrüge zwar im Allgemeinen unzulässig sei, dies jedoch ausnahmsweise dann nicht gelte, „wenn ein Verfahrensfehler behauptet wird, der in seinem Kern gerade darin besteh(e), dass das Protokoll den Inhalt der Gespräche, die außerhalb der Hauptverhandlung mit dem Ziel einer Verständigung geführt wurden, nicht mitteil(e).“[238]

---

232 *Cirener*, in: NStZ-RR 2014, 33, 33.

233 *Schmitt*, in: Meyer-Goßner/Schmitt, § 344 StPO, Rn. 20; a.A. *Norouzi*, in: NJW 2011, 1525, 1526; *ders.*, in: NStZ 2013, 203 ff.

234 Vgl. hierzu BVerfG, 2 BvR 656, 657, 683/99, Beschl. v. 25.1.2005 = BVerfGE 112, 185, 211, wonach zur Auslegung der Revisionsbegründungsschrift § 300 StPO entsprechend anzuwenden ist; ebenso in BGH 2 StR 195/12, Urt. v. 10.7.2013 = BGHSt 58, 310, 311.

235 *Schmitt*, in: Meyer-Goßner/Schmitt, § 344 StPO, Rn. 20.

236 BGH 2 StR 195/12, Urt. v. 10.7.2013 = BGHSt 58, 310, 311.

237 Ebd.

238 BGH 2 StR 195/12, Urt. v. 10.7.2013 = BGHSt 58, 310, 311 f.

Die Argumentation des *Zweiten Strafsenats* zur Zulässigkeit der Protokollrüge ist im Lichte des Verständigungsurteils nicht überraschend.[239] Die bloße Protokollrüge muss aus Sicht der Rechtsprechung des *BVerfG* schon deshalb zulässig sein, weil auch Verstöße gegen die Protokollierung nach § 273 Abs. 1a StPO regelmäßig dazu führen sollen, dass das Urteil auf dem Protokollverstoß beruht.[240] Wäre die Protokollrüge unzulässig, würde dies die verfassungsgerichtliche Beruhensannahme ad absurdum führen, weil es auf ein Beruhen dann gar nicht erst ankäme. Es ist insoweit auch konsequent, bei den Darlegungsanforderungen alleine den Hinweis auf das Fehlen der Protokollierung ausreichen zu lassen, § 344 Abs. 2 S. 2 StPO. Denn schon der Hinweis auf einen Verstoß gegen die Protokollierung nach § 273 Abs. 1a StPO ist eine ausreichende Konkretisierung des gerügten Verfahrensfehlers.

Freilich ist es dann aber ebenso konsequent wie richtig, dass der *Dritte Strafsenat*, welcher die Vorgaben des Verständigungsurteils – zu Recht[241] – anzweifelt, und deswegen ein Beruhen auf Protokollierungsverstößen ablehnt, auch schon die Zulässigkeit der Protokollrüge ablehnt.[242]

Die Leitentscheidung des *Zweiten Strafsenats* geht bei den Überlegungen zur Zulässigkeit der Protokollrüge auch auf die Möglichkeit ein, in dem Vorbringen des Revidenten statt einer Protokollrüge eine Verfahrensrüge zu sehen. Für die Rüge eines Verstoßes gegen die §§ 243 Abs. 4 S. 2, 273 Abs. 1a S. 2 StPO soll es ausreichen, wenn der Revisionsführer deutlich mache, dass er im Protokoll Ausführungen zu Gesprächen nach § 243 Abs. 4 StPO vermisse, und auf eine Verletzung von § 257c StPO verweist.

Auch das *BVerfG* entschied später, dass es aus verfassungsgerichtlicher Sicht nicht zwingend geboten sei, „von Verfassungswegen eine Ausnahme vom ansonsten geltenden Grundsatz der Unzulässigkeit sogenannter "Protokollrügen""[243] zu machen. Vielmehr sei die Rüge vor dem Hintergrund des fairen Verfahrens besonders sorgfältig dahingehend auszulegen, ob es sich um eine bloße Protokollrüge handelt oder ob damit „nicht vielmehr ein Verstoß gegen § 257c StPO durch eine informelle Absprache geltend gemacht"[244] wird.

Der *BGH* erkennt damit im Ergebnis die Möglichkeit an, eine (unzulässige) Protokollrüge in eine (zulässige) Verfahrensrüge umzudeuten. Hintergrund dieser

---

239 *Radtke*, in: NStZ 2013, 669, 669.
240 s. oben Kap. 3 unter B.II.3.
241 s. oben Kap. 3 unter B.II.3.a).
242 BGH 3 StR 210/13, Beschl. v. 12.12.2013 = BGHSt 59, 130, 131 ff.
243 BVerfG, 2 BvR 1043/15, Beschl. v. 9.12.2015, nicht in: NJW-Spezial 2016, 121.
244 Ebd.

Entscheidung sei, dass der Gesetzgeber mit den Transparenz- und Dokumentationspflichten ein einheitliches Regelungskonzept und damit eine Sonderregelung getroffen habe, was sich auch auf die Darlegungspflichten nach § 344 Abs. 2 S. 2 StPO auswirke.[245]

Diese Meinung des *BGH* ist allerdings unzutreffend, weil sie auf der unrichtigen Ansicht basiert, dass bereits jeder Einzelverstoß zu einer gesamtrechtswidrigen Verständigung führe.[246] Da schon dieser Ausgangspunkt der Auffassung des *BGH* falsch ist, sind auch die auf dieser Grundlage entwickelten Konsequenzen für die Darlegungspflichten abzulehnen.

Darüber hinaus ist auch die konkrete Anwendung zweifelhaft. So meinen die Richter zu Unrecht, dass der Verweis auf die fehlende Protokollierung „eindeutig“[247] als Rüge eines Verstoßes gegen die §§ 243 Abs. 4 S. 2, 273 Abs. 1a S. 2 StPO zu verstehen sei. Dass der Revisionsvortrag zu einer fehlerhaften Protokollierung nicht zugleich auch die Behauptung enthält, ein zu protokollierender Verfahrensvorgang habe nicht stattgefunden, entspricht der ständigen Rechtsprechung.[248] Der *Dritte Strafsenat* entschied dementsprechend folgerichtig, dass die Rüge einer gemäß § 273 Abs. 1a S. 2 StPO fehlenden Protokollierung der Belehrung nach § 257c Abs. 5 StPO erfolglos sei, weil mit der Rüge alleine die fehlende Protokollierung und nicht zugleich auch ein Verstoß gegen die Belehrung nach § 257c Abs. 5 StPO behauptet werde. Der Vortrag lasse offen, ob überhaupt eine Belehrung stattgefunden habe.[249]

Zuletzt ist die Leitentscheidung des *Zweiten Strafsenats* ist auch deshalb nicht haltbar, weil die Anforderungen, die der Senat an den Beweis eines Verstoßes gegen §§ 243 Abs. 4 S. 2, 273 Abs. 1a S. 2 StPO stellt, deutlich geringer sind, als die, die er an eine Rüge des § 243 Abs. 4 S. 1 StPO stellt.[250] So entschieden die Richter in anderer Sache, jedoch am gleichen Tag, dass der Revident, welcher einen Verstoß gegen § 243 Abs. 4 S. 1 StPO rügt , konkret darlegen muss, wann es zu Gesprächen gekommen sei und welchen Inhalt die Gespräche hatten.[251] Die formalen Anforderungen bei Rügen, die alleine die Mitteilung nach § 243

245 BGH 2 StR 195/12, Urt. v. 10.7.2013 = BGHSt 58, 310, 312.

246 Zur Kritik gegen diese Argumentation s. oben Kap. 3 unter B.II.1.a)aa) und B.II.2.a) aa) und B.II.3.a).

247 BGH 2 StR 195/12, Urt. v. 10.7.2013 = BGHSt 58, 310, 311.

248 So schon BGH 5 StR 678/54, Urt. v. 1.2.1955 = BGHSt 7, 162, 163 ff. m. w. N.

249 BGH 3 StR 210/13, Beschl. v. 12.12.2013 = BGHSt 59, 130, 131 ff.

250 *Radtke*, in: NStZ 2013, 669, 669.

251 BGH 2 StR 47/13, Urt. v. 10.7.2013 = BGHSt 58, 315, 318.

Abs. 4 StPO betreffen, sind damit gewohnt hoch und entsprechen den allgemeinen Anforderungen.[252] Doch wurzelt letztlich auch die Rüge, das Protokoll weise den Inhalt von geführten Erörterungen nicht aus, in der Nichtmitteilung von mitteilungspflichtigen Gesprächen in der Hauptverhandlung.[253] Eine bezüglich der Darlegungspflichten unterschiedliche Behandlung der beiden Rügen ist daher falsch.[254] Für den Revisionsführer wäre es dann immer einfacher, nur eine nicht oder nur fehlerhaft erfolgte Protokollierung zu rügen, um so die erhöhten Darlegungspflichten zu umgehen. Das ist offensichtlich nicht überzeugend.

Der *Zweite Strafsenat* senkt in seiner Leitentscheidung somit zu Unrecht die Formalanforderungen von Rügen, um im Einklang mit dem *BVerfG* eine möglichst weitgehende Kontrolle von Absprachen zu ermöglichen.[255] Richtig ist hingegen die Auffassung des *Fünften Strafsenats,* der zuletzt die allgemeinen Darstellungsanforderungen nach § 344 Abs. 2 S. 2 StPO betonte und darauf verwies, dass es „nicht Sache des Revisionsgerichts (sei), ohne konkreten Revisionsangriff den gesamten Verständigungsprozess auf mögliche Verstöße gegen die (...) Mitteilungs- und Protokollierungspflichten zu durchforschen“[256].

2. *Vortrag zum Beruhen, § 337 StPO*

Das Revisionsgericht muss von Amts wegen prüfen, ob das Urteil auf dem Verfahrensverstoß, beruht.[257] Ein Vortrag zu dem ursächlichen Zusammenhang zwischen dem Verfahrensfehler und dem Urteil ist grundsätzlich nicht erforderlich, sodass auch die Zulässigkeit der Rüge hiervon nicht abhängt.[258]

---

252 Hinsichtlich der Rügeanforderungen bei Mitteilungsmängeln kritisch *Frister*, in: SK-StPO, § 243 Rn. 94a: „(E)ine derartige Darlegungslast überfordert den Revisionsführer ausgerechnet dann, wenn – weil er selbst an den mitzuteilenden Gesprächen nicht beteiligt war – die Verletzung der Mitteilungspflicht ihm gegenüber besonders schwerwiegend ist.“

253 *Kudlich*, in: NStZ 2014, 285, 286.

254 *Radtke*, in: NStZ 2013, 669, 669, mutmaßt, dass der BGH der Mitteilungspflicht aus § 243 Abs. 4 S. 1 StPO einerseits und § 243 Abs. 4 S. 2 StPO andererseits unterschiedliche Funktionen zuzuschreiben scheint; *Schneider*, in: NStZ 2014, 252, 255, spricht davon, dass es „nicht einsichtig (sei), weshalb für vergleichbare Konstellationen (...) Abweichendes gelten soll.“

255 *Schneider*, in: NStZ 2014, 252, 255.

256 BGH 5 StR 43/16, Beschl. v. 15.3.2016, abgedruckt bei *Cirener*, in: NStZ-RR 2017, 65, 66.

257 Vgl. zu Fallkonstellationen, in denen dies nicht so ist, die Verweise bei *Cirener*, in: NStZ-RR 2017, 65, 66.

258 M. w. N. und statt vieler *Knauer/Kudlich*, in: MüKo, § 344 Rn. 144 f.

Jedoch wirken sich die Besonderheiten im Umgang mit den Transparenz- und Dokumentationspflichten auch hier aus.[259] So fordert der *BGH* bei Rügen, die die Negativmitteilungspflicht gemäß § 243 Abs. 4 S. 1 StPO betreffen, regelmäßig nicht nur einen Vortrag darüber „ob und ggf. welche Mitteilung der Vorsitzende in der Hauptverhandlung gemacht hat, sondern auch, ob und ggf. mit welchem Inhalt Erörterungen nach §§ 202a, 212 StPO tatsächlich stattgefunden“[260] haben.[261] Dieser Vortrag des Revisionsführers ist für die Frage des Beruhens erforderlich, weil ein Beruhen nach der Ansicht des *BVerfG* immer dann ausgeschlossen werden kann, wenn feststeht, dass keine informellen Gesprächsbemühungen stattgefunden haben.[262]

Indes sei der Vortrag, „ob und gegebenenfalls mit welchem Inhalt der Angeklagte von seinem Verteidiger über die am ersten Hauptverhandlungstag geführten Verständigungsgespräche informiert wurde“[263] für die Zulässigkeit von Rügen, die § 243 Abs. 4 StPO betreffen nicht erforderlich, obwohl dies ebenso für ein Beruhen auf Verstößen gegen die Mitteilungspflichten von Relevanz sein kann.[264]

Das *BVerfG* entschied im Zusammenhang mit den Darlegungsanforderungen nach § 344 Abs. 2 S. 2 StPO nur, dass es die Frage nach dem Darlegungsumfang nicht beantworten könne, weil die Beruhensfrage eine Frage des einfachen Rechts sei.[265] Es sei sowohl denkbar, geringe Anforderungen an die Darstellungen zu stellen, was dazu führe, dass die Frage im Freibeweisverfahren zu klären sei, als auch den Revisionsführer zu umfassenden [266] Auskünften zu verpflichten.[267]

---

259 *Knauer/Kudlich*, in: MüKo-StPO, § 344 Rn. 144, sprechen bezüglich der Mitteilungspflichten nach § 243 Abs. 4 StPO von einer starken Relativierung des Grundsatzes, dass kein Vortrag zu einem möglichen Beruhen erforderlich ist.

260 Exemplarisch BGH 3 StR 363/13, Beschl. v. 6.3.2014 = NStZ 2014, 419.

261 Vgl. hierzu auch *Cirener*, in: NStZ-RR 2017, 65, 68.

262 BVerfG, 2 BvR 2628/10 u.a., Urt. v. 19.3.2013 = BVerfGE 133, 168, 223 f. (Rn. 98).

263 BGH 3 StR 336/19, Beschl. v. 26.11.2019 = StV 2020, 362, 362.

264 s. oben Kap. 3 unter B.II.2.a)cc).

265 BVerfG 2 BvR 2172/13, Beschl. v. 26.8.2014 = StV 2014, 713, 716: „Auch wenn es sich dabei um eine Ausnahme von dem revisionsrechtlichen Grundsatz handeln mag, dass der Revisionsführer zur Beruhensfrage nicht vorzutragen braucht, geht es hierbei doch letztlich um eine Frage des einfachen Rechts, über die das *BVerfG* nicht zu entscheiden hat.“

266 BVerfG 2 BvR 2172/13, Beschl. v. 26.8.2014 = StV 2014, 713, 716: Die Revisionsbegründung muss mitteilen, „über welche Kenntnisse und Hinweise bezüglich etwaiger Verständigungsgespräche der Revisionsverteidiger und der Angekl. - ggf. nach zumutbarer Einholung entsprechender Auskünfte beim Instanzverteidiger (…) - verfügen.“

267 BVerfG 2 BvR 2172/13, Beschl. v. 26.8.2014 = StV 2014, 713, 716.

Die erweiterte Auslegung der Darlegungsanforderungen durch den *BGH*, die nunmehr auch die Umstände des Beruhens erfassen soll, beschränkt einerseits die Möglichkeiten, Verstöße wirksam rügen zu können. Andererseits sind die erweiterten Darlegungsanforderungen sachgerecht und nachvollziehbar. Denn wenn die Gründe, auf die die Revision gestützt werden kann, so weit sind, ist es konsequent, zumindest bei der Darlegung höhere Anforderungen zu stellen.

Zudem ist die Revisibilität von Verstößen gegen die Transparenzvorschriften im Regelfall von der Kenntnis und den Vorstellungen des Revisionsführers abhängig. So beruht ein Urteil nach der dieser Arbeit zugrundeliegenden Ansicht etwa nur dann auf einem Verstoß gegen die Negativmitteilung, wenn der Revident darlegt, dass er zu Beginn des Verfahrens Zweifel über die Existenz von Absprachen hatte.[268] Konsequenterweise müsste es daher auch bei Verstößen gegen die Positivmitteilungspflichten nach § 243 Abs. 4 StPO die Aufgabe des revidierenden Angeklagten sein, darzulegen, aus welchem Grund der unterschlagene Inhalt der Verständigungserörterungen für das weitere Prozess- und Verteidigungsverhalten von Relevanz gewesen ist.

268 s. oben Kap. 3 unter B.II.2.b).

4. Kapitel Die Transparenz- und Dokumentationspflichten im Verständigungsverfahren – Schlussthesen und Reformüberlegungen

A. Schlussthesen

1. Die Rechtsprechung hat die Mitteilungspflichten nach § 243 Abs. 4 StPO über die gesetzliche Konzeption hinaus ausgeweitet, um heimliche Absprachen zu verhindern. Die gesamte Abgrenzungsdebatte dreht sich in der Praxis um das bedeutungsoffene Kriterium der Möglichkeit. Eine mitteilungspflichtige Erörterung ist bereits dann anzunehmen, wenn eine *mögliche* Erörterung *möglicherweise* die *Möglichkeit* einer Verständigung zum Gegenstand hatte.[1] Die Weite und die Konturlosigkeit der Auslegung von § 243 Abs. 4 StPO ist notwendig, um der Zweifelsregelung des *BVerfG* Geltung zu verschaffen. Der Gesetzgeber sollte das Gesetz dieser Auslegung anpassen.
2. Die Pflicht zur Negativmitteilung ist als Instrument der generellen Einhegung informeller Absprachen durchaus sinnvoll. Sie erfasst jedoch nur solche Erörterungen, die vor dem Beginn des ersten Hauptverhandlungstermins stattgefunden haben.
3. Die Protokollierung nach § 273 Abs. 1a StPO bezeugt ausschließlich, ob es in der Hauptverhandlung zu einer – gegebenenfalls konkludenten – Verständigung nach § 257c StPO gekommen ist. Informelle Absprachen, die außerhalb der Hauptverhandlung getroffen werden, erfasst der Protokollvermerk nach § 273 Abs. 1a StPO nicht.
4. Das Negativattest nach § 273 Abs. 1a S. 3 StPO ist überflüssig, weil es sein Ziel, heimliche Absprachen zu offenbaren, schon konzeptionell nicht erreichen kann.
5. Das Ziel des Gesetzgebers, „mit höchst möglicher Gewissheit (…) auszuschließen, dass ‚stillschweigend' ohne Beachtung der gesetzlichen

1 s. oben Kap. 2 unter B.II.2.d).

Förmlichkeiten solche Verhaltensweisen stattgefunden haben"[2], vermag das Verständigungsgesetz auch in seiner weiten Auslegung in der Revisionsrechtsprechung nicht zu erreichen.

6. Die revisionsrechtliche Behandlung der Transparenz- und Dokumentationspflichten ist mit den allgemeinen revisionsrechtlichen Prinzipien unvereinbar und auch weder sachgerecht noch notwendig.

B. Reformgegenstände und Reformüberlegungen – *de lege lata*

I. Die gerichtlichen Mitteilungspflichten, § 243 Abs. 4 StPO(E)

Im Zentrum der tatbestandlichen Reformnotwendigkeit stehen die Mitteilungspflichten nach § 243 Abs. 4 StPO. *Herrmann* betonte die Relevanz von Mitteilungspflichten im Verständigungsverfahren bereits im Jahre 1999 und verwies darauf, dass es für das – zukünftige – Verständigungsrecht entscheidend darauf ankomme, wie der Inhalt der Vorgespräche in der Hauptverhandlung offengelegt werde.[3] Diese Aussage hat bis heute an Geltungskraft nicht verloren. Die Frage danach, ob Erörterungen vorliegen, welche die Möglichkeit einer Verständigung zum Gegenstand haben und die somit dem Tatbestand von § 243 Abs. 4 StPO unterfallen, ist Dreh- und Angelpunkt des Verständigungsgesetzes und maßgebend für die Kontrolle von informellen Absprachen. Die nicht differenzierende, offene Formulierung des Tatbestandes von § 243 Abs. 4 StPO kann vor diesem Hintergrund nicht aufrechterhalten werden.

Aufbauend auf die Erkenntnisse in dieser Arbeit sollte sich die Reform von § 243 Abs. 4 StPO an der folgenden Formulierung orientieren:[4]

> [1]*Der Vorsitzende teilt mit, ob Erörterungen zur Möglichkeit einer Verständigung nach den §§ 202a, 212 stattgefunden haben und wenn ja, deren wesentlichen Inhalt.* [2]*Erörterungen nach Satz 1 sind Äußerungen der Verfahrensbeteiligten, durch welche*

---

2 Gesetzesentwurf der BReg., BT-Drs. 16/12310, S. 15.

3 *Herrmann*, in: JuS 1999, 1162, 1164.

4 s. hierzu auch den Entwurf von *Rabe*, in: Das Verständigungsurteil, S. 511: „Erörterungen im Sinne des Satz 1 sind Verhaltensweisen zwischen den Verfahrensbeteiligten, aufgrund derer diese schlüssig oder ausdrücklich einen Konsens über ein Handeln oder Unterlassen eines oder mehrerer Beteiligter herstellen, dessen Erfüllung nach dem Verständnis mindestens eines Beteiligten Einfluss auf das Verfahrensergebnis hat. Unter dem Begriff des Verfahrensergebnisses fallen alle tatsächlichen oder rechtlichen Umstände, die Einfluss auf die Feststellung der Schuld oder die Bemessung der Strafe haben und die nicht nur den Verfahrensfortgang betreffen."

diese schlüssig oder ausdrücklich einen Konsens über voneinander abhängige Prozessverhaltensweisen herzustellen versuchen, die einen Einfluss auf den Fortgang oder das Ergebnis des Verfahrens haben. [3]Versuche der Verteidigung, eine Erörterung nach S. 1 zu initiieren, die das Gericht unmittelbar und unmissverständlich ablehnt, teilt das Gericht nicht mit. [4]Diese Pflicht gilt auch im weiteren Verlauf der Hauptverhandlung, soweit sich Änderungen gegenüber der Mitteilung zu Beginn der Hauptverhandlung ergeben haben. [5]Gleiches gilt, wenn das Gericht von Erörterungen der Staatsanwaltschaft ohne Beteiligung des Gerichts nach S. 1 Kenntnis erlangt.

§ 243 Abs. 4 S. 1 StPO(E) stellt so auch seinem Wortlaut nach klar, dass es einer Negativmitteilung bedarf. Die Negativmitteilung soll in ihrer Regelungsreichweite vorerst unverändert bleiben, um die formalen Hürden, die aus dem Verständigungsgesetz für jedes Strafverfahren folgen, nicht weiter zu erhöhen.[5] Auch den Mitteilungsumfang beschränkt dieser Entwurf ganz bewusst nicht, da für den Fall, dass außerhalb der Hauptverhandlung Erörterungen zur Möglichkeit einer Verständigung stattfinden, sowohl die Verfahrensöffentlichkeit als auch der Angeklagte hinreichend über den Inhalt und den Ablauf der Gespräche informiert werden sollen.

§ 243 Abs. 4 S. 2 StPO(E) definiert den Erörterungsbegriff und den Verständigungsbezug. Der Erörterungsbegriff bedarf im Hinblick auf die Mitteilungspflichten der Präzisierung, weil das Tatbestandsmerkmal der Erörterung begrifflich zunächst eine inhaltliche Auseinandersetzung von mehreren Beteiligten voraussetzt. Dies ist angesichts der vollumfänglichen Informationsbedürftigkeit des Angeklagten allerdings nicht ausreichend. Insbesondere einseitige Versuche des Gerichts, eine Verständigungserörterung zu initiieren, müssen dem Angeklagten mitgeteilt werden. Die Neufassung von § 243 Abs. 4 StPO bietet mit der Formulierung „Äußerungen" die notwendige Weite, um auch diese einseitigen Versuche des Gerichts darunter subsumieren zu können.

Weiter verdeutlicht der Entwurf die maßgeblichen Umstände, aus denen sich ein Verständigungsbezug geführter Erörterungen ergibt: Das Ziel eines Konsenses über voneinander abhängige, bindende Prozessverhaltensweisen sowie ein Bezug zum Fortgang oder dem Ergebnis des Verfahrens. Dabei orientiert sich die (Legal-)Definition an der Auslegung der vorherrschenden Rechtsprechung. Diese Klarstellungen ermöglichen einerseits eine offene, kommunikative Verhandlungsführung des Gerichts, die nicht dem Verständigungsrecht unterfällt, und grenzen andererseits die Verständigungs- von den

5 Siehe zu den weiteren Hintergründen, weswegen dieser Entwurf von einer Ausweitung der Mitteilungspflichten absieht, die abschießenden Erwägung bei Kap. 4 unter C.

Einstellungserörterungen ab, welche konzeptionell bis auf bestimmte Ausnahmen streng voneinander zu trennen sind.

§ 243 Abs. 4 S. 3 StPO(E) schließt Initiierungsversuche der Verteidigung, die das Gericht unmittelbar und unmissverständlich ablehnt, von den Mitteilungspflichten aus. Die Regelung fördert in erster Linie die Praxistauglichkeit der Mitteilungspflichten. So soll nicht jeder Versuch der Verteidigung, die Möglichkeiten einer Verständigung zu erörtern, zu Mitteilungspflichten des Gerichts führen, wenn das Gericht diese unmissverständlich ablehnt. Denn dann stehen auch keine Umstände im Raum, welche als Möglichkeit einer Verständigung verstanden werden müssen.

Die Präzisierungen durch § 243 Abs. 4 S. 2 und S. 3 StPO(E) stehen im Mittelpunkt der Reformbestrebungen und schaffen einen sachgerechten Ausgleich von mitteilungspflichtigen zu nicht mitteilungspflichtigen Erörterungen.

§ 243 Abs. 4 S. 4 StPO(E) entspricht § 243 Abs. 4 S. 2 StPO in seiner derzeitigen Regelungsreichweite, welche unverändert bleibt.

§ 243 Abs. 4 S. 5 StPO(E) stellt klar, dass auch Erörterungen der Staatsanwaltschaft ohne die Beteiligung des Gerichts mitzuteilen sind, wenn das Gericht hierüber Kenntnis erlangt. Das Gesetz sieht dies in seiner aktuellen Fassung nicht vor. Die Ergänzung ist sowohl angesichts der Informationsbedürftigkeit des Angeklagten als auch wegen des Kontrollinteresses durch die Verfahrensöffentlichkeit notwendig, weil das Prozessverhalten des Angeklagten durch Vereinbarungen der Staatsanwaltschaft mit dem Verteidiger beeinträchtigt sein kann.

II. Die gerichtlichen Protokollierungspflichten, § 273 Abs. 1a StPO – Das Negativattest

Das Negativattest ist ersatzlos zu streichen, weil es sein Ziel, heimliche Absprachen zu offenbaren, konzeptionell nicht erreichen kann.

III. Die Transparenz- und Dokumentationspflichten im Revisionsrecht, §§ 337, 338 StPO

Eine revisionsrechtliche Sonderbehandlung bei den Transparenz- und Dokumentationspflichten ist weder sachgerecht noch notwendig.

Verstöße gegen die Belehrungspflichten nach § 257c Abs. 5 StPO führen nach § 337 Abs. 1 StPO regelmäßig zur Aufhebung des Urteils, weil die Belehrungspflichten die kognitive Autonomie des Angeklagten absichern.

Verstöße gegen die Mitteilungspflichten nach § 243 Abs. 4 StPO führen ebenso regelmäßig zu einer Urteilsaufhebung, weil das prozessfehlerhafte

Vorgehen des Gerichts regelmäßig das Prozess- und Verteidigungsverhalten des Angeklagten beeinflusst.

Mängel, die alleine die Protokollierung von Absprachen nach § 273 Abs. 1a StPO betreffen, können die Revision nicht begründen. Dieser Grundsatz, der im Revisionsrecht fernab der Dokumentation des Verständigungsgeschehens selbstverständlich ist, muss auch für das Verständigungsrecht gelten.

Für das Revisionsrecht zeigt dies einen Weg auf, der einerseits die Rechte des Angeklagten ernst nimmt und die grundlegenden Wertungen im Revisionsrecht achtet, andererseits jedoch nicht die Transparenz- und Dokumentationspflichten in einer Art und Weise hochstilisiert, dass Entscheidungen, bei welchen sich die prozessfehlerhafte Verfahrensweise eindeutig nicht ausgewirkt hat, aufgehoben werden.

Allerdings stellt sich vor dem Hintergrund der Praxis und der Vorgaben durch das *BVerfG* die Frage der Umsetzbarkeit. Denn ein Zurückbesinnen und ein Vergessen der Auslegung letzten Jahre scheint kaum möglich und ist gesetzlich nur insoweit realisierbar, als dass ein neu einzufügender § 337 Abs. 3 die Geltung von § 337 StPO auch für Verstöße gegen die Transparenz- und Dokumentationspflichten betont:

> *„Die Absätze 1 und 2 gelten auch für Verstöße gegen §§ 243 Abs. 4, 257c Abs. 5, 273 Abs. 1a StPO."*

Alternativ bliebe die Möglichkeit, § 338 StPO um weitere absolute Revisionsgründe zu erweitern. Das Gesetz würde hierdurch an die geltende Praxis angepasst, nach der die Verstöße gegen die Transparenz- und Dokumentationsvorschriften als quasi absolute Revisionsgründe behandelt werden, ohne dass dies das Gesetz vorsieht. Der Entwurf nimmt hiervon jedoch bewusst Abstand.

C. Abschließende Bemerkungen – *„Detlev dealt noch immer"*[6]

Die Befürchtung *Fischers*, man glaube, die Probleme bei Absprachen im Strafverfahren würden durch das Gesetz gelöst, obwohl die Praxis das Gesetz schlicht umgehe[7], waren am Ende trotz der verfassungsorientierten, extensiven

---

6 *Fischer*, Detlef dealt noch immer, Eine Kolumne von Thomas Fischer, https://www.spiegel.de/panorama/justiz/illegale-deals-und-absprachen-im-strafprozess-detlev-dealt-noch-immer-kolumne-a-7ebbca5e-7c18-4e0b-862c-02b6b1acc101 (zuletzt abgerufen am: 10.10.2021).

7 *Fischer*, Stellungnahme zu der öffentlichen Anhörung des Rechtsausschusses des Deutschen Bundestages zu den BT-Drs. 16/11736 und BT-Drs. 16/4197 vom 25. März 2009, S. 18.

Auslegung der Transparenz- und Dokumentationspflichten begründet. Die Ergebnisse der erneuten Evaluierung des Verständigungsgesetzes haben jüngst gezeigt, dass die Praxis bei Absprachen im Strafverfahren weiterhin in einem großen Ausmaß gegen die Konzeption des Verständigungsgesetzes verstößt.[8] Der „‚Hype' um das Verständigungsgesetz"[9] scheint damit entgegen der Hoffnungen *Bittmanns* noch nicht beendet zu sein.

So kommen nach etwa einem Drittel der befragten Richter informelle Absprachen in der eigenen Praxis „selten", „häufig" oder sogar „sehr häufig" vor.[10] Staatsanwälte schätzen das Aufkommen informeller Absprachen in der eigenen Praxis mit 46,7 % und Strafverteidiger mit 80,4 % sogar noch deutlich höher ein.[11] Von erheblicher Bedeutung für zukünftige Reformbestrebungen dürfte die Feststellung sein, dass es mitunter Verfahrensverstöße gibt, derer sich die Richter gar nicht bewusst sind.[12] Zudem gaben über 30 % der Richter an, dass sie sich schon einmal in einer Situation befanden, in der sie sich unsicher waren, ob die Absprache zulässig war oder nicht.[13] Etwa 22 % der befragten Richter bevorzugen informelle Absprachen, weil sie unsicher sind, wie eine Verständigung korrekt getroffen wird und 35,6 % der Richter halten informelle Absprachen für vorzugswürdig, da aus ihrer Sicht die Rechtslage zum Recht der Verständigung unübersichtlich ist.[14]

Darüber hinaus gaben etwa 20 % der Richter an, dass sie sich schon häufig oder sogar schon sehr häufig in einer Situation befunden haben, in der sie sich nicht sicher waren, wie sie den Transparenz- und Dokumentationspflichten ausreichend nachzukommen hatten.[15] Dabei verstößt die Praxis vorrangig gegen die Mitteilungspflichten – die Dokumentationsvorschriften werden nach der Einschätzung der Befragten eher eingehalten.[16]

Die vorstehenden Erkenntnisse über die Praxis der Verständigung im Strafprozess decken sich mit den Befunden dieser Arbeit. Die Mitteilungspflichten sind in ihrer weiten Auslegung durch das *BVerfG* überaus komplex und

---

8 *Altenhain/Jahn/Kinzig*, in: Die Praxis der Verständigung im Strafprozess, passim.
9 *Bittmann*, in: NStZ 2019, 686, 686.
10 *Altenhain/Jahn/Kinzig*, in: Die Praxis der Verständigung im Strafprozess, S. 530.
11 Ebd.
12 *Altenhain/Jahn/Kinzig*, in: Die Praxis der Verständigung im Strafprozess, S. 531.
13 *Altenhain/Jahn/Kinzig*, in: Die Praxis der Verständigung im Strafprozess, S. 532.
14 Ebd.
15 *Altenhain/Jahn/Kinzig*, in: Die Praxis der Verständigung im Strafprozess, S. 531.
16 *Altenhain/Jahn/Kinzig*, in: Die Praxis der Verständigung im Strafprozess, S. 532.

umfangreich, was zu Schwierigkeiten bei der Anwendung in der Praxis führt. Die Auslegung der Mitteilungspflichten in der Revisionsrechtsprechung zeigt außerdem auf, dass die Reichweite der Verständigung im Strafverfahren insgesamt unklar ist. Die Mitteilung erfasst in ihrer Auslegung durch die Revisionsgerichte mitunter Konstellationen, die alleine nach den §§ 153 ff. StPO zu bewerten sind oder welche als allgemeine Erörterung zur Förderung des Verfahrens keinen Bezug zu einer Verständigung aufweisen. Auch die Rechtsprechung zu konkludenten Absprachen zeigt auf, dass weiterhin Unklarheiten über die Reichweite von § 257c StPO bestehen. Dass die Praxis hingegen die Dokumentationspflichten eher beachte, dürfte daran liegen, dass sich die Protokollierung nach § 273 Abs. 1a StPO auf die Vorgänge in der öffentlichen Hauptverhandlung beschränkt. Zudem dürfte die Häufigkeit von Rechtsverstößen zumindest auch darauf zurückzuführen sein, dass das Verständigungsgesetz trotz der verfassungsorientierten Auslegung keine Erklärungspflicht zu heimlichen Absprachen vorsieht, die über die Negativmitteilung nach § 243 Abs. 4 S. 1 StPO hinausgeht.

Für das zukünftige Verständigungsrecht kann es auf Grund dieser Erkenntnisse dennoch nur sekundär auf die Auslegung der einzelnen Transparenz- und Dokumentationspflichten des Verständigungsgesetzes ankommen. Ein Vorgehen nach dem Motto „more of the same“[17], das heißt eine weitere Verschärfung oder Ausweitung des Transparenzgedankens, wäre falsch[18], weil dies – wie sich gezeigt hat – nicht zur Vermeidung von informellen Vorgehensweisen führt. Es bedarf vielmehr eines Umdenkens.[19]

---

17 So *Jahn* im LTO-Podcast von Peggy Fiebig v. 18.12.2020, dort bei Minute 15:43, abrufbar unter: https://www.lto.de/recht/hintergruende/h/lto-podcast-matthias-jahn-strafrecht-prozess-deal-studie-bmjv-erschreckende-zahlen/ (zuletzt abgerufen am: 10.10.2021).

18 So jedoch *Fischer*, Detlef dealt noch immer, Eine Kolumne von Thomas Fischer, https://www.spiegel.de/panorama/justiz/illegale-deals-und-absprachen-im-straf prozess-detlev-dealt-noch-immer-kolumne-a-7ebbca5e-7c18-4e0b-862c-02b6b 1acc101 (zuletzt abgerufen am: 10.10.2021): „Vorsätzliche Umgehungen des Rechts müssen informell geächtet, aber auch formell verfolgt werden. Es ist nicht erträglich, dass Richter, die geschworen haben, jederzeit nach Recht und Gesetz zu entscheiden, bei vorsätzlichen Gesetzesbrüchen von jeder strafrechtlichen Verantwortung freigestellt werden, wenn sie nur beteuern, sie hätten das für »gerecht« gehalten.“

19 So auch *Jahn* im LTO-Podcast von Peggy Fiebig v. 18.12.2020, dort bei Minute 18:49, abrufbar unter: https://www.lto.de/recht/hintergruende/h/lto-podcast-matthias-jahn-strafrecht-prozess-deal-studie-bmjv-erschreckende-zahlen/

Entscheidend ist das Verständnis des Verständigungsrechts in Abgrenzung zur offenen, kommunikativen Verhandlungsführung und zur Konzeption der Einstellungen nach den §§ 153 ff. StPO. Die einzelnen Regelungskonzeptionen, welche *de lege lata* mit ganz unterschiedlichen Transparenzanforderungen einhergehen, lassen sich in vielen Fällen nicht strikt von einander abgrenzen. Es bedarf einer umfangreichen Reform, die über die Verständigung hinaus auch die Verfahrenseinstellung und die offene, kommunikative Verhandlungsführung im Blick hat und die Grenzen der jeweiligen Gesprächsformen aufzeigt und verdeutlicht.

Richtigerweise führte *Bittmann* bereits im Jahr 2016 aus, dass eine Beschränkung der Kontrolle auf ihre Essentialia – gemeint ist eine weniger uferlose Auslegung der Transparenz- und Dokumentationspflichten – nicht dazu führe, dass der Rechtskontrolle an Stärke genommen werde, sondern die Rechtskontrolle ganz im Gegenteil an Überzeugungskraft (zurück-)gewänne.[20] Ebenso instruktiv wie überzeugend verdeutlicht *Ziegler*, dass ein jedes Strafverfahren mit einem Grundbedürfnis an unverbindlicher Kommunikation einhergehe: „Gelebte Rechtsstaatlichkeit bed(ü)rf(e) zugewandter Richter, die nicht nur formalistisch nach den Buchstaben des Gesetzes handeln, sondern sich der Menschen annehmen, die vor ihnen stehen."[21] Dies erkennt nicht zuletzt auch das *BVerfG* an: „Eine offene, kommunikative Verhandlungsführung (…) (sei) heute selbstverständliche Anforderung an eine sachgerechte Prozessleitung."[22]

Erst ein offener kommunikativer Verhandlungsstil des Gerichts stellt dem Angeklagten gegenüber eine Verfahrensweise sicher, welche den Angeklagten nicht als Objekt des Verfahrens, sondern vielmehr als menschliches Individuum behandelt.[23] Es ist uneingeschränkt zu unterstützen, wenn das Gericht zu Beginn des Verfahrens dem Angeklagten gegenüber Ausführungen zur Straf- und Schuldfrage macht und diesen weiter auch darauf hinweist, dass ein Geständnis im Allgemeinen strafmildernd wirkt.[24] Weiter ist es wünschenswert, dass dem Angeklagten zu Beginn erläutert wird, dass es die Möglichkeit einer Verfahrensverständigung gibt, welche Folgen dies für den Angeklagten und das Verfahren insgesamt hat und welche Bestandsrisiken mit einer

---

(zuletzt abgerufen am: 10.10.2021): „ein weiter so wäre glaube ich ein falsches Signal."

20 *Bittmann*, in: NStZ 2016, 744, 745.

21 *Ziegler*, in: FS-von-Heintschel-Heinegg, 521, 530.

22 BVerfG, 2 BvR 2628/10 u.a., Urt. v. 19.3.2013 = BVerfGE 133, 168, 228 (Rn. 106).

23 *Ziegler*, in: FS-von-Heintschel-Heinegg, 521, 530.

24 *Ziegler*, in: FS-von-Heintschel-Heinegg, 521, 530 ff.

Verständigung einhergehen.[25] Der Angeklagte kann nur so sinnvoll über sein Prozess- und Verteidigungsverhalten entscheiden. Dies hat dann auch nichts mit einem „Handel mit der Gerechtigkeit“[26] zu tun.[27]

Es bedarf letztlich also einer Abkehr von der pauschalen Verteufelung des Verständigungsverfahrens. Die Verständigung, deren Verfahren und Konzeption es nun noch einmal grundlegend auf den Prüfstand zu stellen gilt, ist als Chance zu betrachten. Der Grundsatz „Transparenz über alles“[28] ist abzulehnen. Wichtiger als der krampfhafte Versuch, alle informellen Deals auszurotten, ist ein Strafverfahren, das die Rechte und Bedürfnisse des Angeklagten ernst nimmt und trotzdem die Belange der Praxis nicht aus den Augen verliert. Theorie und die Praxis des Strafverfahrens müssen sich im Recht der Verständigung wieder annähern.

---

25 Ähnlich *Rabe*, in: Das Verständigungsurteil, S. 509.

26 *Maier*, in: NJW 1987, 1187, 1187.

27 *Ziegler*, in: FS-von-Heintschel-Heinegg, 521, 533.

28 *Pfister*, in: StraFo 2016, 187.

Literaturverzeichnis

Allgayer, Peter, Mitteilungen nach § 243 Abs. 4 StPO und ihre revisionsgerichtliche Kontrolle, NStZ 2015, 185–191 (zitiert: *Allgayer,* in: NStZ 2015, 185).

Allgayer, Peter, Praxiskommentar zu BGH, Urt. v. 23.7.2015 – 3 StR 470/14, NStZ 2016, 227–228 (zitiert: *Allgayer,* in: NStZ 2016, 227).

Altenhain, Karsten/*Dietmeier,* Frank/*May,* Markus, Die Praxis der Absprachen in Strafverfahren, 2013 (zitiert: *Altenhain/Dietmeier/May,* in: Die Praxis der Absprachen in Strafverfahren).

Altenhain, Karsten/*Hagemeier,* Ina/*Haimerl,* Michael/*Stammen,* Karl-Heinz, Die Praxis der Absprachen in Wirtschaftsstrafverfahren, 2007 (zitiert: *Altenhain/Hagemeier/Haimerl/Stammen,* in: Die Praxis der Absprachen in Wirtschaftsverfahren).

Altenhain, Karsten/*Jahn,* Matthias/*Kinzig,* Jörg, Die Praxis der Verständigung im Strafprozess, Eine Evaluierung der Vorschriften des Gesetzes zur Regelung der Verständigung im Strafverfahren vom 29. Juli 2009, 2020 (zitiert: *Altenhain/Jahn/Kinzig,* in: Die Praxis der Verständigung im Strafprozess).

Arnoldi, Olaf, Praxiskommentar zu BGH, Beschl. v. 29.9.2015 – 3 StR 310/15, NStZ 2016, 363–364 (zitiert: *Arnoldi,* in: NStZ 2016, 363).

Beulke, Werner/*Stoffer,* Hannah, Bewährung für den Deal? – Konsequenzen des BVerfG-Urteils vom 19. März 2013 für die Verständigungspraxis in deutschen Gerichtssälen –, JZ 2013, 622–673 (zitiert: *Beulke/Stoffer,* in: JZ 2013, 662).

Bittmann, Folker, Das Gesetz zur Regelung der Verständigung im Strafverfahren, wistra 2009, 414–417 (zitiert: *Bittmann,* in: wistra 2009, 414).

Bittmann, Folker, Missverstandene Verständigung – Mythen, Unfehlbarkeit, Folgsamkeit, Bodenhaftung –, NStZ 2015, 545–552 (zitiert: *Bittmann,* in: NStZ 2015, 545).

Bittmann, Folker, Praxiskommentar zu BGH, Beschl. v. 12.11.2015 – 5 StR 467/15, NStZ 2016, 119–122 (zitiert: *Bittmann,* in: NStZ 2016, 119).

Bittmann, Folker, Abgrenzung Rechtsgespräch/Verständigungsgespräch, Anmerkung zu BGH, Urteil v. 23.3.2016 – 2 StR 121/15, NStZ-RR 2016, 348–351 (zitiert: *Bittmann,* in: NStZ-RR 2016, 348).

Bittmann, Folker, Praxiskommentar zu BVerfG, Beschl. v. 21.4.2016 – 2 BvR 1422/15, NStZ 2016, 425–428 (zitiert: *Bittmann,* in: NStZ 2016, 425).

Bittmann, Folker, Praxiskommentar zu OLG Hamm, Beschl. v. 29.12.2015 – III-2 RVs 47/15, NStZ 2016, 567–568 (zitiert: *Bittmann*, in: NStZ 2016, 567).

Bittmann, Folker, Praxiskommentar zu BGH, Beschl. v. 10.5.2016 – 1 StR 571/15, NStZ 2016, 744–745 (zitiert: *Bittmann*, in: NStZ 2016, 744).

Bittmann, Folker, Praxiskommentar zu BGH, Beschl. v. 12.7.2016 – 1 StR 136/16, NStZ 2017, 57–59 (zitiert: *Bittmann*, in: NStZ 2017, 57).

Bittmann, Folker, Praxiskommentar zu BGH, Beschl. v. 10.1.2017 – 3 StR 216/16, NStZ 2017, 365–367 (zitiert: *Bittmann*, in: NStZ 2017, 365).

Bittmann, Folker, Praxiskommentar zu BGH, Beschl. v. 21.3.2017 – 1 StR 622/16, NStZ 2017, 484–486 (zitiert: *Bittmann*, in: NStZ 2017, 484).

Bittmann, Folker, Praxiskommentar zu BGH, Beschl. v. 18.5.2017 – 3 StR 511/16, NStZ 2017, 598–600 (zitiert: *Bittmann*, in: NStZ 2017, 598).

Bittmann, Folker, Praxiskommentar zu BGH, Beschl. v. 23.7.2019 – 1 StR 2/19, NStZ 2019, 686–688 (zitiert: *Bittmann*, in: NStZ 2019, 686).

Bittmann, Folker, Praxiskommentar zu BGH, Beschl. v. 9.10.2019 – 1 StR 545/18, NStZ 2020, 238–240 (zitiert: *Bittmann*, in: NStZ 2020, 238).

Bittmann, Folker, Praxiskommentar zu BGH, Beschl. v. 23.6.2020 – 5 StR 115/20, NStZ 2020, 753–754 (zitiert: *Bittmann*, in: NStZ 2020, 753).

Bommers, Felix/*Deiters*, Mark/*Eser*, Albin/*Frister*, Helmut/*Gleß*, Sabine/*Jahn*, Matthias/*Jung*, Heike/*Meier*, Bernd-Dieter/*Rengier*, Rudolf/*Roxin*, Claus/*Schmoller*, Kurt/*Schöch*, Heinz/*Stuckenberg*, Carl-Friedrich/*Verrel*, Torsten/*Weigend*, Thomas, Alternativ-Entwurf Abgekürzte Strafverfahren im Rechtsstaat (AE-ASR), Entwurf eines Arbeitskreises deutscher, österreichischer und schweizerischer Strafrechtslehrer (Arbeitskreis AE), GA 2019, 1–128 (zitiert: Alternativ-Entwurf Abgekürzte Strafverfahren im Rechtsstaat, in: GA 2019, 1).

Böttcher, Reinhard/*Dahs*, Hans/*Widmaier*, Gunter, Verständigung im Strafverfahren - eine Zwischenbilanz, NStZ 1993, 375–377 (zitiert: *Böttcher/Dahs/Widmaier*, in: NStZ 1993, 375).

Brand, Christian/*Petermann*, Stefan, Der „Deal" im Strafverfahren, das Negativattest und die Beweiskraft des Protokolls, NJW 2010, 268–271 (zitiert: *Brand/Petermann*, in: NJW 2010, 268).

Brocke, Holger, Justiz unter Beobachtung – Das Urteil des BVerfG zur Verständigung in Strafsachen und seine Auswirkungen auf die staatsanwaltliche und strafrichterliche Praxis, StraFo 2013, 441–453 (zitiert: *Brocke*, in: StraFo 2013, 441).

Bundesrechtsanwaltskammer, Schriften der Bundesrechtsanwaltskammer, Band 8, Thesen zur Strafverteidigung, 1992 (zitiert: BRAK, in: Thesen zur Strafverteidigung).

Bundesregierung, Eckpunkte einer Reform des Strafverfahrens, Beschluß der Bundesregierung – Stand: 6. 4. 2001 –, StV 2001, 314–317 (zitiert: Eckpunkte, in: StV 2001, 314).

Burgmüller, Burkhard, Das Beruhen des Urteils auf der Gesetzesverletzung als Regulativ im Revisionsrecht, 1989 (zitiert: *Burgmüller*, in: Das Beruhen als Regulativ im Revisionsrecht).

Ceffinato, Tobias, Die Regelung zur Verständigung im Strafprozess im Lichte der Rechtsprechung der Bundesgerichte, Jura 2013, 873–882 (zitiert: *Ceffinato*, in: Jura 2013, 873).

Cirener, Gabriele, Die Zulässigkeit von Verfahrensrügen in der Rechtsprechung des BGH – 1. Teil, Entscheidungen vom 16. 11. 2012 bis 15. 11. 2013, NStZ-RR 2013, 33–36 (zitiert: *Cirener*, in: NStZ-RR 2014, 33).

Cirener, Gabriele, Die Zulässigkeit von Verfahrensrügen in der Rechtsprechung des BGH – 1. Teil, Entscheidungen vom 01. 01. 2016 bis 15. 01. 2017, NStZ-RR 2017, 65–70 (zitiert: *Cirener*, in: NStZ-RR 2017, 65).

Claus, Susanne, Praxiskommentar zu BGH, Urt. v. 28.7.2016 – 3 StR 153/16, NStZ 54–55 (zitiert: *Claus*, in: NStZ 2017, 54).

Cramer, Peter, Absprachen im Strafprozeß, in: *Eyrich*, Heinz/*Odersky*, Walter/*Säcker*, Franz Jürgen (Hrsg.), Festschrift für Kurt Rebmann zum 65. Geburtstag, 1989, S. 145–159 (zitiert: *Cramer*, in: FS-Rebmann, 145).

Dahs, Hans, Die Relativierung absoluter Revisionsgründe, GA 1976, 353–361 (zitiert: *Dahs*, in: GA 1976, 353).

Dahs, Hans, Anmerkung zu BGH, Beschluß vom 3.3.2005 – GSSt 1/04, NStZ 2005, 580–582 (zitiert: *Dahs*, in: NStZ 2005, 580).

Deiters, Mark, Anmerkung zu BGH, Urt. 24.09.2013 – 2 StR 267/13, ZJS 2014, 583–588 (zitiert: *Deiters*, in: ZJS 2014, 583).

Demuth, Norbert, Verführerische Arbeitserleichterung, Der Deal im Strafprozess – ein potenziell faustischer Pakt, AnwBl 2013, 45 (zitiert: *Demuth*, in: AnwBl 2013, 45).

Deutscher, Axel, Anmerkung zu BGH, Beschl. v. 6.3.2013 – 5 StR 423/12, StRR 2013, 184–185 (zitiert: *Deutscher*, in: StRR 2013, 184).

Deutscher, Axel, Anmerkung zu BVerfG, 2 BvR 2048/13, Beschl. v. 25.8.2014, 2 BvR 2172/13, Beschl. v. 26.8.2014 und 2 BvR 2400/13, Beschl. v. 26.8.2014, StRR 2014, 411–414 (zitiert: *Deutscher*, in: StRR 2014, 411).

Deutscher Juristentag (Hrsg.), 58. Deutscher Juristentag: Die Beschlüsse, NJW 1990, 2991–2998 (zitiert: Die Beschlüsse des 58. DJT, in: NJW 1990, 2991).

Dießner, Annika, Der »Deal« nach »alter Schule« im Lichte des Verständigungsgesetzes – eine strafrechtliche Risikoanalyse, StV 2011, 43–49 (zitiert: *Dießner*, in: StV 2011, 43).

Dölling, Dieter/*Duttge*, Gunnar/*König*, Stefan/*Rössner*, Dieter (Hrsg.), Gesamtes Strafrecht, StGB, StPO, Nebengesetze, Handkommentar, 4. Auflage 2017 (zitiert: *Bearbeiter*, in: Dölling/Duttge/König/Rössner).

Duden, Das Bedeutungswörterbuch, Band 10, 3. Auflage 2008 (zitiert: Duden, das Bedeutungswörterbuch).

Eckstein, Frank, Die Einstellung des Verfahrens gem. § 154 I StPO im Rahmen einer Verständigung gem. § 257c StPO, Auswirkungen auf die Rechtsstellung des Beschuldigten und Gewährung angemessenen Rechtsschutzes, NStZ 2017, 609–618 (zitiert: *Eckstein*, in: NStZ 2017, 609).

Effelsberg, Nicola, Die absoluten Revisionsgründe in der Revisionsrechtsprechung der BGH in Strafsachen, 2003 (zitiert: *Effelsberg*, in: Die absoluten Revisionsgründe in der Revisionsrechtsprechung des BGH).

Eisenberg, Ulrich, Anmerkung zu BGH, Urt. v. 7.8.2013 – 5 StR 253/13, StV 2014, 69–72 (zitiert: *Eisenberg*, in: StV 2014, 69).

Erb, Volker/*Esser*, Robert/*Franke*, Ulrich/*Graalmann-Scheerer*, Kirsten/*Hilger*, Hans/*Ignor*, Alexander (Hrsg.), Löwe-Rosenberg, Die Strafprozessordnung und das Gerichtsverfassungsgesetz, Großkommentar, Band 1, Einleitung, §§ 1–47, 27. Auflage 2016; Band 7, §§ 256–295, 27. Auflage 2021, Band 7, Teil 2, §§ 312–373a, 26. Auflage 2013; Band 10, GVG; EGGVG, 26. Auflage 2010 (zitiert: *Bearbeiter*, in: LR-StPO).

Eschelbach, Ralf, Dissonanzreduktionen im Strafprozess, GA 593–619 (zitiert: *Eschelbach*, in: GA 2019, 593).

Feldmann, Mirja, Praxiskommentar zu BGH, Beschl. v. 25.2.2015 – 4 StR 470/14, NStZ 2015, 474–475 (zitiert: *Feldmann*, in: NStZ 2015, 474).

Fezer, Gerhard, Vom (noch) verfassungsgemäßen Gesetz über den defizitären Vollzug zum verfassungswidrigen Zustand, Anmerkung zu BVerfG HRRS 2013 Nr. 222, HRRS 2013, 117–119 (zitiert: *Fezer*, in: HRRS 2013, 117).

Fischer, Thomas, Absprache-Regelung: Problemlösung oder Problem?, StraFo 2009, 177–188 (zitiert: *Fischer*, in: StraFo 2009, 177).

Fischer, Thomas, Ein Jahr Absprache-Regelung, Praktische Erfahrungen und gesetzlicher Ergänzungsbedarf, ZRP 2010, 249–251 (zitiert: *Fischer*, in: ZRP 2010, 249).

Fischer, Thomas, Die Deal-Entscheidung – Polemik über die rasselnden Federn der Justiz –, in: *Esser*, Robert/*Günther*, Hans-Ludwig/*Jäger*, Christian/*Mylonopoulos*, Christos/*Öztürk*, Bahri (Hrsg.), Festschrift für Hans-Heiner Kühne zum 70. Geburtstag, 2013, S. 203–213 (zitiert: *Fischer*, in: FS-Kühne, 203).

Fleischmann, Klaus, Unwirksamkeit eines Rechtsmittelverzichts bei konkludent geschlossener Urteilsabsprache, Kommentar zu BGH, Urteil v. 24.9.2013 – 2 StR 267/13, NJ 2014, 172–173 (zitiert: *Fleischmann*, in: NJ 2014, 172).

Frisch, Wolfgang, Inhalt und Hintergrund des »Beruhens« im Revisionsrecht, in: *Rogall*, Klaus/*Puppe*, Ingeborg/*Stein*, Ulrich/*Wolter*, Jürgen (Hrsg.), Festschrift für Hans-Joachim Rudolphi zum 70. Geburtstag, S. 609–642 (zitiert: *Frisch*, in: FS-Rudolphi, 609).

Fromm, Ingo, Über die Bedeutung des strafrechtlichen Sitzungsprotokolls in der Praxis, NJ 2015, 96–101 (zitiert: *Fromm*, in: NJ 2015, 96).

Gallandi, Volker, Absprachen im Strafprozeß, Anmerkung zu BVerfG, Beschluss vom 27.1.1987 – 2 BvR 1133/86, NStZ 1987, 420–421 (zitiert: *Gallandi*, in: NStZ 1987, 420).

Generalstaatsanwaltschaft des Landes Hessen (Hrsg.), Richtlinien für Absprachen im Strafverfahren, StV 1992, 347–348 (zitiert: Die Richtlinien der GStA Hessen, in: StV 1992, 347).

Gerhardt, Rudolf, „Das Gericht muss beim Deal mit offenem Visier verhandeln" – ZRP-Rechtsgespräch mit Dr. Burkhard Jähnke, Vizepräsident des BGH, ZRP 2001, 574–577 (zitiert: *Gerhardt*, in: ZRP 2001, 574).

Göttgen, Martin, Prozessökonomische Alternativen zur Verständigung im Strafverfahren, 2019 (zitiert: *Göttgen*, in: Alternativen zur Verständigung).

Grube, Andreas, Anmerkung zu BGH, Beschl. v. 3.9.2013 – 1 StR 237/13, StraFo 2103, 513–514 (zitiert: *Grube*, in: StraFo 2013, 513).

Hahn, Carl, Die Gesamten Materialien zu den Reichs-Justizgesetzen, Band 3, Abteilung 1, 2. Auflage 1885 (Neudruck) (zitiert: *Hahn*, Materialien zur StPO).

Hannich, Rolf (Hrsg.), Karlsruher Kommentar zur Strafprozessordnung, mit GVG, EGGVG und EMRK, 8. Auflage 2019 (zitiert: *Bearbeiter*, in: KK-StPO).

Hassemer, Winfried, Anmerkung zu BVerfG, Beschl. v. 27.1.1987 – 2 BvR 1133/86, JuS 1988, 306–307 (zitiert: *Hassemer*, in: JuS 1988, 306).

Hassemer, Raimund/*Hippler,* Gabriele, Informelle Absprachen in der Praxis des deutschen Strafverfahrens, StV 1986, 360–363 (zitiert: *Hassemer/Hippler,* in: StV 1986, 360).

Hauer, Judith, Das neue Gesetz zur Regelung der Verständigung im Strafverfahren – Die verpasste Chance eines Neuanfangs!, NJ 2010, 10–18 (zitiert: *Hauer,* in: NJ 2010, 10).

Heller, Marius, Das Gesetz zur Regelung der Verständigung im Strafverfahren – No big deal?, 2012 (zitiert: *Heller,* in: Das Gesetz zur Regelung der Verständigung im Strafverfahren).

Henckel, Christoph, Faires Verständigungsverfahren durch Transparenz, Mitteilungs- und Dokumentationspflichten im Rahmen der strafprozessualen Verständigung, 2018 (zitiert: *Henckel,* in: Faires Verständigungsverfahren).

Henckel, Christoph, Anmerkung zu BGH, Beschl. v. 24.4.2019 – 1 StR 153/19, StV 2019, 800–802 (zitiert: *Henckel,* in: StV 2019, 800).

Herrmann, Joachim, Rechtliche Strukturen für Absprachen in der Hauptverhandlung: Die Richtlinienentscheidung des Bundesgerichtshofs – BGHSt 43, 195, JuS 1999, 1162–1167 (zitiert: *Herrmann,* in: JuS 1999, 1162).

Hunsmann, Daniel, Anmerkung zu BVerfG, Beschluss v. 26.8.2014 – 2 BvR 2172/13, NStZ 2014, 594–596 2015, 1–4 (zitiert: *Hunsmann,* in: NStZ 2014, 594).

Hofmann, Andreas, Die Wirksamkeit einer Norm als verfassungsrechtlicher Geltungsgrund?, NJW 2014, 442–446 (zitiert: *Hofmann,* in: NJW 2014, 442).

Huttenlocher, Peter, Dealen wird Gesetz – die Urteilsabsprache im Strafprozess und ihre Kodifizierung, Zugleich eine kritische Untersuchung der aktuellen Gesetzesvorschläge des BMJ, der BRAK, des Bundesrats, des DAV, der Generalstaatsanwälte u.a., 2007 (zitiert: *Huttenlocher,* in: Dealen wird Gesetz).

Isfen, Osman, Die Befangenheit des „dealenden“ Richters, ZStW 2013, 325–338 (zitiert: *Isfen,* in: ZStW 2013, 325).

Jahn, Matthias, Entwicklungen und Tendenzen zwei Jahre nach Inkrafttreten des Verständigungsgesetzes, StV 2011, 497–505 (zitiert: *Jahn,* in: StV 2011, 497).

Jahn, Matthias, Die Konsensmaxime in der Hauptverhandlung, Zur Rekonstruktion des Amtsermittlungsgrundsatzes in § 244 Abs. 2 StPO unter Berücksichtigung der aktuellen Gesetzesentwürfe zur Verständigung im Strafverfahren, ZStW 2006, 427–461 (zitiert: *Jahn,* in: ZStW 2006, 427).

Jahn, Matthias/*Müller,* Martin, Der Widerspenstigen Zähmung – Aktuelle Gesetzesvorschläge zu den Urteilsabsprachen im Strafprozess, JA 2006, 681–687 (zitiert: *Jahn/Müller,* in: JA 2006, 681).

Jahn, Matthias/*Müller*, Martin, Das Gesetz zur Regelung der Verständigung im Strafverfahren – Legitimation und Reglementierung der Absprachenpraxis, NJW 2009, 2625–2631 (zitiert: *Jahn/Müller*, in: NJW 2009, 2625).

Jäger, Christian, Wenn Schweigen alles sagt, JA 2014, 394–396 (zitiert: *Jäger*, in: JA 2014, 394).

Kahlo, Michael, Über den Begriff der wesentlichen Förmlichkeiten im Strafverfahrensrecht (§ 273 Abs. 1a StPO), in: *Eser*, Albin/*Goydke*, Jürgen/*Maatz*, Kurt Rüdiger/*Meurer*, Dieter, Strafverfahrensrecht in Theorie und Praxis, Festschrift für Lutz Meyer-Goßner zum 65. Geburtstag, S. 447–468 (zitiert: *Kahlo*, in: FS-Meyer-Goßner, 447).

Kintzi, Heinrich, Verständigungen im Strafrecht, – Überlegungen zu den Thesen und dem Gutachten der Großen Strafrechtskommission –, JR 1990, 309–316 (zitiert: *Kintzi*, in: JR 1990, 309).

Kintzi, Heinrich, Anmerkung zu BGH, Urt. v. 28.8.1997 – 4 StR 240/97 (BGHSt 43, 195), JR 1998, 249–250 (zitiert: *Kintzi*, in: JR 1998, 249).

Kirsch, Stefan, Die gesetzliche Regelung der Verständigung im Strafverfahren, StraFo 2010, 96–101 (zitiert: *Kirsch*, in: StraFo 2010).

Klotz, Christopher, Mitteilungspflicht des Vorsitzenden über Erörterungen zur Möglichkeit einer Verständigung (sog. Negativmitteilungspflicht), Anmerkung zu BVerfG, Beschluss v. 26.8.2014 – 2 BvR 2172/13, StV 2015, 1–4 (zitiert: *Klotz*, in: StV 2015, 1).

Knauer, Christoph, Die Entscheidung des BVerfG zur strafprozessualen Verständigung (Urteil vom 19. 3. 2013 – 2 BvR 2628/10 – 2 BvR 2883/10, 2 BvR 2155/11, NStZ 2013, 295) – Paukenschlag oder Papiertiger?, NStZ 2013, 433–436 (zitiert: *Knauer*, in: NStZ 2013, 433).

Knauer, Christoph, Praxiskommentar zu BGH, Beschl. v. 24.9.2013 – 2 StR 267/13, NStZ 2014, 115–116 (zitiert: *Knauer*, in: NStZ 2014, 115).

Knauer, Christoph, Praxiskommentar zu OLG Celle, Urt. v. 18.12.2013 – 31 Ss 35/13, NStZ 2014, 292–293 (zitiert: *Knauer*, in: NStZ 2014, 292).

Knauer, Christoph/*Kudlich*, Hans/*Schneider*, Hartmut (Hrsg.), Münchener Kommentar zur Strafprozessordnung, Band 1, §§ 1–150 StPO, 1. Auflage 2014; Band 2, §§ 151–332, 1. Auflage 2016; Band 3-1, §§ 333–499 StPO, 1. Auflage 2019, Band 3-2, GVG, EGGVG, EMRK, EGStPO, EGStGB, ZSHG, StrEG, JGG, G 10, AO, 1. Auflage 2018 (zitiert: *Bearbeiter*, in: MüKo-StPO).

Knauer, Christoph/*Lickleder*, Andreas, Die obergerichtliche Rechtsprechung zu Verfahrensabsprachen nach der gesetzlichen Regelung – ein kritischer Überblick, NStZ 2012, 366–379 (zitiert: *Knauer/Lickleder*, in: NStZ 2012, 366).

Krause, Inken, Verständigung im Strafverfahren – zwei Jahre nach Inkrafttreten des Verständigungsgesetzes, 2013 (zitiert: *Krause*, in: Verständigung im Strafverfahren).

Krekeler, Wilhelm/*Löffelmann*, Markus/*Sommer*, Ulrich(Hrsg.), AnwaltKommentar StPO, 2. Auflage 2010 (zitiert: *Bearbeiter*, in: AnwK-StPO).

Krüger, Hans- Joachim, Verantwortung und Selbstbewußtsein bei der Verständigung im Strafverfahren, DRiZ 1989, 150, 152 (*Krüger*, in: DRiZ 1989, 150).

Kudlich, Hans, „Regeln der Grammatik", grammatische Auslegung und Wortlautgrenze, in: *Paeffgen*, Hans-Ullrich/*Böse*, Martin/*Kindhäuser*, Urs/*Stübinger*, Stephan/*Verrel*, Torsten/*Zaczyk*, Rainer (Hrsg.), Strafrechtswissenschaft als Analyse und Konstruktion, Festschrift für Ingeborg Puppe zum 70. Geburtstag, 2011, S. 123–135 (zitiert: *Kudlich*, in FS-Puppe, S. 123).

Kudlich, Hans, Grenzen der Verfassungsgerichtsbarkeit – die Entscheidung des BVerfG zur strafprozessualen Verständigung, NStZ 2013, 379–382 (zitiert: *Kudlich*, in: NStZ 2013, 379).

Kudlich, Hans, Praxiskommentar zu BGH, Beschluss v. 12.12.2013 – 3 StR 210/13, NStZ 2014, 285–286 (zitiert: *Kudlich*, in: NStZ 2014, 285).

Kühne, Hans-Heiner, Die Protokollierung von Absprachen, in: *Boers*, Klaus/*Feltes*, Thomas/*Kinzig*, Jörg/*Sherman*, Lawrence W./*Streng*, Franz/ *Trüg*, Gerson, Kriminologie – Kriminalpolitik – Strafrecht, Festschrift für Hans-Jürgen Kerner zum 70. Geburtstag, S. 747–757 (zitiert: *Kühne*, in: FS-Kerner, 747).

Ladiges, Manuel, Fehlerhafte Protokollierung des Negativattestes gem. § 273 Abs. 1a Satz 3 StPO, JR 2012, 371–374 (zitiert: *Ladiges*, in: JR 2012, 371).

Lam, Jan, Die Willkür ist die Feindin der Form – Zum Beruhen des Urteils auf der fehlerhaften Protokollierung von Verständigungen, StraFo 2014, 407–410 (zitiert: *Lam*, in: StraFo 2014, 407).

Landau, Herbert, Das Urteil des Zweiten Senats des BVerfG zu den Absprachen im Strafprozess vom 19. März 2013, NStZ 2014, 425–432 (zitiert: *Landau*, in: NStZ 2014, 425).

Lang, Dorothee, Das Willkürverbot – ein allzeit einsatzbereites Mittel des BVerfG, Anmerkungen zu BVerfG, Beschl. v. 26.8.2014 – 2 BvR 2400/13 und 2172/13, bzgl. der Negativmitteilungspflicht im Sinne des § 243 Abs. 4 S. 1 StPO, ZJS 2015, 39–45 (zitiert: *Lang*, in: ZJS 2015, 39).

Leipold, Klaus, Die gesetzliche Regelung der Verständigung im Strafverfahren, NJW-Spezial 2009, 520–521 (zitiert: *Leipold*, in: NJW-Spezial 2009, 520).

Leitmeier, Lorenz, Anmerkung zu BGH, Beschluss vom 15.1.2015 – 1 StR 315/14, NJW 2015, 647–648 (zitiert: *Leitmeier*, in: NJW 2015, 647).

Lüdemann, Christian/*Bußmann*, Kai, Diversionschance der Mächtigen? Eine empirische Studie über Absprachen im Strafprozeß, KrimJ 1989, 54–72 (zitiert: *Lüdemann/Bussmann*, in: KrimJ 1989, 54).

Maier, Gerhard, Absprachen im Strafprozeß - Ein Handel mit der Gerechtigkeit?, NJW 1987, 1187–1189 (zitiert: *Maier*, in: NJW 1987, 1187).

Martin, Sigmund P., Folgen des Ablegens eines Geständnisses im Rahmen einer Absprache, JuS 1998, 373–374 (zitiert: *Martin*, in: JuS 1998, 373).

Meinong, Alexius, Über Möglichkeit und Wahrscheinlichkeit, Beiträge zur Gegenstandstheorie und Erkenntnistheorie, 1915 (zitiert: *Meinong*, in: Über Möglichkeit und Wahrscheinlichkeit).

Meyer, Frank, Die faktische Kraft des Normativen – Das BVerfG und die Verständigung im Strafverfahren, NJW 2013, 1850–1853 (zitiert: *Meyer*, in: NJW 2013, 1850).

Meyer-Goßner, Lutz, Strafprozessordnung mit GVG und Nebengesetzen, 53. Auflage 2010 (zitiert: *Meyer-Goßner*-StPO, 53. Aufl. 2010).

Meyer-Goßner, Lutz/*Schmitt*, Bertram, Strafprozessordnung mit GVG und Nebengesetzen, 63. Auflage 2020 (zitiert: *Bearbeiter*, in: Meyer-Goßner/Schmitt).

Moldenhauer, Gerwin, Praxiskommentar zu OLG Hamburg, Beschl. v. 27.11.2015 – 1 Rev 32/15, NStZ 2016, 183 (zitiert: *Moldenhauer*, in: NStZ 2016, 183).

Momsen, Carsten, Zur sog. »Rügeverkümmerung« vor dem Hintergrund konsensualer Verfahrensbeendigung – Eine Rechtsprechungsanalyse; zugleich ein Nachruf auf den Grundsatz der negativen Beweiskraft des Sitzungsprotokolls, in: *Jung*, Heike/*Luxenburger*, Bernd/*Wahle*, Eberhard (Hrsg.), S. 457–476 (zitiert: *Momsen*, in: FS-Müller, 457).

Momsen, Carsten, Zur Beweiskraft des Sitzungsprotokolls bei Verfahrensabsprachen, in: *Heinrich*, Manfred/*Jäger*, Christian/*Achenbach*, Hans/*Amelung*, Knut/*Bottke*, Wilfried/*Haffke*, Bernhard/*Schünemann*, Bernd/*Wolter*, Jürgen (Hrsg.), Strafrecht als Scentia Universalis, Festschrift für Claus Roxin zum 80. Geburtstag am 15. Mai 2011, Band 2, S. 1403–1418 (zitiert: *Momsen*, in: FS-Roxin II, 1403).

Mosbacher, Andreas, Praktische Auswirkungen der Entscheidung des BVerfG zur Verständigung - zugleich Anmerkung zu BVerfG, Urt. v. 19.3.2013 – 2 BvR 2628/10 u. a., NZWiSt 2013, 201–206 (zitiert: *Mosbacher*, in: NZWiSt 2013, 201).

Mosbacher, Andreas, Praxiskommentar von RiBGH Prof. Dr. Andreas Mosbacher, Karlsruhe, NStZ 2013, 722–724 (zitiert: *Mosbacher*, in: NStZ 2013, 722).

Nestler-Tremel, Cornelius, Der Handel um die Funktionstüchtigkeit der Strafrechtspflege, DRiZ 1988, 288–296 (zitiert: *Nestler-Tremel*, in: DRiZ 1988, 288).

Niemöller, Martin, Das Negativattest im Protokoll (§ 273 Abs. 1a Satz 3 StPO), in: *Bernsmann*, Klaus/*Fischer*, Thomas (Hrsg.), Festschrift für Ruth Rissing-van Saan zum 65. Geburtstag am 25. Januar 2011, S. 393–403 (zitiert: *Niemöller*, in: FS-Rissing-van Saan, 393).

Niemöller, Martin, Der Deal in der Rechtsprechung zum Verständigungsgesetz, NZWiSt 2012, 290–296 (zitiert: *Niemöller*, in: NZWiSt 2012, 290).

Niemöller, Martin, Anmerkung zu BVerfG, Urt. v. 19.3.2012 – 2 BvR 2628/10, StV 2013, 420–424 (zitiert: *Niemöller*, in: StV 2013, 420).

Niemöller, Martin, Zum Geltungsanspruch und -umfang des Verständigungsgesetzes, GA 2014, 179–188 (zitiert: *Niemöller*, in: GA 2014, 179).

Niemöller, Martin, Anmerkung zu BGH, Beschl. v. 24.9.2013 – 2 StR 267/13, JR 2014, 216–221 (zitiert: *Niemöller*, in: JR 2014, 216).

Niemöller, Martin, Mitteilungspflichten bezüglich Gesprächen über Verständigung im Strafverfahren, Anmerkung zu BVerfG, Beschl. vom 26.8.2014 – 2 BvR 2172/13 (2. Kammer), JR 2015, 145–151 (zitiert: *Niemöller*, in: JR 2015, 145).

Niemöller, Martin, Beruhensprüfung bei Verfahrensfehlern, NStZ 2015, 489–494 (zitiert: *Niemöller*, in: NStZ 2015, 489).

Niemöller, Martin/*Schlothauer*, Reinhold/*Weider*, Hans-Joachim, Gesetz zur Verständigung im Strafverfahren, Kommentar, 2010 (zitiert: *Bearbeiter*, in: N/Sch/W).

Niemz, Susanne, Urteilsabsprachen und Opferinteressen – in Verfahren mit Nebenklagebeteiligung, 2011 (zitiert: *Niemz*, in: Urteilsabsprachen und Opferinteressen).

Nistler, Eva, Der Deal – Das Gesetz zur Regelung der Verständigung im Strafverfahren, JuS 2009, 916–919 (zitiert: *Nistler*, in: JuS 2009, 916).

Nobis, Frank, Zwei Jahre praktische Erfahrungen mit der gesetzlichen Regelung der Verständigung im Strafverfahren, StRR 2012, 84–90 (zitiert: *Nobis*, in: StRR 2012, 84).

Norouzi, Ali, Anmerkung zu BGH, Beschl. v. 14.09.2010 – 3 StR 573/09, NJW 2011, 1525–1526 (zitiert: *Norouzi*, in: NJW 2011, 1525).

Norouzi, Ali, Die Angriffsrichtung der Verfahrensrüge – Grund und Grenzen, NStZ 2013, 203–206 (zitiert: *Norouzi*, in: NJW 2013, 203).

Norouzi, Ali, Anmerkung zu BGH, Urt. 24.09.2013 – 2 StR 267/13, NJW 2014, 874 (zitiert: *Norouzi*, in: NJW 2014, 874).

Pauly, Jürgen, Zur Auslegung der Vorschriften über das Hauptverhandlungsprotokoll, in: *Bernsmann,* Klaus/*Fischer,* Thomas (Hrsg.), Festschrift für Ruth Rissing-van Saan zum 65. Geburtstag am 25. Januar 2011 (zitiert: *Pauly,* in: FS-Rissing-van Saan, 425).

Peglau, Jens, Verständigung im Strafprozess: § 243 Abs. 4 Satz 1 StPO statuiert auch "Negativmitteilungspflicht, Anmerkung zu BVerfG, Beschl. vom 26.8.2014 - 2 BvR 2172/13 (2. Kammer), jurisPR-StrafR 2014, 21, Anm. 2 (zitiert: *Peglau,* in: jurisPR-StrafR, 21/2014 Anm. 2).

Peters, Julia, Urteilsabsprachen im Strafprozess, 2011 (zitiert: *Peters,* in: Urteilsabsprachen im Strafprozess).

Pfister, Wolfgang, Transparenz über alles!, Die Verständigung in der Revision seit BVerfGE 133, 168, StraFo 2016, 187–196 (zitiert: *Pfister,* in: StraFo 2016, 187).

Pfister, Wolfgang, Praxiskommentar zu BGH, Beschl. v. 14.4.2015 – 5 StR 9/15, NStZ 2016, 690–691 (zitiert: *Pfister,* in: NStZ 2016, 690).

Philipps, Lothar, Wann beruht ein Strafurteil auf einem Verfahrensmangel?, Drei Möglichkeiten des Argumentierens, in: *Kaufmann,* Arthur/*Bemmann,* Günter/*Krauss,* Detlef/*Volk,* Klaus (Hrsg.), Festschrift für Paul Bockelmann zum 70. Geburtstag am 7. Dezember 1978, S. 831–845 (zitiert: *Philipps,* in: FS-Bockelmann, 831).

Polomski, Ralf-Michael, Zwei Jahre Verständigung im Strafprozess - Fluch oder Segen?, DRiZ 2011, 315–316 (zitiert: *Polomski,* in: DRiZ 2011, 315).

Rabe, Patricia, Das Verständigungsurteil des Bundesverfassungsgerichts und die Notwendigkeit von Reformen im Strafprozess, 2017 (zitiert: *Rabe,* in: Das Verständigungsurteil).

Radtke, Henning, Praxiskommentar zu BGH, Urt. v. 10.7.2013 – 2 StR 195/12, NStZ 2013, 669–670 (zitiert: *Radtke,* in: NStZ 2013, 669).

Radtke, Henning, Praxiskommentar zu BGH, Urt. v. 7.8.2013 – 5 StR 253/13, NStZ 2013, 729–730 (zitiert: *Radtke,* in: NStZ 2013, 729).

Radtke, Henning/*Hohmann,* Olaf (Hrsg.), Strafprozessordnung, Kommentar, 2011, (zitiert: *Bearbeiter,* in: Radtke/Hohmann-StPO).

Rautenberg, Erardo, Die Praxis der Absprachen in Strafverfahren, Rezension, NJ 2013, 421–422 (zitiert: *Rautenberg,* in: NJ 2013, 421).

Rieß, Peter, Anmerkung zu BGH, Beschl. des Großen Senats für Strafsachen vom 3.3.2005 - GSSt 1/04, JR 2005, 435–439 (zitiert: *Rieß,* in: JR 2005, 435).

Ruhs, Florian, Rechtsbehelfe bei Verständigungen, Das Schicksal rechtswidriger Verständigungen im Revisions- und Wideraufnahmeverfahren, 2018 (zitiert: *Ruhs*, in: Rechtsbehelfe bei Verständigungen).

Roxin, Claus/*Schünemann*, Bernd, Strafverfahrensrecht, Ein Studienbuch, 29. Auflage 2017 (zitiert: *Roxin/Schünemann*, in: Strafverfahrensrecht).

Satzger, Helmut/*Schluckebier*, Wilhelm (Hrsg.), Strafprozessordnung, Mit GVG und EMRK, Kommentar, 4. Auflage 2020 (zitiert: *Bearbeiter*, in: SSW-StPO).

Scheinfeld, Jörg, Anmerkung zu BVerfG, Urt. v. 19.3.2012 – 2 BvR 2628/10, ZJS 2013, 296–303 (zitiert: *Stuckenberg*, in: ZJS 2013, 296).

Schlaich, Klaus /*Korioth*, Stefan, Das Bundesverfassungsgericht, Stellung, Verfahren, Entscheidungen, Ein Studienbuch, 10. Auflage 2015 (zitiert: *Schlaich/Korioth*, BVerfG).

Schlothauer, Reinhold, Anmerkung zu BGH, Urteil vom 20.10.2010 – 1 StR 400/10, StV 2011, 205–207 (zitiert: *Schlothauer*, in: StV 2011, 205).

Schlothauer, Reinhold, Die Rechtsprechung zum Verständigungsgesetz – eine Zwischenbilanz, StraFo 2011, 487–498 (zitiert: *Schlothauer*, in: StraFo 2011, 487).

Schlothauer, Reinhold, Anmerkung zu BGH, Urteil vom 10.07.2013 – 2 StR 47/13, StV 2013, 679–682 (zitiert: *Schlothauer*, in: StV 2013, 679).

Schlothauer, Reinhold/*Weider*, Hans-Joachim, Das »Gesetz zur Regelung der Verständigung im Strafverfahren« vom 3. August 2009, StV 2009, 600–606 (zitiert als: *Schlothauer/Weider*, in: StV 2009, 600).

Schlothauer, Reinhold/*Weider*, Hans-Joachim, Verteidigung im Revisionsverfahren, 2. Auflage 2013 (zitiert: *Schlothauer/Weider*, Verteidigung im Revisionsverfahren).

Schlüchter, Ellen, Zum normativen Zusammenhang zwischen Rechtsfehler und Urteil, in: *Schlüchter*, Ellen/*Laubenthal*, Klaus (Hrsg.), Recht und Kriminalität, Festschrift für Friedrich-Wilhelm Krause zum 70. Geburtstag, S. 485–501 (zitiert: *Schlüchter*, in: FS-Krause, 485).

Schmidhäuser, Eberhard, Zum Begriff der bewußten Fahrlässigkeit, GA 1957, 305–314 (zitiert: *Schmidhäuser*, in: GA 1957, 305).

Schmidt-Hieber, Werner, Der strafprozessuale »Vergleich« – eine illegale Kungelei?, StV 1986, 355–357 (zitiert: Schmidt-Hieber, in: StV 1986, 355).

Schmidt-Hieber, Werner, Verständigung im Strafverfahren, Möglichkeiten und Grenzen für die Beteiligten in den Verfahrensabschnitten, 1986 (zitiert: *Schmidt-Hieber*, in: Verständigung im Strafverfahren).

Schmitt, Bertram, Die Verständigung in der Revision – eine Zwischenbilanz, StraFo 2012, 386–395 (zitiert: *Schmitt*, in: StraFo 2012, 386).

Schneider, Hartmut, Überblick über die höchstrichterliche Rechtsprechung zur Verfahrensverständigung im Anschluss an das Urteil des BVerfG vom 19. März 2013 – Teil 1, NStZ 2014, 192–201 (zitiert: *Schneider*, in: NStZ 2014, 192).

Schneider, Hartmut, Überblick über die höchstrichterliche Rechtsprechung zur Verfahrensverständigung im Anschluss an das Urteil des BVerfG vom 19. März 2013 – Teil 2, NStZ 2014, 252–263 (zitiert: *Schneider*, in: NStZ 2014, 252).

Schöch, Gabriele, Urteilsabsprachen in der Strafrechtspraxis, 2007 (zitiert: *Schöch*, in: Urteilsabsprachen in der Strafrechtspraxis).

Schönke, Adolf (Begr.)/*Schröder*, Horst, Strafgesetzbuch, Kommentar, 30. Auflage 2019 (zitiert: *Bearbeiter*, in Schönke-Schröder).

Schünemann, Bernd, Die Verständigung im Strafprozeß - Wunderwaffe oder Bankrotterklärung der Verteidigung?, NJW 1989, 1895–1903 (zitiert: *Schünemann*, in: NJW 1989, 1895).

Schünemann, Bernd, Absprachen im Strafverfahren? Grundlagen, Gegenstände und Grenzen, Gutachten B für den 58. Deutschen Juristentag, in: Deutscher Juristentag (Hrsg.), Verhandlungen des achtundfünfzigsten Deutschen Juristentages, Band I, Teil B (zitiert: *Schünemann*, in: Gutachten für den 58. DJT).

Schünemann, Bernd, Wetterzeichen einer untergehenden Strafprozeßkultur? Wider die falsche Prophetie des Absprachenelysiums, StV 1993, 657–663 (zitiert: *Schünemann*, StV 1993, 657).

Sinn, Arndt/*Schößling*, Christian (Hrsg.), Praxishandbuch zur Verständigung im Strafverfahren, 2017 (zitiert: *Bearbeiter*, in: Sinn/Schößling).

Siolek, Wolfgang, Verständigung im Strafverfahren – eine verfassungswidrige Praxis!, DRiZ 1989, 321–330 (zitiert: *Siolek*, in: DRiZ 1989, 321).

Siolek, Wolfgang, Verständigung in der Hauptverhandlung, 1993 (zitiert: *Siolek*, in: Verständigung in der Hauptverhandlung).

Siolek, Wolfgang, Neues zum Thema Verständigung im Strafverfahren, DRiZ 1993, 422–430 (zitiert: *Siolek*, in: DRiZ 1993, 522).

Stuckenberg, Carl-Friedrich, Anmerkung zu BVerfG, Urt. v. 19.3.2012 - 2 BvR 2628/10, ZIS 2013, 212–219 (zitiert: *Stuckenberg*, in: ZIS 2013, 212).

Taubald, Claudia, Konsensuale Erledigung von Strafverfahren in Deutschland und Frankreich, 2009 (zitiert: *Taubald*, in: Konsensuale Erledigung von Strafverfahren).

Voigt, Lea/*König*, Stefan, Anmerkung zu BGH 5 StR 502/13, Beschl. v. 25.11.2013, StV 2014, 654–655 (zitiert: *Voigt/König*, in: StV 2014, 654).

Walther, Angelika, Der Öffentlichkeitsgrundsatz im Kontext der Verständigung im Strafverfahren, NStZ 2015, 383–386 (*Walther*, in: NStZ 2015, 383).

Weider, Hans-Joachim, veröffentlicht unter dem Pseudonym „Detlef Deal aus Mauschelhausen", Der strafprozessuale Vergleich, StV 1982, 545–552 (zitiert: *Weider*, in: StV 1982, 545).

Weigend, Thomas, Eine Prozeßordnung für abgesprochene Urteile? – Anmerkungen zu den Entscheidungen BGHSt 43, 195 und BGH, NStZ 1999, 92, NStZ 1999, 57-(zitiert: *Weigend*, in: NStZ 1999, 57).

Weigend, Thomas, Anmerkung zu BVerfG, Urt. v. 19.3.2012 – 2 BvR 2628/10, StV 2013, 424–427 (zitiert: *Weigend*, in: StV 2013, 424).

Wenske, Marc, Die Verständigung im Strafverfahren – Teil 3, DRiZ 2012, 198–201 (zitiert: *Wenske*, in: DRiZ 2012, 198).

Widmaier, Gunter, Der strafprozessuale Vergleich, StV 1986, 357–359 (zitiert: *Widmaier*, in: StV 1986, 357).

Wolter, Jürgen (Hrsg.), *Rudolphi*, Hans-Joachim/*Schlüchter*, Ellen (Begr.), Systematischer Kommentar zur Strafprozessordnung, Mit GVG und EMRK, Band I, §§ 1– 93– StPO, 5. Auflage 2018; Band IV, §§ 198 – 246 StPO, 5. Auflage 2015; Band V, §§ 246a – 295, 5. Auflage 2016; Band VII, §§ 333 – 373a StPO, 5. Auflage 2018; Band IX, GVG/EGGVG, 5. Auflage 2016, Band X, EMRK, 5. Auflage 2019 (zitiert: *Bearbeiter*, in: SK-StPO).

Ziegler, Theo, Die Verständigung im Strafverfahren aus Sicht der Praxis, in: *Bockemühl*, Jan/*Gierhake*, Katrin/*Müller*, Henning Ernst/*Walter*, Tonio (Hrsg.), Festschrift für Bernd von Heintschel-Heinegg, 2015, S. 521–533 (zitiert: *Ziegler*, in: FS-von-Heintschel-Heinegg, 521).

Zuck, Rüdiger, Der Deal, MDR 1990, 18–19 (zitiert: *Zuck*, MDR 1990, 18).

www.ingramcontent.com/pod-product-compliance
Ingram Content Group UK Ltd.
Pitfield, Milton Keynes, MK11 3LW, UK
UKHW022100051026
15623UKWH00003B/594

9 783631 865231